Konzepte der
Humanwissenschaften

Barbara Langmaack

RUHESTAND
Annehmen – Gestalten – Leben

Klett-Cotta

Barbara Langmaack ist diplomierte Partnerschafts- und Konfliktberaterin, Lehrbeauftragte für Themenzentrierte Interaktion als Lern- und Arbeitsmethode und arbeitet als Fortbildnerin in Firmen und Instiutionen.

Klett-Cotta
© J. G. Cotta'sche Buchhandlung Nachfolger GmbH, gegr. 1659,
Stuttgart 2002
Alle Rechte vorbehalten
Fotomechanische Wiedergabe nur mit Genehmigung
des Verlags
Printed in Germany
Umschlag: Philippa Walz, Stuttgart
Gesetzt aus der 10 Punkt Times von Steffen Hahn GmbH – Medienservice
Auf säure- und holzfreiem Werkdruckpapier gedruckt und gebunden
von Ludwig Auer GmbH, Donauwörth
ISBN 3-608-91311-4

Die Deutsche Bibliothek – CIP-Einheitsaufnahme
Ein Titeldatensatz für diese Publikation ist bei Der Deutschen Bibliothek
erhältlich.

Inhalt

Ich widme diese Texte meiner Lehrerin
Renée Nell (1912 – 1994),
die nie gedachte, in den Ruhestand zu gehen.

Danksagung

An meinen Texten waren neben mir andere Menschen beteiligt, ohne die das Buch nicht zustande gekommen wäre.

Daß es ein Lese- und Arbeitsbuch geworden ist, in dem Leserinnen und Leser ihren eigenen Weg suchen können, daran sind von der Situation des Ausscheidens Betroffene beteiligt, an die ich wichtige Fragen stellen konnte, und für die Offenheit ihrer Antworten bedanke ich mich aufs herzlichste, ohne diese Menschen hier oder im Text namentlich zu erwähnen. Anhand ihrer individuellen Aussagen war es erst möglich, die Situation nach dem Ausscheiden aus dem Arbeitsleben über die vorhandene Literatur hinaus in ihren wesentlichen Punkten zu charakterisieren. Die Auswirkungen einschneidender Ereignisse zeigen sich sowieso häufig im unspektakulären Alltag und so soll auch dieses Buch nicht zur schönen Literatur werden, sondern Gebrauchswert im Alltag der nicht mehr offiziell Berufstätigen haben.

Mein Dank gilt auch den inzwischen »Davongeeilten«, die neue und befriedigende Modelle für sich gefunden haben und die mir nun ihre nachberuflichen Lösungsmodelle übermittelten und damit einen wesentlichen Beitrag zu dieser Arbeit leisteten.

Ein ganz herzlicher Dank geht besonders an Corinna Lewerentz, die die schwierige Arbeit übernommen hatte, aus meinen oftmals spontan aufgeschriebenen und mehrmals veränderten Texten lesbare Manuskripte entstehen zu lassen. Ein besonderer Dank geht an Vélma Wallis, welche diese wunderbare und eindrückliche Geschichte »Zwei alte Frauen« – einer aus vielen Generationen bestehenden Lebensgemeinschaft in der uns so fernen und doch so nahen Kultur Alaskas – geschrieben hat. In dieser schlicht und faszinierend geschriebenen Geschichte wurde mir noch einmal deutlich, wie ein Ausscheiden aus dem aktiven Tätigsein, wodurch man dann nur noch wenig zur Versorgung beizutragen vermag, über die unmittelbar Betroffenen hinaus auch in die anderen Generationen hineinwirkt. Das scheint nicht nur in Alaska zu gelten, sondern weniger auffällig auch in unserer hochtechnisierten Welt.

Barbara Langmaack   im Sommer 2002

1. Einleitung

1.1. Konzept und Ziel dieser Arbeit

Die Texte bieten Arbeitshilfen für Menschen, die ihr Ausscheiden aus dem Arbeitsleben nicht untätig hinnehmen wollen, sondern die diesen neuen Lebensabschnitt aus eigener Perspektive zu gestalten gedenken. Der Leser soll zu einer Suche nach realen Möglichkeiten für ein Leben nach dem Verlassen des Arbeitsplatzes angeregt werden und sich darüber hinaus seiner physischen, sozialen und psychischen Bedürfnisse bewußt werden, um zu einer ganzheitlichen Umgestaltung des Lebens zu finden, die an die gelebten Jahre anknüpft. Die Überlegungen hierzu sollen von Lebensnähe geleitet sein und nicht von abstrakten Theorien.

Die allgemeine Situation des Arbeitsmarktes verschärft die Problematik des Ausscheidens aus dem Arbeitsleben. Der Ausgeschiedene ist mehr noch als vor ein paar Jahren auf sich selbst gestellt, und das bei einem zwar meist sicheren, aber schmaleren Budget für die Lebenshaltung. Das gilt für Frühpensionierte ebenso wie für Menschen nach dem 65. Lebensjahr. Auf die finanzielle Situation des Lebens nach dem Berufsleben kann hier aber nur am Rande eingegangen werden. Probleme in diesem Zusammenhang sind zwar nicht zu übersehen oder wegzudiskutieren, sollten aber von anderen Fachleuten gelöst werden. Es ist schwer zu beurteilen, ob die finanzielle Einengung oder die psychischen Folgen für die oft in ihren Grundfesten erschütterte Identität Ausgeschiedener gravierender sind. Hier geht es in erster Linie darum, Wege aufzuzeigen, um die individuelle Betroffenheit des Ausscheidens aus dem Arbeitsleben zu verarbeiten und ein Konzept zu entwickeln, das Gelderwerb und erfolgversprechendes Tätigsein voneinander abkoppelt. Die Balance von Arbeit und Entlohnung muß auch für den Ruhestand noch stimmen, nicht aber in der Relation der vorangegangenen Berufstätigkeit. Entlohnung muß nicht mehr zwingend nur Geld bedeuten. Wir werden eingehen auf die vielen Möglichkeiten, ein »lohnendes« Leben zu führen.

Zum Aufbau dieses Buches ist folgendes zu sagen: Im ersten Teil wird versucht, das Ereignis des Ausscheidens aus dem Arbeitsleben zu analysieren, um es in seiner praktischen, psychischen und sozialen

Dimension zunächst einmal zu verstehen. Sodann wird auf der Grundlage einer sozialwissenschaftlichen Studie von Marie Jahoda auf die vielfältigen Erlebnisfelder des Berufslebens hingewiesen. Das Verständnis für diese komplexen Wechselwirkungen von Arbeits- und Lebensfeld soll helfen, Konzepte für die Zukunft zu entwickeln, die möglichst viele dieser Erlebnisfelder neu abdecken.

In einem weiteren Teil wird der Leser zu einer Erinnerungsreise durch die eigene Biographie angeregt, die ihm helfen soll, das eigene Leben als eine zusammenhängende Kette von Ereignissen zu sehen, an die jetzt mit dem Ruhestand ein neues Kapitel angeschlossen wird, der sogenannte »Rote Faden des Lebens« soll deutlicher werden.

Ein praxisnahes Angebot von Fragen soll die Selbstanalyse fördern und zu Fortschritt anstacheln. Der Grundgedanke hierbei ist, daß das Ausscheiden – früher oder später – alle Chancen bietet, in der eigenen Entwicklung noch einmal Schwung zu holen und mit dem Wissen, den Erfahrungen und dem langen Atem zu wuchern, der jetzt zur Verfügung steht.

Der Mensch ist ja nicht, wie andere Lebewesen, instinktiv vorprogrammiert. Er kann sich ein eigenes Konzept für sein Tätigsein erarbeiten, und er hat auch in schlechten Zeiten alternative Handlungsmöglichkeiten, wenn er seine Freiheit in den gegebenen Grenzen wirklich nutzt. So hat auch der Entlassene, wenn er seine Kräfte wieder sammelt, Hände und Kopf frei für vielerlei Dinge. Von der wachsenden Weltarbeitslosigkeit wissen wir im Moment noch nicht, ob und mit welchen neuen Modellen sie aufgefangen werden kann. Das heißt aber noch lange nicht Resignation nach der beruflichen Freistellung.

Mit ähnlicher Fragestellung, stärker auf die Situation von Menschen im vorzeitigen Ruhestand bezogen, ist 1997 erstmals ein Buch von mir zu diesem Thema erschienen. Damals stand das frühe Freigestellt-werden ganz im Mittelpunkt des Geschehens auf dem Arbeitsmarkt. Schon heute, knapp 5 Jahre später, gibt es unübersehbare Anzeichen dafür, dass die Erwerbstätigkeit älterer Menschen wieder zunimmt, und das sogar über die 65- Jahresgrenze hinaus. Nicht wenige Firmen in dafür prädestinierten Branchen greifen inzwischen auf Mitarbeiter zurück, die schon Ruhegeld beziehen, und machen damit gute persönliche und betriebswirtschaftliche Erfahrungen – für den Augenblick jedoch noch ohne nennenswerte Einflußnahme auf die Arbeitslosenquote. Diese älteren Mitarbeiter, ausgestattet mit spezifischem Wissen und Erfahrungspotenzial sind meist zeitlich flexibel und drängen nicht auf Dauerbeschäftigung. Ihr Know-how kann nutzbringend eingesetzt werden beim Ausgleich von Konjunkturschwankungen, in abgegrenztem Rahmen leisten sie z.B. auch Entwurfs- und Entwicklungsarbeit, die noch nicht budgetierbar ist. Wenig karrierebezogen beziehen sie ihr Selbstwertgefühl und ihren sozialen Status weiterhin aus dem vorangegangenen Beruf. Die oft sehr frühe Freistellung schon mit Ende 50, wie wir sie in den vergangenen Jahren erlebt haben, hat bei generellem Überangebot an Arbeitskräften vielfach den Blick auf diese Weiter- oder Andersbeschäftigung von Älteren verstellt. Mit dieser Entwicklung hat sich die Zielgruppe dieses Buches innerhalb weniger Jahre erweitert von den Frühpensionierten unterhalb der 60-Jahre-Grenze bis zu weit über 70jährigen, von unfreiwilligem Ausscheiden bis zu selbstbestimmendem Beenden, nahezu ohne Veränderung der Themen und Probleme dieser differenzierten Gruppe.

Ein weiterer Teil des Buches soll zu einem perspektivischen Ausblick anregen und bietet hierzu Fragestellungen an, die bei aller Allgemeingültigkeit individuellen Charakter haben. Ich wäre zufrieden, wenn die Lesenden schon während des Lesens zu ihren eigenen Regisseuren würden und bereits kleine, neue Inszenierungen für die neue Lebensphase umsetzen können. Das geht nicht im Schnellverfahren. Abschied, Neubeginn und Entwicklung haben noch nie in Eile funktioniert. Für diejenigen, die gern große Sprünge machen und Resultate lieber heute als morgen sehen, muß sich dies wie eine Zumutung anhören. Für die anderen bietet diese Perspektive jedoch die Zuversicht des langen Atems und das Zutrauen in das eigene Wachstum.

In allen Teilen des Buches kommen Betroffene zu Wort. Sie erzählen von ersten Reaktionen nach der Entlassung und von ersten Suchbewegungen in eine neue Richtung der Betätigung. Sie gewähren uns Einsicht in ihre neue Wirklichkeit. Das tun sie nicht so sehr als Ratgebende, sondern um Hoffnung zu vermitteln und um zu Ideen für den eigenen Weg anzuregen.

In dieser Neuausgabe sollen die Inhalte aber vermehrt auch solche Menschen ansprechen, die professionell beratend mit der Zielgruppe befasst sind und dazu neben Einzel- und Paargesprächen auch in Form von Gruppengesprächen einen Ort der Verarbeitung anbieten. Im Kapitel 9 »Projekte und Initiativen« wird der Leser eine solche Gruppe und ihre Gesprächsthemen kennenlernen.

Meine Motive für die Beschäftigung mit diesem Thema gehen auf unterschiedliche und doch miteinander vernetzte Situationen zurück. Ich bin Ehe- und Lebensberaterin und treffe in der Praxis meiner Tätigkeit auf genau diese hier beschriebenen Situationen und ihre Problematik, mit denen einzelne oder Paare konfrontiert sind. Ich begleite Projektgruppen und Führungsteams, die Umorganisationen in Firmen vorbereiten und durchsetzen. Hier erlebe ich beide Seiten: die Probleme der Verbliebenen und die der Ausscheidenden gleichermaßen. Am Rande dieser Tätigkeit in Unternehmen treffe ich dann unmittelbar mit denen zusammen, – die meist unvorbereitet – dieses Niemandsland zwischen Beruf und Alter betreten. Sie kommen allein oder mit dem Partner in Gesprächskreise, um ihre Situation zu klären.

Es ist mir mehr und mehr ein wichtiges Anliegen geworden, mit diesen Texten die Leser in der selbständigen Neugestaltung dieser Lebensphase zu unterstützen, in die ich selbst aufgebrochen bin und nicht gedenke, stehen zu bleiben. Ebenso wichtig scheint es mir, das weitverbreitete Urteil abzubauen, nachdem Ältere, etwa schon 63jährige, zwangsläufig einem Abbau an Leistungsfähigkeit unterworfen sind. Sehr wohl haben Ältere höhere Ansprüche an persönlichkeitsbildende und sozialintegrative Funktionen ihrer Tätigkeiten, aber ihr Wille und ihre Lust an Leistungen bleiben dabei meist ungebrochen.

1.2. Was mich auf die Spur geführt hat

Angefangen hat es in einem Gespräch mit einer Frau, die, erst Mitte Fünfzig, einen »Wink« bekommen hatte. So drückte sie die Aufforderung ihrer Vorgesetzten aus, doch einmal über einen vorgezogenen Ruhestand nachzudenken. Es gab aktuell noch keinen Zwang, sie war eine bewährte, langjährige Mitarbeiterin in leitender Funktion, irgendwie aber arbeitete es in ihr, so daß sie um Beratung bat. Zunächst wollte sie nur schauen, wie man eine Nachfolgerin finden könnte. Aber dann stellte sich schnell heraus, daß es neben diesem pragmatischen Vorgehen ja viel mehr um ihr eigenes Ausscheiden aus dem Arbeitsleben ging, um all die Schmerzen und Freuden und Fragen, die damit zusammenhingen, um sie selbst als Person. Lange nicht mehr hatte sie eine so wichtige persönliche Entscheidung getroffen, lange nicht mehr so einen wichtigen Schritt getan.

14

Durch sie war ich neugierig geworden auf diesen magischen Punkt, neugierig darauf, wie man eine solche Schwelle – mit 55 oder viel später – wohl überschreitet, ob es überhaupt eine Schwelle ist, woraus sie besteht, welche Herausforderung sie darstellt und was man dahinter erwarten kann. Meine Neugierde richtete sich zunächst auf konkrete Erfahrungen in der Situation des vorgezogenen Ruhestandes, auf die Schere zwischen Phantasie und Wirklichkeit, was die Zeit danach angeht, auf Ängste, auf Reaktionen der Umwelt, die ich hier und da bei Menschen, nur wenig älter als ich selbst, sah, oder mit denen ich beruflich als Beraterin konfrontiert wurde. Inzwischen hat mich die wirtschaftliche Fortentwicklung auf eine neue Spur geführt. Nachdem die Erwerbsbeteiligung der Menschen ab 60 so weit abgefallen war, dass 1996 nur noch ein Viertel dieser Altersgruppe im Angestelltenverhältnis arbeitete, scheint jetzt – kaum 5 Jahre später – fast jeder frei entscheiden zu können, ob er bis 65 oder gar darüber hinaus im Arbeitsverhältnis bleibt, oder ob er sich dann freiberuflich betätigt oder ein neues Arbeitsverhältnis zu veränderten Vertragsbedingungen (meist auch bei einer neuen Firma) eingeht – oder ob er seine Zeit ganz anders füllt. Wir werden es in den Praxisbeispielen erfahren, in denen Befragte über ihren »Beruf nach dem Beruf« berichten. Von allen Varianten wird inzwischen Gebrauch gemacht, und je deutlicher jemand den eigenen roten Faden seiner Begabungen versteht, umso gezielter kann er sich – anders als noch vor 5 Jahren – zwischen den oben angedachten Varianten entscheiden.

So ist allenthalben zu sehen, dass ein großer Teil der jungen Alten seine Zeit sinnvoll, gesellschaftlich anerkannt und dabei persönlich befriedigend ausfüllen will. Sie wollen keine »Inliner-Skates mit Stützrädern«, sondern situationsgerechte Sinnangebote.

Das bedeutet auch, dass inzwischen diese Altersgruppe immer unabhängiger von bestehenden Normen, Traditionen, Standardisierungen wird und eine autonome Lebensgestaltung der Normalbiographie vorzieht.

Ich bin während meiner Arbeit in Firmen wie auch in der Beratungspraxis zwei Gruppen von »Ruheständlern« begegnet: den 60- bis 65jährigen, die ganz »normal« in den Ruhestand entlassen werden und die es schon immer gab, für die es unabhängig von Gesundheitszustand, Lust, Können oder Wollen eben »Schluß und einpacken« heißt, wie der Einstellungsvertrag es vorsieht. Egal, ob man eigentlich noch so richtig auspacken wollte, ein Datum ist gesetzt, ein Endpunkt ange-peilt, man weiß es lange vorher. Es trifft einen nicht unvorbereitet, und es trifft einen doch!

Daneben begegnete ich auch der zweite Gruppe, den vorzeitig Aus-scheidenden. Diese Männer und Frauen erfahren häufig sehr kurzfri-stig, daß von anstehenden Reorganisationen auch sie selbst betroffen sind. Ähnlich einer plötzlichen, lebensbedrohenden Krankheit, einem Unfall, ist in den letzten zehn bis fünfzehn Jahren der ungeplante Ruhestand über Tausende von Menschen in Unternehmen hereinge-brochen.

Wenn man sich selbst in der einen oder anderen Situation betrachtet oder auch die Situation anderer sieht, so scheint man in seltsamen Zwängen zu stecken. Das Mißlingen dominiert das Gelingen. Der sonst so hoffnungsvolle rote Faden scheint in einem dunklen Seil ver-steckt zu sein. Als jemand ohne Arbeitsplatz fühlt man sich mit seinem Schicksal plötzlich ganz allein. Ob die Entlassungen Regelfälle sind oder ob sie dazu dienen, die Belegschaft zu verjüngen, um Arbeitsplät-ze für Ersteinsteiger zu schaffen oder die Firma zu konsolidieren, kann nicht Gegenstand dieses Buches sein. Nur in einem Exkurs über die wirtschaftspolitische Lage (Kap 2.2.) wollen wir versuchen, diese Pro-blematik als einen Teil der Gesamtsituation zu verstehen. In den weite-ren Texten geht es um die Betroffenen selbst, um jeden einzelnen, der sich die Frage stellt: »Warum jetzt und warum ich? Herrscht hier der reine Zufall? Ist es mein persönliches Geschick?« Von alledem mag das eine oder andere zutreffen, aber es ist kein Einzelschicksal, in den Ruhestand zu gehen, ja es geht sogar diejenigen etwas an, die es (noch) nicht betroffen hat. Aber ob es als Trost, Verhängnis, Versagen oder als Chance für einen Neubeginn angesehen wird, bleibt eine persönliche Herausforderung.

Oft hörte ich den Satz: »Erwarte nur nichts, auch nicht vom vorge-zogenen Ruhestand, es ist nichts anderes als der Rest vom Leben.« Aber zu viele Lebensgeschichten von jungen Alten bezeugen, daß die-ser Satz nicht stimmen kann, daß die Sinnhaftigkeit des Lebens nicht mit dem Verlassen des Berufs aufhört, auch nicht, daß man ab jetzt alt sei. Diese Überzeugung und die Neugierde auf den Raum hinter der Schwelle des Freigestellt-seins haben mich auf die Suche geführt. Die Resultate meiner Suche sind in diesem Buch festgehalten. Menschen aus den unterschiedlichsten Berufen und Lebenssituationen werden zu

Wort kommen, nicht nur berühmte, von denen man schon staunend gehört hat, was sie im späten Alter noch alles begonnen und aufgebaut haben, nein, einfach Menschen wie Sie und ich.

Wenn es aber so ist, daß klassische Formen der lebenslangen Berufstätigkeit für Jedermann durch Automatisierung entfallen, dann müssen neue Tätigkeitsfelder innerhalb oder außerhalb von Firmen und Institutionen erschlossen werden, die Erlebnisbereiche für den Menschen eröffnen und die Bedürfnisbefriedigung, anders als Geld es leisten kann, in Aussicht stellen. Arbeit bedeutet im landläufigen Sinn Erwerbstätigkeit. Darüber hinaus bietet uns die Arbeit aber Raum für Kommunikation, für geistige, seelische und körperliche Entfaltung, für das Erfahren von Erfolg und Mißerfolg, von Konkurrenz und Konflikt. Die zentrale Frage lautet also: Wie gewinnt man nach dem Verlassen des Arbeitsplatzes sinnvolle Tätigkeitsfelder, in denen die oben aufgeführten Funktionen von Arbeit neu umgesetzt werden können?

In dem Maß, wie jeder nach dem Ausscheiden aus dem eigentlichen Beruf seine Möglichkeiten entdeckt und ausschöpft, wird er auch wieder aktiv am Zusammenleben mit anderen teilhaben, wird Erfolg und Mißerfolg verzeichnen, wird sich selbst wieder zuordnen können.

Das Wichtigste, was der Mensch in der pluralistischen Gesellschaft braucht, wichtiger als ein festes Arbeitsverhältnis, ist »bezogene Individuation«, ein Begriff von Helm Stierlin. Er meint damit, sich abgrenzen können, eigenständig zu leben und dabei doch auf andere bezogen zu sein, sich auf sie einzustimmen und ggf. gemeinsam zu handeln. Dieses autonome Handeln unter Einbeziehung der Bedürfnisse anderer gerät leicht aus der Balance, wenn man nicht mehr den Arbeitsplatz als Aktionsfeld hat.

Ruhestand, das heißt auf keinen Fall Nichtstun und Unbeweglichkeit, schon gar nicht für vorzeitig Entlassene. Es gleicht eher einem Unruhezustand. Aber wie muß er gestaltet werden, erst recht, wenn man das reguläre Ruhestandsalter noch lange nicht erreicht hat, damit die Ruhe in Bewegung kommt und man im dreifachen Sinne neuen Stand gewinnt: in der eigenen Wertschätzung, in der Zugehörigkeit und im Tun? Auf diesen Weg soll der Leser und die Leserin in die folgenden Überlegungen mitgenommen werden. Viele Einzelspuren haben die Problematik sichtbar werden lassen. Viele individuelle Wege werden die Neugestaltung nach diesem gravierenden Ereignis kennzeichnen.

2. Das Niemandsland zwischen Beruf und Alter

In den folgenden Abschnitten wird die aktuelle Situation des Ausscheidens aus dem Beruf genauer betrachtet. Entlassene schildern ihre Situation und weisen damit nicht nur auf die Lücke hin, in die sie das Ereignis versetzt hat, sondern schildern ihre Verluste auch konkret. Darüber hinaus wird ein Zusammenhang zu der aktuellen Lage am Arbeitsmarkt hergestellt. Damit ist der persönlichen Betroffenheit ein allgemeingültiger Rahmen gegeben. Außerdem sollen hier auch Nichtbetroffene einbezogen werden, ehe in den folgenden Kapiteln über ein tieferes Verständnis von Arbeit und Arbeitsverlust hinaus nach Wegen für die Zukunft Ausschau gehalten wird.

2.1. Die namenlose Generation

Wenn meine Beobachtungen mich nicht täuschen, wenn meine Gespräche mit Betroffenen und Mitbetroffenen ein einigermaßen repräsentativer Ausschnitt sein dürfen, dann scheint es, als sei eine neue Generation im Entstehen: Sie folgt auf die Generation, die Kindheits-, Jugend- und Erwachsenenalter überschritten hat, ohne mit der Generation der Alten identisch zu sein. Eine noch namenlose Generation. Politik, Wirtschaft, Sozialwissenschaften und die Menschen selbst tun sich noch schwer damit.

In der mitteleuropäischen Gesellschaft herrschte seit Beginn der Industrialisierung die Überzeugung, daß der normale erwachsene Mensch seine Lebenserfüllung in der Ausübung eines bezahlten Berufes findet. Es gibt ein Vorher, in dem man im Rahmen einer Ausbildung auf ihn zusteuert, und es gibt ein Nachher, in dem man von den Ereignissen dieses Berufes erzählt und von den Erfolgen zehrt.

Dem ist nicht immer so! Das Nachher kann zu früh eintreten, wenn man noch nicht vom Erfolg zehren kann. Wir müssen heute Formen eines ausgewogenen Lebens finden, in denen Sinn nicht nur durch Berufsarbeit gefunden wird. Dies gilt für jedes Alter der Pensionierung und nicht nur für Frühpensionierte, aber auch für sie darf die mit einer Tätigkeit verbundene Anerkennung nicht mehr allein an einen Arbeitsplatz gebunden sein. Wir müssen die Bilder vom sinnvollen Leben revidieren. Die Koppelung von Erwerbsarbeit und Lebenssinn zeichnet sich bereits seit dem Anfang der Industrialisierung ab, und es muß dringend überprüft werden, ob und unter welchen Bedingungen sie noch stimmt. In der reformatorischen Leistungsethik ist uns nachhaltig gelehrt worden, daß der Mensch seinen Wert durch Tätigsein und sichtbaren Erfolg erhält. Anerkennung ist eines der wichtigen Mittel zum Leben, aber die Anerkennung von Leistung können wir nicht mehr ausschließlich von einem lebenslangen gesicherten Arbeitsplatz ableiten. Die Originalität der Beschäftigung und ihr Sinn müssen dem Ertrag gegenüber dringend eine Aufwertung erfahren.

Es gibt noch keine akzeptable Bezeichnung für diese Gruppe der aus dem Arbeitsleben ausgeschiedenen, aber in die Riege der Alten noch nicht eingetretenen Menschen. Psychologen, die sich mit Altersforschung und Generationenzuordnung befassen, sprechen inzwischen von jungen Alten: 63–75 Jahre alt, mittleren Alten: 75–85 Jahre alt und schließlich von Alten, und meinen damit Menschen ab 90 Jahre.

Ich kenne keinen Begriff, der aussagekräftig, einladend und deutlich ist, der eine positive Identifizierung zuläßt und dessen Gültigkeit nicht in Frage gestellt wird. Noch fehlt es auch an Ritualen, religiösen oder nichtreligiösen, die den Schritt über die Schwelle markieren und ihn erträglicher machen.

Ich denke dabei an Rituale analog zum Schulende und Abschluß der Kindheit, an Freisprechungen im Handwerksgewerbe. Auch der Verstorbene bekommt seinen Abschied in Aussegnungs- und Beerdigungsfeiern, die wesentlich dazu beitragen, das Erlebnis zu verarbeiten. Welches Ritual könnte in den Ruhestand führen? Ein Blumenstrauß am letzten Tag ist zu wenig. Er markiert allenfalls einen Dank und ein Ende, aber keinen Anfang. So bleibt der Ruhestand ein weißer Fleck auf der Landkarte des Lebens, es sei denn, man gibt ihm selbst eine Struktur und füllt sie aus. Jede Kraftquelle will etwas bewirken, so auch die freigesetzte Energie des Ausscheidens aus dem Beruf, aber niemand hat diese bis jetzt vermessen, hochgerechnet und gebündelt, diese unbekannte Größe, die ihren Weg erst finden muß. »Limbo« nennen die Amerikaner diesen Zustand des Nicht-mehr und Noch-nicht, der sich mit ›Vorhölle‹ übersetzen läßt!

»Die meisten begehren noch nicht einmal auf« schreibt Pfarrerin Christine Pohl über die in Berlin-Siemensstadt vorwiegend freigestellten Männer.»Sie putzen ihre Autos und verschweigen ihr psychisches Elend. Die hierarchischen Strukturen der Firma fehlen ihnen, sie haben verlernt zu kommunizieren.« Es gäbe ja noch nicht einmal ein konkretes Ziel für einen Protest.

Der neuen Generation von dieser Protesthaltung wegzuhelfen und ihr ein eigenes Gesicht zu geben, einen Namen, eine Identität, einen Stand in der Gesellschaft, sie auf Sinn und Inhalt ihres jetzigen Lebens hinzuweisen, auch dazu können diese Texte in vielfacher Hinsicht beitragen.

2.2. Zur veränderten Altersstruktur und deren aktueller Auswirkung auf den Arbeitsmarkt

> *Ich bin zu alt um nur zu spielen*
> *zu jung um ohne Wunsch zu sein.*
> JOHANN WOLFGANG VON GOETHE[2]

In den letzten hundert Jahren hat sich die durchschnittliche Lebenserwartung verdoppelt: Von 35 bis 40 Jahre ist sie bei Männern auf 68, bei Frauen gar auf 74 Jahre gestiegen.

Während um die Jahrhundertwende nur 7 Prozent der Bevölkerung älter als 60 Jahre wurden, waren es 1975 schon 20 Prozent und heute, zwanzig Jahre später, noch ein paar Prozent mehr. Die Grafik der Alterspyramide macht diese Verschiebung deutlich. Es hat wenig Sinn, hier statistische Erhebungen anzuführen, es sei denn, um im Überblick zu zeigen, daß die in den Ruhestand Entlassenen Teil einer Gesamtentwicklung sind, die sich aus vielen Bausteinen zusammensetzt. Doch die Vollbeschäftigung in Form des Normalarbeitsverhältnisses – also einer Beschäftigung von etwa 40 Wochenstunden an 5 Tagen über 40 bis 45 Jahre hinweg – gehört immer mehr zur Mythologie der Arbeitsgesellschaft. Im Verlauf dieses Jahrtausends wird fast die Hälfte der Bevölkerung über 50 Jahre alt sein.

Diese Verschiebungen der Altersstruktur sind zum Teil das Ergebnis medizinischer Forschung. Moderne Techniken in der Behandlung von Erkrankungen lassen den Menschen länger gesund bleiben, auch der allgemein gestiegene Lebensstandard leistet seinen Beitrag zur höheren Lebenserwartung.

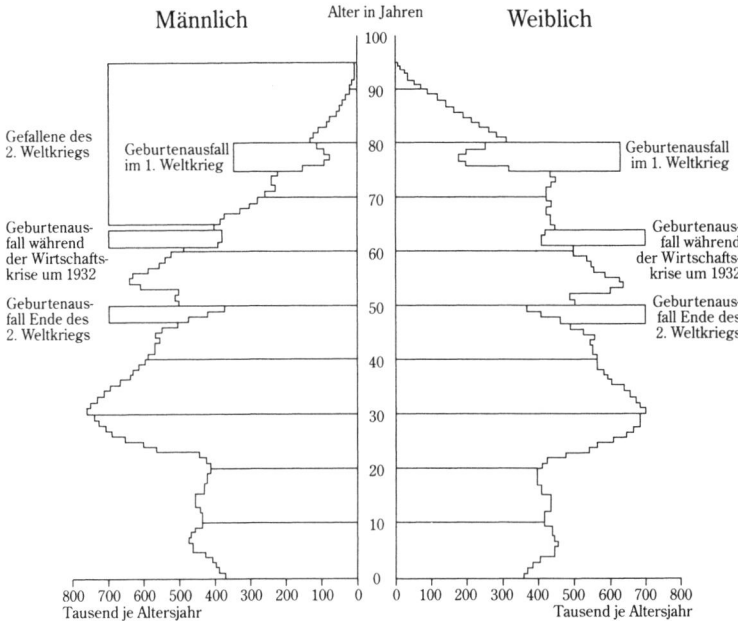

Labels within the figure:

Männlich | Alter in Jahren | Weiblich

Gefallene des 2. Weltkriegs

Geburtenausfall im 1. Weltkrieg

Geburtenausfall im 1. Weltkrieg

Geburtenausfall während der Wirtschaftskrise um 1932

Geburtenausfall während der Wirtschaftskrise um 1932

Geburtenausfall Ende des 2. Weltkriegs

Geburtenausfall Ende des 2. Weltkriegs

800 700 600 500 400 300 200 100 0
Tausend je Altersjahr

0 100 200 300 400 500 600 700 800
Tausend je Altersjahr

Abb. 1: Altersaufbau der Bevölkerung Deutschlands

Hunger, Pest und andere Seuchen haben in unseren Breitengraden nur noch untergeordnete Bedeutung. Die meisten Kriege in den letzten fünfzig Jahren haben sich vorwiegend außerhalb Europas abgespielt. Vor allem aber sorgt ein Absinken der Kinderzahl auf durchschnittlich unter zwei pro Familie dafür, daß sich die Alterspyramide verändert.

Der Sozialhistoriker Arthur E. Imhoff weist uns darauf hin, daß weder Staat noch Gesellschaft auf die zunehmende Langlebigkeit der Menschen vorbereitet sind. So schiebt sich der Ruhestand als eine lange Lebensperiode zwischen Berufstätigkeit und Alter. Wir haben schon von einer quasi neuen Generation gesprochen. Gerade im Hinblick auf den Ruhestand, der inzwischen eine breite Altersspanne betrifft, stellt sich nicht nur den Betroffenen selbst, sondern auch der Gesellschaft und der Politik die Frage der Integration dieser neuen Generation und nach deren Abgrenzung nach oben und unten.

Dieser Trend zu einem zunehmend variablen Ruhestand ist in allen modernen Volkswirtschaften westlicher Prägung, unabhängig von der jeweiligen Sozial- und Arbeitsmarktpolitik zu beobachten. Momentan sind wir aber nicht mehr in gleicher Weise wie noch vor einer Genera-

21

tion mit materieller Altersarmut konfrontiert, die die Bedürfnisse von Menschen auf die lebenserhaltenden Dinge wie Essen und Wohnen beschränkt. Die augenblickliche soziale Absicherung verhindert im Regelfall einen derartigen ökonomischen Abstieg, aber diese noch nicht lange bewältigte Armut im Alter wird uns vielleicht bald schon wieder einholen: durch zunehmende Nichtvermittelbarkeit von Menschen in eine Tätigkeit, durch späten Einstieg in Arbeitsverhältnisse, dadurch bedingt späten Beginn der Altersabsicherung, durch einen hohen Bevölkerungsanteil, der keine Chance zur Vorsorge hatte oder diese auch nicht für notwendig erachtete, durch extrem hohe finanzielle Belastung der Arbeitenden. Das und anderes mehr wird sich auf den Lebensstandard zukünftiger Generationen auswirken und auch die Schere zwischen arm und reich deutlich vergrößern.

Um 1930 bedeutete, keine Arbeit zu haben, an erster Stelle Sorge um das materielle Überleben. Hunger, in jedem Fall aber stark eingegrenzte elementare Lebensmöglichkeiten, waren die Folge. Wenn aber alle Energie aufgewendet werden muß, um die Miete zu bezahlen, zu heizen und die Familie zu kleiden, erübrigt sich zunächst einmal die Sinnfrage über diese Bereiche des Lebens hinaus. So gesehen ist sie eine »Luxusfrage« unserer Zeit.

Es ist eindeutig der Erfolg der Arbeiterbewegung, daß ohne Arbeit zu sein heute nicht mehr Hunger und materielles Elend bedeutet. Aber in gewisser Weise kehren wir doch in die frühen 30er Jahre zurück, nämlich insofern, als eine relativ hohe Bevölkerungsquote keinen Arbeitsplatz hat, ein Zustand, den wir nie mehr für »normal« halten wollten.

Bis in die 80er Jahre war es undenkbar, daß die Gesellschaft in unseren Breitengraden eines Tages erneut mit der Frage der Verteilung von Einkommen aus Arbeit konfrontiert würde. Schon 1981 schrieb Willy Brandt: »Eine Wirtschaft ist sicher mit einem Konstruktionsfehler behaftet, wenn sie dazu führt, daß die einen bis zum Überdruß arbeiten müssen (oder wollen, d. V.), andere jedoch, die auch arbeiten wollen, keine Arbeit finden.«[33] Noch 1981 ging man davon aus, daß die einzige sozialpolitisch vernünftige Lösung nur lauten konnte: Alle arbeiten weniger. Damit wollte man die (noch) vorhandene Arbeit auf mehr Menschen verteilen. Das hat zunächst nicht den gewünschten Erfolg gebracht, scheint sich aber momentan stärker durchzusetzen und auch sozial Anerkennung zu gewinnen.

Im Prinzip gibt es gesamtwirtschaftlich gesehen genug Arbeit, um alle, die arbeiten wollen, angemessen zu beschäftigen und so zu bezahlen, daß ein befriedigendes Einkommen erreicht werden kann. Es mangelt dagegen an Kreativität und an Beweglichkeit, um Arbeit in sinnvolle, bezahlte Arbeitsplätze umzusetzen, es mangelt daran, Arbeit von Steuern zu entlasten, Arbeit in Deutschland konkurrenzfähig zu halten. Arbeit gibt es überall. Allein der Umweltbereich und der Bereich der Altenpflege, die Stadt- und Landschaftsgestaltung, die Erhaltung von Versorgungsnetzen – um nur einige Möglichkeiten zu nennen – könnten verstärkt Arbeitskräfte beschäftigen. Ganz neue Berufsbilder könnten entstehen. Dringend notwendig wären finanzielle Anreize für Jobsharing, für Sabbatjahre, für eine differenzierte Lebensarbeitsgestaltung als Alternative zum einseitigen Modell der Arbeitszeitverkürzung.

Das organisatorische Fundament der Arbeitsgesellschaft ist bislang die Vollzeitstelle. Es geht auch im innerbetrieblichen Umgang mit Überkapazität nicht mehr um das Zählen der Köpfe, sondern um die Optimierung der gesamten Zeitstruktur eines Unternehmens. In der bestehenden Situation wird das eigentliche Problem nicht gelöst: Wie bekommen diejenigen, die arbeiten möchten, ihren Anteil am Arbeitsvolumen? Anstatt wirklich Arbeit umzuverteilen, wird vielerorts Einkommen umverteilt: von den Arbeitenden hin zu den Arbeitslosen, von den Versicherungs- und Steuerzahlern hin zu denen, die eine viel zu früh gezahlte Rente erhalten. Aber die soziale und finanzielle Absicherung ist noch kein Ersatz für die Möglichkeit, über Arbeit am gesellschaftlichen und wirtschaftlichen Leben wirklich und aktiv teilzunehmen. Unfreiwillig aus dem Arbeitsprozeß auszuscheiden, steht einem zentralen und bisher hochgehaltenen Grundrecht entgegen, dem Recht, so lange und so viel und so intensiv arbeiten zu können, wie es der einzelne will. Ein vorzeitiges Ausscheiden aus dem Arbeitsleben ist durchaus einer von vielen Versuchen zur Lösung von Arbeitsmarktproblemen, aber nur dann, wenn das Freiwilligkeitsprinzip halbwegs gewahrt bleibt – anders als bei den Jüngeren, denen nur die Wahl zwischen Arbeit und Arbeitslosigkeit bleibt. So werden wir es auch in den folgenden Texten immer wieder mit dem problematischen Teil des Ausscheidens aus der Berufstätigkeit zu tun haben. Die großen Themen der Wirtschaft und der Gesellschaft werden über viele Jahre lauten:

- Finanzierbarkeit von Arbeit
- Konkurrenzfähigkeit
- Energieverbrauch
- globale und damit multikulturelle Vernetzung
- soziale Absicherung.

Gerade deshalb ist die Forderung, das Arbeitsende selbst bestimmen zu können, hochaktuell. Die Ermöglichung von sinngebender Tätigkeit, bezahlte und unbezahlte, ist ein moralisches Gebot schlechthin, dessen Einhaltung beachtet werden muß.

Marie Jahoda, von der wir im Text noch mehr hören werden, weist auf die in den USA nahezu ganz fehlenden Altersgrenzen für den Ruhestand hin und auf die nicht nur positiven Auswirkungen. Damit kommen wir über die materielle und terminliche Gestaltung des Ruhestandes zu den Sinnfragen, die eng mit den Zukunftsbildern zusammenhängen. Diese werden in allen Altersstufen in irgendeiner Form gestellt. Hat man aber die Lebensmitte bereits überschritten und steht ohne Aufgabe da, stellt sich die Frage nach Sinn und Zukunft in doppelter Hinsicht.

Besonders eindrücklich schildert ein Arzt, der jetzt fast 80 Jahre alt ist, das Ausscheiden aus dem Krankenhausbetrieb als »Herabwürdigung«: »Es hat mich deprimiert. Ich wusste nicht, was aus mir wird. Meine Patienten, mit ihrem Kranksein, meine Leitungs- und Lehrtätigkeit, alles war ich! Das alles mit 65 zu verlieren, stürzte mich in absolute Verwirrung. Was ist jetzt noch der Sinn meines Lebens?« Man muss kein Arzt sein, um dieses Vakuum nachvollziehen zu können. Auch zu nicht so intellektuellen oder exponierten Tätigkeiten gehört dieses: »Alles bin ich!«

Es wird binnen kurzem nicht mehr möglich sein, 65 als das normale Pensionsalter anzusehen. Auch in Frankreich, in den Niederlanden und in England ist dieser Trend in noch gravierenderem Ausmaß zu beobachten. Er ist bis heute ungebrochen und kann als Anpassung an einen wirtschaftlichen Rationalisierungsprozeß interpretiert werden, auch wenn er konjunkturzyklisch beeinflußt wird. Das vorzeitige Ausscheiden aus dem Arbeitsleben wird mehr und mehr Verbreitung finden. Aber damit einhergehend sind auch die meisten der »normal« Ausscheidenden nicht »alt« und werden sich auch nur in Ausnahmefällen selbst so bezeichnen.

Es gibt zwar gängige Vorstellungen über Altersverhalten und Altersrollen, aber eben für die Alten, nicht für die »Noch-nicht-Alten«. In der Gegenwartsgesellschaft sind die Rollenzuschreibungen nicht mehr oder noch nicht sehr eindeutig. Hier klafft eine Definitionslücke.

Ob eben erst 65 oder bereits über 80, von der Gesellschaft oder von der Wirtschaft werden ihnen inzwischen zwei Funktionen zugeschrieben: Zum einen haben sie keine Rolle mehr zu spielen, zum anderen sind sie aber schon lange als Zielgruppe z. B. für Reisen und Dienstleistungen entdeckt worden und sorgen so in vielen Branchen direkt oder indirekt für eine gute Bilanz.

Es handelt sich dabei um einen historischen Prozeß, der als Institutionalisierung des Lebenslaufs bezeichnet werden kann. Schon seit den 70er Jahren hat sich die Erwerbsbeteiligung der älteren Jahrgänge erheblich verringert. Bei den 60- bis 64jährigen ist die Erwerbsquote seit dieser Zeit von 73 % auf 32 % bis Ende der 80er Jahre zurückgegangen.[4]

Aufgrund dieser Entwicklung scheint sich die traditionelle Dreiteilung des Lebenslaufs in eine Vierteilung zu wandeln, in der der vorgezogene Ruhestand und der wirkliche Ruhestand als je eigene Phase ihren Platz zwischen Beruf und Alter bekommen wird. Diese Entwicklung muß mehr und mehr ins öffentliche Bewußtsein gerückt werden und sollte zu politischen Konsequenzen führen.

2.3. Nicht mehr und noch nicht –
Orientierungslosigkeit bestimmt den Tag

Berichte über das vorzeitige Ausscheiden aus dem Beruf sind schwer zugänglich. Ich wählte daher den Weg einer gezielten Befragung der Betroffenen und ihrer Angehörigen. Manche hatten den Schritt gerade hinter sich, andere waren gerade dabei, ihren Platz zu räumen. Beide Gruppen standen in dieser Pufferzone der Orientierungslosigkeit. Wieder andere hatten sich kurz zuvor entschlossen, die Entscheidung des Ausstiegs selbst zu treffen, weil eine nicht eindeutige Aussage ihrer Firma sie verunsichert hatte. Ich habe vielen Männern und Frauen, die in dieser Situation steckten, Fragen gestellt, ich habe ihnen im Alltag bei dem, was sie taten, zugeschaut und habe in Gesprächen herausgefunden, was sie nicht tun wollten, vor was sie sich drückten oder fürchteten. Hier habe ich Bruchstellen zu sehen bekommen, über die bislang selten gesprochen wurde. Die nicht so leicht zugängliche Problematik, die psychischen und sozialen Folgen der Entlassung brauchen besonders bei den Frühentlassungen eine gewisse Zeit, ehe sie sich in Worte fassen lassen.

Da wurde immer wieder nach dem »Warum« und »Warum gerade ich?« gefragt. Eine Kette von Schuldzuweisungen sollte Klarheit in die Wirrnis von Gedanken und Gefühlen bringen. Die drängende Frage »Wer steckt dahinter?« ließ die Frage, die allein aus dieser »Vorhölle« heraushelfen kann, »Was mache ich daraus?« erst spät aufkommen.

Zum Verständnis der »neuen« Generation der Frühentlassenen beginnen wir mit konkreten Erfahrungen des letzten Tages in der Firma sowie der ersten Zeit unmittelbar nach der Entlassung.

Da ist der Fall des Abteilungsleiters eines Wirtschaftsunternehmens, Herrn B., der 56jährig an besagter Schwelle steht. Die Geschichte seines Unbehagens, seiner Unzufriedenheit und seines Neubeginns steht für die Erfahrungen vieler seiner Kolleginnen und Kollegen. Sein hier skizzierter Weg könnte für andere Betroffene ein Wegweiser werden. »Morgens, wenn ich aufstehe«, so schildert er mir seine Situation, »dann denke ich, welch eine prima Firma, die mir mit 55, im besten Alter, alle Freiheit gibt und noch 75 % des Gehalts. Und abends, wenn ich nicht ins Bett finden kann, dann denke ich: unmögliche Firma, schickt mich einfach weg, braucht mich nicht. Für Jüngere Platz machen! Eine Wut packt mich! ›Reorganisation‹ nennen die das. Ich finde es ja eigentlich gut, aber warum trifft es gerade mich? Wer reorganisiert mich? Bin ich nun arbeitslos oder pensioniert oder keins von beiden?« Er erklärt mir die Unternehmenspolitik, die er eigentlich befürwortet, er rechnet mir vor, was ihm sein Lebensstandard noch alles erlaubt. Dennoch kann er sich seine Unruhe nicht erklären.

»Und meine Frau erst – irgendwie ist alles aus dem Lot geraten«, schließt er seinen Bericht. Aus dem Lot geraten, die Balance verloren, das beschreibt die unmittelbare Erfahrung, die dieser Mensch und seine Familie gerade durchmachen. Seine Tage sind vollgepackt mit allem möglichen, er weiß selbst nicht, wie sie dahingehen. Nur die Unruhe wächst. Die Kränkung, die er mit der Entlassung erfahren hat, läßt sich nicht wegdiskutieren oder weiterhin ignorieren, sie entspricht einer offenen Wunde, deren Heilung nur schwer von selbst geschehen wird.

In dieser Zeit sehen wir uns häufig, und als Ergebnis dieser Gespräche formuliert er seinen Zustand schließlich so: »Ich bin wieder im Lot. Die ungeliebte Freistellung meiner Firma, diese vierzig freien Stunden wöchentlich, habe ich so aufgeteilt: Ich berate als Selbständiger Firmen auf ähnlichem Sektor wie früher, ich lehre an der Volkshochschule, und ich begleite junge Auszubildende, alles gegen Honorar. Das nimmt einen guten Teil meiner freigewordenen Zeit ein. Den anderen Teil bin ich ehrenamtlich tätig. Das Leben geht mich wieder etwas an.«

Herr B. wirkt bei diesem Abschlußgespräch immer noch unruhig, aber diese Unruhe hat einen kreativen Touch bekommen, sie ist nach vorn gerichtet. Durch Herrn B. angeregt, war ich neugierig geworden auf andere Frühpensionierte und deren Situation.

In Klärungsgesprächen mit den unterschiedlichsten Frühentlassenen machte ich viele wichtige Erfahrungen, lernte deren vorläufige Konzepte kennen und konnte meinerseits Gedankenanstöße geben, die in den folgenden Kapiteln ausgeführt sind. Meine Fragen bauten auf dem Gedankengut von Marie Jahoda auf, Autorin der klassischen sozialwissenschaftlichen Studie *Wieviel Arbeit braucht der Mensch?*, die ich in Kap. 4 ausführlich darstellen werde. Sie geht davon aus, daß der Verlust eines Arbeitsplatzes mehr bedeutet als der Verlust der finanziellen Grundversorgung. Dieses Mehr teilt sie in fünf Bereiche ein, die ich genauer darstellen werde und die als Grundlage zur Neugestaltung des Lebens nach der Frühpensionierung dienen.

Nicht von ungefähr handeln die geschilderten Berufssituationen von Männern. Frauen erreichen den Ruhestand gewöhnlich zu einem früheren Zeitpunkt, insbesondere aber setzen Frauen, in Partnerschaft oder allein lebend, andere Prioritäten. Sie retten mehr mit hinüber in den neuen Lebensabschnitt, und sie sorgen in vorausschauender Weitsichtigkeit anders für Kontinuität und Überlappung, für Weiterführung und Ausbaufähigkeit von Kontakten und Interessen. Sie richten den Blick mit wacher Aufmerksamkeit über die imaginäre Grenze hinaus, Schritte für »dann« ausprobierend, Zeit, Geld, Neugierde, körperliche Fitneß quasi auf die hohe Kante legend. Darüber hinaus wird Frauen nicht ganz so viel genommen, wenn sie in den Ruhestand gehen. Wohl müssen sie wie Männer ihren Arbeitsplatz räumen, dem Arbeitsumfeld und den Menschen Adieu sagen, die Arbeit selbst oft wehmütig aus der Hand legen. Und doch erweist sich am Ende des Berufes die Doppelbelastung Beruf und Haushalt als Glück: Das Arbeitsfeld Haushalt bleibt erhalten, ist vielfältig und ausbaufähig. Wir werden darauf noch eingehen. Dennoch – die Verunsicherung des Übergangs erwischt auch die Frauen.

2.4. Der Arbeitsplatz ist geräumt – die Tage danach

Was ich immer zu hören bekam in diesen ersten Gesprächen nach der Entlassung, war Enttäuschung. Sowohl im Hinblick auf die Firma war man einer Täuschung aufgesessen als auch was Partnerschaft und Privatleben betraf. Herr V., eben 55 geworden, lebt in einer Kleinstadt auf dem Lande, die in ihrem Randgebiet zwei Fabriken hat. In einer dieser Fabriken war er mit einem jüngeren Kollegen jahrelang für einen wichtigen Teil des Einkaufs zuständig gewesen. Durch eine Produktumstellung war sein Teilgebiet weggefallen. Er beginnt seine Erzählung so:

»Es war ein Freitag, an dem ich ein letztes Mal hinging mit ein paar Fläschchen Sekt und den letzten Akten, die ich noch weitergeben mußte. Es gab eine Abschiedsrede, die gar nicht einmal mir allein galt. Dieser bewußte Freitag traf ja noch mehrere aus meiner sowie aus anderen Abteilungen. Die fast schon üblichen Ehrungen, die ich aus Verabschiedungen anderer kannte, betrafen diesmal auch mich. Auch die Verabredungen, die getroffen wurden, kannte ich schon. »Wir sehen uns bestimmt«, hieß es da, oder »Schauen Sie doch mal rein!«, »Wenn es mal eng wird, dürfen wir dann auf Sie zurückgreifen?«

»Ja, natürlich, selbstverständlich, wenn ich kann, tue ich es gerne«, hatte er geantwortet und sich gut dabei gefühlt. Spätestens als er in die Nüchternheit der eigenen Wohnung zurückgekehrt war, ahnte er, daß daraus nichts werden würde. Das hatte man ja bei Kolleginnen und Kollegen bereits miterlebt und selbst mehrmals zu Ausscheidenden gesagt. Da war man noch auf der anderen Seite gewesen, bei denen, die selbst noch weit vom Ruhestand entfernt sind. Damals hatte auch er in meist langen Monologen versucht, den Schritt in den Ruhestand zu glorifizieren. Ein wenig Neid ließ er dabei durchblicken und wusste doch nicht so recht, warum sich auch ein schlechtes Gewissen meldete. Je jünger die Ausscheidenden waren, umso mehr erlebte er sich selbst als »Überlebender«. Nun war er selbst dran. Seitdem wartete er, nein, lauerte er am Telefon in der Hoffnung auf den gewünschten Anruf.

Was für ihn jedoch ein ganz neues Erlebnis war: der Tag danach! Ich meine nicht den Samstag. Das Wochenende blieb ganz normal. Die üblichen Samstagsbeschäftigungen, abends noch ausgehen und ein spätes Sonntagsfrühstück, täuschten über die veränderte Situation zunächst einmal hinweg. Wäre da nicht der Montag gewesen. Kein Wecker, kein hastiges, zeitgebundenes Frühstück, keine letzten Sätze, kein »bis heute abend« zu den zurückbleibenden Menschen oder Sachen. Man blieb zu Hause, und es war wahr. Es war ernst geworden, man war ein Ruheständler, aber man wußte in dieser Morgenstunde nicht, wer man war. Wenn sich Vergangenheit schon schwer verstehen läßt, so lassen sich krisenhafte aktuelle Augenblicke wie dieser erst recht mühsam in Gedanken und Worte fassen.

An diesem besagten Montag dachte er nur daran, daß »Alter« sich etwa so anfühlen mußte. Als ob die innere Uhr übers Wochenende ganz schnell weiter gelaufen wäre. Selbst der Körper, der letzte Woche noch voller Kraft seinen Dienst getan hatte, schien im Schnellverfahren schlaff geworden zu sein. Als ob es nur »jung« und »alt« gäbe und nichts dazwischen. Im Privatbereich gab es die Ehefrau, die sich gar nicht vorstellen konnte, daß sie weiterhin zur Arbeit ging und er ... – nein, diesen Gedanken wollte man gar nicht zu Ende denken.

Ein anderer Ratsuchender berichtete mir, seine Frau habe gesagt: »Wenn du in den Ruhestand gehst, will ich als Hausfrau auch in den Ruhestand gehen.« Wie das wohl aussieht, bei einer fünfzigjährigen aktiven Frau, die Hausfrau und Mutter ist, viel ehrenamtliche Arbeit leistet, eigentlich sogar, nach der Phase des Kinderbetreuens, noch mit einer Berufstätigkeit für sich selbst liebäugelt? Ja, wie ein Ruhestand für sie aussehen sollte, wußte sie selbst nicht. Aber dieser Mann wußte sofort, daß der Schreck seiner Frau nicht nur ihn betraf, hatte er doch von vielen Kollegen ähnliches gehört: »Offensichtlich haben sich die nicht berufstätigen Frauen vielbeschäftigter Männer nicht nur ihren eigenen Rhythmus, sondern auch ihren privaten Lebenskreis gestaltet, den sie nun durch den Partner jäh bedroht sehen.«

Eine andere Frau hat sich da eine Art Trick ausgedacht: »Nur wenn ich früher aufstehe, noch früher als sonst, habe ich die Wohnung für zwei Stunden allein«, schildert Frau L. ihre neue Tageseinteilung, sich selbst darüber wundernd, daß ihr das wichtig ist. »Ab neun Uhr, wenn wir gemeinsam gefrühstückt haben – er tat das sonst um sieben Uhr allein –, belegt er das Wohnzimmer mit all seinem Schriftkram, und meist ist auch das Telefon blockiert, ganz zu schweigen davon, daß ich jetzt Mahlzeiten zubereiten muß zu Zeiten, wo ich sonst einen Apfel aß oder schnell beim Einkaufen ein Brötchen.«

Das Berufsende ihres Mannes sieht sie bei weitem nicht als das Ende aller Tage an, zunächst aber einmal als das Ende der »normalen« Tage. Es wird lange dauern, bis das Neue wieder das Normale ist. »Drei Jahre hat es bei uns gedauert«, erzählt eine Nachbarin, und macht den gerade Betroffenen damit wenig Mut.

3. Psychische Aspekte der ersten Ruhestandszeit

3.1. Die Identität verändern

Zwei Dinge haben alle diese Menschen, die heute und morgen den Beruf vor der Zeit oder als Regelfall verlassen, gemeinsam: Sie sind *nicht* im traditionellen Sinne *alt*. Und – wichtiger noch – sie haben jeder auf seine Weise ein Stück ihrer *Identität verloren,* dieses langjährige Verständnis von sich selbst, das sie aus ihrer Arbeit bezogen. Sie sind nicht mehr über den Beruf organisiert. Das trifft diejenigen am härtesten, die den Arbeitsplatz zu ihrem Lebensmittelpunkt gemacht haben. In der weiteren Auseinandersetzung mit dieser neuen Generation soll darum der Identitätsverlust und die daraus entstehende Problemlage genauer betrachtet werden.

Das Verlieren von Identität als Konsequenz der Kündigung ist nicht nur spezifisch für ein Berufsende, auch in anderen Lebensphasen erleiden wir diesen Verlust, um später eine neue Identität zu gewinnen. Aber zunächst einmal steht ganz offensichtlich der Verlust im Vordergrund. Erst sehr viel später entläßt mich der Verlust auf die Suche nach dem Gewinn, und das gleicht nie einer doppelten Buchführung. Verliere ich meinen Mann, so verliere ich die Identität als Ehefrau; verliere ich meine Heimat, so verliere ich die Identität, die mein Wohnort mir gegeben hat. Verliere ich meine Arbeit – welche Identität wird mir genommen? Über was und über wen habe ich mich definiert? Da bin ich nun nicht mehr der Macher und Mitmacher, auf den das Rampenlicht gerichtet ist. Nun bin ich statt dessen in die Beobachter- und Begutachterrolle übergewechselt. Gebeten oder ungebeten blicke ich jetzt als Zaungast auf jenes berufliche Geschehen, in das ich vorher eingebunden war.

Manche Identitätsmerkmale z. B. sind nur am Rande betroffen, die soziale Identität aber, die weitgehend durch den Beruf geprägt ist, wird zunächst nur eine abgeleitete sein; »i. R.« steht hinter meinem Namen, doch wenn irgendwo die Pensionäre aufgerufen würden, würde ich wohl nicht einmal den Kopf wenden. Welches Spiel wird jetzt gespielt, und was ist meine Rolle darin? Wen meine ich, wenn ich in Zukunft von »wir« spreche? Zu welcher übergeordneten Gruppe zähle ich mich jetzt? Was meinen wir denn eigentlich, wenn wir von Identität sprechen?

In der Zeit des Heranwachsens identifiziert sich der Mensch mit einem Erwachsenen seines engeren Umfeldes, indem er sich ihn zum Vorbild nimmt, seine Ziele und Handlungen übernehmen, seine Werte zu den eigenen machen will. Dann folgen Wachstum und Ablösung, irgendwann weiß und fühlt der Mensch: »Das bin ich«. Er hat ein Selbstkonzept entwickelt und eine erste Ich-Identität erlangt. Otto und Felicitas Betz zeigen uns sehr lebensnah, in welchen Erfahrungsschritten es zu dieser Ich-Identität kommt:

> Wenn ich anderen Menschen begegnet wäre,
> dann wäre ich ein anderer geworden.
> Hätte ich andere Bücher gelesen,
> würde ich anders denken.
> Als Sohn eines anderen Landes
> hätte ich andere patriotische Gefühle.
> Von einer anderen Religion umfangen,
> spräche ich andere Gebete.
> In einem anderen Jahrhundert beheimatet,
> strebte ich anderen Idealen nach.
> Wäre ich auf andere Fragen gestoßen,
> würde ich andere Antworten suchen.
> Von welchen Voraussetzungen bin ich abhängig?
> Welche Fäden halten mich am Leben?
> An welchen Bedingungen hängt meine Existenz?[5]

Je realistischer die Meinung eines Menschen von sich selbst, je zufriedener er mit seiner Identität ist, je mehr er seinen Wert kennt und schätzt, desto mutiger und gelassener kann er sich seinen Aufgaben und dem Umgang mit Menschen stellen, ohne seelische Energie auf falschen Kampfplätzen zu lassen, etwa auf solchen, wo man um Geltung und Ansehen ringen muß. Das ist im Ruhestand grundsätzlich nicht anders, neu und anders sind lediglich die Situationen, in denen dies stattfindet.

Am Beispiel des Ausscheidens aus dem Beruf erfahren wir, daß Ich-Identität keine feste Konstante ist. Der Prozeß der Individuation begleitet den Menschen Schritt für Schritt bis ins hohe Alter. Oft ist

Entwicklung die Folge mehr oder weniger auffälliger Fahrtänderungen, vom Wind der »Verhältnisse« vorgegeben und auf ein fremdbestimmtes Ziel gerichtet. So hat die individuelle Entwicklung immer auch eine kollektive Seite, die alle Menschen betrifft, alle in ähnlicher Weise prägt, z. B. in einem Land, in einer Kultur, in einer Firma. Mit dem Ausscheiden aus dem Beruf bricht meist ein Teil der kollektiven Weiterentwicklung weg. Aber der persönliche Teil der Individuation wird und soll sich auch jenseits des Berufs und bis ins hohe Alter noch entwickeln.

Nicht immer im Laufe der Geschichte war dies möglich. In traditionellen Gesellschaftsstrukturen bis ins 20. Jahrhundert hinein war die Identität des Menschen unseres Kulturkreises durch das soziale Umfeld festgelegt. In der mittelalterlichen Ständegesellschaft bestimmte schon die Geburt darüber, ob man seinen Lebensunterhalt durch Arbeit verdienen mußte oder nicht, welche Art von Arbeit es sein würde, ob man Bediensteter oder gar Leibeigener war oder ob man sich freiberuflich niederlassen konnte. Genauso war es mit der Eheschließung und der Religionszugehörigkeit. Das Leben bewegte sich in einem festgelegten Rahmen. Nur innerhalb dieser vorgegebenen Räume war für die meisten eine individuelle Entwicklung möglich. Die Bedingungen eines Wachstums darüber hinaus waren für die breite Masse praktisch nie gegeben. Die Folge dieser Einengung war auf der einen Seite ein Lebenslauf, der durch eben diese festen Normen und Regeln geschützt war und bei dem krisenhafte psychische Einbrüche überspielt wurden, der aber auf der anderen Seite auch ein großes Maß an Abhängigkeit zeigte. Wurden die Normen von jemandem durchbrochen, so wurde er schnell als Verrückter oder als Versager abgestempelt und mußte seinen Bezugsrahmen verlassen. Die Chance, als autonome Person das eigene Schicksal in die Hand zu nehmen und zu steuern, war gering und fand wenig Unterstützung. Entschied sich jemand doch zu diesem Weg, so kostete es ihn einen unvergleichlich höheren Preis als heute. Diese Situation – in der Kürze dieser Darstellung sehr vereinfacht – bestand bis in die Neuzeit.

Die Industrialisierung brachte trotz ihrer bekannten Schattenseiten wie Fließband und Mechanisierung eine beschleunigte Auflösung dieses Rahmens mit sich: Berufswahl, Wahl des Familienstandes, der Religion, des Lebensstils wurden, zumindest im Mittelstand, mehr und mehr dem einzelnen überlassen. Eine Konsequenz daraus ist aber

auch, daß dem einzelnen wichtige Entscheidungen in die eigene Verantwortung übertragen wurden. Es gibt niemanden mehr, der sich als
Sündenbock eignet. Von diesem längst erprobten Übungsfeld können
also heutige Berufsaussteiger nur profitieren; sie müssen nicht jeden
Identitätsschritt neu kreieren. Immer mehr Menschen entdecken, daß
sie in einer Entwicklung stehen, bei der sie selbst Regie führen.

Auch für Männer ist längst nicht mehr der Beruf die einzige Möglichkeit, um sich selbst darzustellen und mit anderen in Kontakt zu treten. Entwicklung der eigenen Persönlichkeit ist auf ganz neue Weise
auch außerhalb des Berufs in den Blickpunkt des Bewußtseins gerückt.
Allenthalben haben Menschen begonnen, ihre eigene Person mit den
ganz eigenen Bedürfnissen und Wünschen zu entdecken und ernst zu
nehmen. Sie suchen nach mehr persönlichem Freiraum und wollen die
individuellen Grenzen ausloten. Sie wollen unentdeckte Lebensräume
nach eigenen Vorstellungen gestalten und sind hierbei durchaus zum
Risiko bereit. Manche Ältere vermitteln dabei den Eindruck, als ob sie
sich über lange Zeit selbst vergessen hätten und nun in kürzester Zeit
versäumtes Leben nachholen wollten. Der Impuls zum Ausbrechen aus
dem bekannten Rahmen eilt der Frage:»Was will ich statt dessen?« oft
weit voraus. Konkret befragt kann manch einer nur eine vage Antwort
geben, was er oder sie denn nun konkret nachholen, woraus sie ausbrechen wollen. Die eigentliche Frage ist zunächst:»Wer bin ich jetzt,
wer will ich sein? Was will ich tun?«

Jeder Mensch hat sein ganzes Leben lang generell die Möglichkeit,
seine persönliche Identität weiter zu entwickeln, aus dem was er ist,
was er»auf den Schultern seiner Vorfahren sitzend« mitgebracht hat
und was er gemeinsam mit seinen Mitmenschen aus sich werden läßt.
Das ist die Chance in der Krise des Umbruchs. Ich selbst und meine
Kritiker lesen meine Identität immer von außen nach innen. Darum
kann es keinen besseren Zeitpunkt der Umbenennung geben als den
des beruflichen Neuanfangs, an dem ein äußerer Stoß das innere Pen-
del zum Schwingen bringt.

Vorrangig aber war bei allen Versuchen der Umorientierung – ob
spät oder als Vorruhestandsvariante – die kühne Hoffnung, diesem
gefürchteten Ruhestandsloch, von dem sie gehört und gesehen hatten,
zu entgehen. Aber die Rechnung geht nicht auf. Das »Statt dessen«
steht erst glaubwürdig da, wenn nach dem Abschied auch die Trauer
Raum haben konnte.»Ich spiele nicht mehr mit. Mich sieht keiner

mehr, ich habe nichts mehr zu sagen«, so drückte ein kürzlich entlassener Abteilungsleiter sein Loch und seine Trauer aus. »Ich bin namenlos geworden«, ergänzte er seine traurige Erfahrung. Achten Sie doch einmal selbst darauf, welche Fragen gestellt werden, kurz vor oder nach dem »Ende«, mit welchen Kommentaren Sie oder andere Betroffene versehen werden. Heißt es da: »Na, in Ihrer Haut möchte ich auch nicht stecken« oder heißt es eher: »So gut wie Sie …«?

3.2. Von 110 auf 0 – Der Belastbarkeitsabbau

»Dieser Sturz von 110 auf 0 Prozent, den ich da am 31. März erlitten habe«, so beginnt die Schilderung von Herrn S. Er ist jetzt 55 Jahre alt und war lange Projektleiter in einer großen Baufirma, die sich besonders in den neuen Bundesländern um Aufträge bemühte. Vom gesamtwirtschaftlichen Aufschwung ließ er sich mitreißen, und seine Firma gab ihm allen Anlaß zu glauben, daß dies auch seine Chance sei. Schon durch die weiten Wege sammelten sich schnell Überstunden, und an einen normalen Arbeitstag war lange nicht zu denken. Aber dann blieben die Aufträge aus. »Die allgemeine Lage«, hörte er sagen, und: »Anderen geht es nicht anders«. Dann kam bald dieser magische Punkt, der Absturz. »Damit werde ich gar nicht fertig. Man hätte erst mal wegfahren sollen. Jetzt, nachdem ich einige Wochen Abstand habe, kann ich es richtig zurückverfolgen: Vor Jahren, ehe in der Firma von dieser Frühpensionierung überhaupt die Rede war, da habe ich immer meine Arbeit gemacht, das war so ein gewöhnlicher, normaler Energieeinsatz. Manchmal kam eine kleine Problembewältigung dazu, ein wenig Streß, aber auch noch normal. Die meiste Zeit fühlte ich mich entspannt, produktiv und mit meiner Umwelt im Einklang. Dann kam der allgemeine Aufschwung, wir machten mit, waren mittendrin. Stets warteten neue Anreize auf mich, ich hatte viel Energie, Überstunden wurden selbstverständlich. Das eigentlich unnormale ›Zuviel‹ wurde ganz unbemerkt das Normale.

Dann kamen die ersten Gerüchte vom Stellenabbau, das fand ich ganz vernünftig und dachte gar nicht daran, daß es mich treffen könnte, so einfach mittendrin. Wie man sieht, hatte ich ja mehr Arbeit als nötig. Aber unterschwellig ließ es mich nicht mehr los. Da ging das wohl los: Ich wurde hektisch, irgendwie angespannt und habe immer mehr gearbeitet. So wie man immer schneller fährt, wenn man sich verfahren hat. Meine Frau machte mich darauf aufmerksam, lange bevor ich es selbst merkte, natürlich war ich auch gereizt; dann sagten die Kollegen etwas, erst so durch die Blume, dann offener. Inzwischen wußten schon einige, daß sie gehen mußten. Ich wußte es noch nicht. Aber ich merkte, ich würde keinen Widerstand mehr leisten, komisch, meine ganze Lebensführung geriet fast ohne Übergang unter die Dominanz von Resignation. Die Motivation war auf einmal weg. Als ich dann wußte, ich werde gehen, war ich nur noch erschöpft und machte nur noch das Nötigste. Gut, körperlich zusammengebrochen bin ich nicht. Aber es war wie eine Leiter, die nicht Schritt für Schritt abwärts führte, sondern von heute auf morgen: von 110 auf 0 Prozent, ja, wenn es das gäbe, auf unter null. Nun seit Wochen zu Hause, spüre ich immer noch die extreme Unterbelastung, Luxuslage nenne ich das. Besser ist es keinesfalls. Es ist wie nach einem langen schnellen Lauf, plötzlich zum Stillstand gekommen, dieser oben erwähnte Überstundensprint, in ein unfreiwilliges Ziel. Und das Abstoppen ist das Schlimmste. Die Einbindung in eine organisierte Arbeitsform ist einfach weg!

Die Freiheit der Lebensführung ist so groß geworden, und die Widerstände, die es sonst gab, alle weg. Jetzt ufere ich richtig aus. Wenn mich doch irgend jemand wieder steuerte! Erst volle Pulle und dann nichts mehr. Das kann man mit Maschinen machen, nicht mit Menschen«, schließt er seinen Bericht.

Was hier von einem Entlassenen aus seinem Erleben heraus in Worten geschildert wird, entspricht dem typischen Ablauf von Belastungsprozessen, die lange vor aller Entlassung ihren wenig beachteten Anfang nehmen und nicht selten in der Katastrophe eines Zusammenbruchs enden und zu einem dauerhaften Leistungsknick führen. Schauen wir die einzelnen Schritte vor dem Hintergrund der vorausgegangenen Fallschilderung an:

1. Normallage: Die Widerstände im Alltag können mit normaler Aktivität bewältigt werden.
2. Problemlage: Die Anforderungsbewältigungen machen einen besonderen Aktivitätseinsatz erforderlich.
3. Belastungslage: Der Widerstand aus dem Umfeld hat zugenommen. Die Situation kann zwar unter Aufbietung aller Kräfte bewältigt

werden, aber das geht an die Substanz. Ist trotzdem eine Bewältigung nicht möglich, so werden inadäquate Formen der Lösung gesucht.

4. Überlastungslage: Totale Erschöpfung als Folge vieler vorhergehender Einzelschritte führt zu einer Desorganisation, die jede Leistung und jeden Erfolg von vornherein verhindern und die betroffene Person schließlich zum Zusammenbruch zwingen.

Analog zu dieser Überlastungskette können wir auch von *Unterlastungslagen* sprechen. Auch hier lassen sich verschiedene Schweregrade nachweisen bis hin zu einer vermeintlichen Luxuslage des Lebens, die bei den Betroffenen keine Anstrengungsbereitschaft mehr mobilisieren läßt. Die gebratenen Tauben aus dem Schlaraffenland liegen in allzu greifbarer Nähe. Die Lebensführung gerät unter die falsche Dominanz der Lust des Augenblicks, Selbststeuerung wird bei genauem Hinschauen erheblich reduziert und eine Befriedigung aus Einsatz und Anstrengung kann nicht mehr stattfinden. Wenn auch die Entlassenen in aller Regel zuvor eine erhebliche Belastungslage durchlaufen haben, so sollten sie sich von der anfänglichen Faszination der neuen Unterbelastung nicht blenden lassen. Ein Weitermachen oder ein Neuanfang nach dem Tag X sind nur möglich, wenn weiterhin eine gewisse Anstrengungsbereitschaft besteht.

Alle Arbeits- und Altersforscher sind sich darin einig, daß ein allmähliches Gleiten von der Vollbeschäftigung in den Ruhestand sinnvoller und gesünder ist als jedes abrupte Aufhören. Darum wäre es zu begrüßen, wenn mehr Arbeitnehmer vom Teilzeitangebot Gebrauch machen würden. Das setzt sich aber nur zögernd durch. Wer zum Beispiel bei Siemens nach seinem 55. Geburtstag nur noch halbtags arbeitet, erhält drei Viertel seiner Bezüge weiter und die vollen betrieblichen Sozialleistungen. Die Regelung gilt bereits seit 1982. Doch nur tausend Mitarbeiter haben sie seither in Anspruch genommen.

Herr F. war Offizier bei der Marine und wußte seit langem, daß er mit 53 Jahren aufhören muß. Trotzdem kam es plötzlich, und von Teilzeit oder anderen Modellen der Arbeitszeitverkürzung war gar keine Rede. Die Antworten auf meine Frage, wie es ihm jetzt gehe und was er so mache, bekam ich von seiner Frau. Er selbst drückte sich nur zu gern um eine Aussage herum. »Gott sei Dank, daß er zur Jagd gehen kann und daß wir einen Hund zu versorgen haben. Beides tut er allein. Ich sage dann, er tigert so rum. Lebhaft und gesprächig wird er erst, wenn die beiden Söhne kommen, die auch bei der Marine sind. Dann kommt er mir vor wie in alten Zeiten, aber das stimmt ja nicht. Ich rechne eigentlich auf den Sommer, wenn er segeln kann. Und er wartet wohl auch darauf. Denn da herrschen ja dann ähnliche Gesetze wie bei der Marine. Er kennt einige aus der Crew gut. Aber Freizeitsegeln, ob das den gewohnten und auch geschätzten Dienstablauf ersetzen kann? Ich hatte mich so gefreut auf diese Zeit, das war wohl ein wenig naiv. Ich wollte bummeln, wandern, zur Familie reisen. Aber daraus ist in den vergangenen Wochen noch gar nichts geworden. Seine stille Freundlichkeit macht mir Sorge. Das ist nicht mehr mein Mann! Oder noch nicht wieder?« Herr F. gehört zu der nicht so kleinen Gruppe von Männern, die kurze Zeit nach ihrer Entlassung, wie aus heiterem Himmel, einen Herzinfarkt erlitten.

3.3. Das Trauma des Abbruchs – erleben es nur Vorruheständler?

Eine Beendigung des Arbeitslebens vor dem üblichen Ausscheiden erleben die meisten Betroffenen als einen schmerzhaften Abbruch. Franco Rest beschreibt es mit folgendem Bild: »Vorzeitig in den Ruhestand geschickt zu werden, das muß man sich so vorstellen: Du liest ein Buch, welches dich interessiert und mit dessen Geschehen du dich vielleicht auch ein wenig identifizierst. Als eigentlich noch etwas kommen müßte, fehlen die letzten zehn Seiten. Was geht in dir dabei vor? Wie lange brauchst du, um ein neues, anderes Buch anzufangen?«[6]

Die Gestalttheorie würde hier von einer »unvollendeten Gestalt« sprechen. Aber auch diejenigen, die mit dem normalen »Schluß und Einpacken« als Ruheständler ihre Laufbahn besiegeln, sind vielleicht mit der erreichten Gestaltung im Beruf nicht zufrieden, sie ist im vorgesehenen Sinne vollendet. Um im Bild zu bleiben, bei ihnen ging es zwar bis zur letzten Seite. Aber was ihr ganzes Leben angeht, so haben sie auch mit 65 und darüber den Eindruck, eine unvollendete Gestalt zu sein.

Herr A., der das Angebot des Frühruhestandes schon mit 52 Jahren annahm, hat sich zunächst einmal so eingerichtet: »Ein Teil von mir ist Hausmann geworden. Das bestimmt auch meine Zeitstruktur. Natürlich ganz anders als sonst. Aber andere in meiner Wohngegend machen das auch. Die zeitlichen Festpunkte ergeben sich eben aus dem Ablauf des Familienlebens. Damit bin ich im Moment ganz zufrieden. Etwas anderes ist dagegen sehr viel schwieriger: Die Benutzung unseres gemeinsamen Arbeitszimmers, in dem ich mich jetzt hauptsächlich aufhalte; meine Frau kann nicht mehr so ungestört ihre Arbeiten verrichten. Ich denke, daß sich da noch eine neue Lösung finden muß. Wir sind uns gegenseitig so oft im Wege. Es ist nicht einmal der fehlende Platz. Ich kann es schwer beschreiben, immer erlebt der eine vom anderen alles mit. Es gibt so wenig zu erzählen, was der andere nicht schon miterlebt hätte. Jeden Abend freue ich mich über die Bewältigung oder, treffender gesagt, über das Verleben eines weiteren Tages.

Das ist neu und schrecklich. Das größte Defizit aber verspüre ich durch den Fortfall des Kollegenkreises. Da haben wir in den letzten Jahren vermehrt in Teams gearbeitet, wir haben das doch auch neu lernen müssen. Mir hat das Spaß gemacht. Ich habe auch Teams geleitet. Da bin ich wirklich ein wenig neidisch auf die Kollegen, die das noch haben. Meine Familie ersetzt das nicht. Dieses Nicht-mehr-gebraucht-werden, das darf auf keinen Fall so bleiben. Davon werde ich krank!«

Während der eine sich noch nicht von seiner Wut trennen kann und der andere sich zwischen Trauer und Neid bewegt und dabei neue Aufgaben sucht, führt uns Frau K. eine Welt voller Termine vor. Sie war Lehrerin, ging wegen einer Umstrukturierung mit 56 Jahren in den Ruhestand. Sie hat viele Jahrgänge von Schülern »auf den Weg gebracht«, wie sie es ausdrückt. Jetzt findet sie ihren eigenen Weg nicht. »Schon fast zwei Jahre dauert dieser mich krankmachende Zustand, ist das nicht viel zu lange?« fragt sie irritiert. Unzählige Unternehmungen bestimmen ihren Tages- und Wochenablauf. Sie geht zur Gymnastik, zum Singkreis, zum Motettenchor, zum Schwimmen. Sie besucht täglich ihre alte Mutter, sie ist in einer Hospizgruppe aktiv und bereitet Gottesdienste vor. Sie macht Sterbebegleitung und hat die Kassenverwaltung eines Vereins. Daneben stehen weite Reisen an. Letztes Jahr reiste sie nach Mexiko und hat an nicht weniger als hundert Menschen ihren Reisebericht geschickt. Von Rhythmus im befriedigenden Maß kann keine Rede sein, wie sie selbst bekennt: »Ich glaube, ich kann gar nicht mehr unterscheiden zwischen gezielter Aktivität und zielloser Geschäftigkeit. Ja, das mag es sein: zu viele Bezüge ohne wirklichen Bezug.«

Hier enden Frau K.'s langer Bericht und ihre Überlegungen. Sie hören sich an wie folgendes Gedicht von Bertolt Brecht:

Ich sitze am Straßenrand.
Der Fahrer wechselt das Rad.
Ich bin nicht gern, wo ich herkomme.
Ich bin nicht gern, wo ich hinfahre.
Warum sehe ich den Radwechsel
Mit Ungeduld?[7]

3.4. Nichts ist mehr wie sonst – der Alltag nach der Entlassung

Wie für die normal Pensionierten, so gibt es ebenso für die in jüngeren Jahren Entlassenen nicht *die allen gemeinsame* Situation nach dem Beruf. Die Situationen sind so wenig vergleichbar, wie die Wünsche, Ängste und Hoffnungen von Menschen, haben paradoxerweise aber auch Ähnlichkeiten. »Hätte ich nie so gemacht«, denkt der eine vom anderen, um am nächsten Tag zu sagen: »Das könnte von mir stammen.« Wir finden bei den verschiedenen Personen typische Konstellationen, jeweils durch die persönliche Brille gefärbt. Ich kenne diese Konstellationen aus Einzelberatungen und aus Organisationsentwicklungsprozessen, die ich begleitete. Ich kenne viele andere Menschen, deren Schicksale, Einstellungen und spätere Lösungsversuche hier mit einfließen werden. In ihrer Lebensauffassung weichen die hier geschilderten Personen nicht sehr voneinander ab. In ihrem Rollenverständnis und in ihrer gesellschaftlichen Zuordnung gehören sie in das breite Spektrum der eher konservativ lebenden Mittelschicht. Dieses Rollenverständnis zeigt sich auch in der Krise des Berufsausstiegs.

Herr N., Anfang 50 und seit kurzem aus der deutschen Tochtergesellschaft eines US-Konzerns entlassen, beschreibt seine Situation so: »Vor einem Jahr erst ging ich nach langem Hin und Her auf diese Teilzeitstelle. ›Di.-Mi.-Do.-Stelle‹ wurde sie genannt und sollte für drei Jahre sein. Dienstags, Mittwochs und Donnerstags ging ich in die Firma an meinen Arbeitsplatz. Es war nicht mehr die gleiche Arbeit, und die Vision von Karriere war dahin, aber immerhin, es füllte mich aus. Alle positiven Elemente der Arbeit waren noch da, und manchmal habe ich die Einschränkung gar nicht gemerkt, hatte ja auch zu Hause genug zu tun. Es entsprach voll meinen Vorstellungen. An meinen freien Tagen, Montag und Freitag, beschäftigte ich mich mit anderen Dingen wie Aufräumarbeiten rund ums Haus (da ist in den vielen Jahren, in denen ich beruflich Überbelastung hatte, genügend liegen geblieben), Lesen, Sport, Volkshochschulkursen, langen Skiwochenenden usw. Die Anpassung an diesen Rhythmus war leicht.

Auch die Tatsache, daß ich meine Aufgabe als Hauptabteilungsleiter gegen eine Beratertätigkeit eintauschen mußte, war für mich gut zu verkraften. Ich habe allerdings gemerkt, daß man durch den Vollservice einer Sekretärin, den ich in meiner Tätigkeit als Hauptabteilungsleiter hatte, in vielen Alltagsdingen die Kompetenz verliert, weil man sie nie tut. Das hat mir am Anfang gewisse Schwierigkeiten bereitet. Hier habe ich jetzt eher das Gefühl, wieder mündiger geworden zu sein. Ich war also rundum zufrieden. Meine Frau sagte allerdings zu dieser Teilzeitidylle: Du gehst ja sowieso genauso lange in die Firma wie sonst. Ich hab' nie nachgezählt, ob das stimmt. Bei ihr klang ein wenig Vorwurf mit.

Das war vor einigen Monaten. Jetzt, ich hatte mich gerade eingelebt, hat mir die Firma ein Angebot gemacht, welches ich einfach nicht ablehnen kann. Es platzte so richtig in meine soeben neugewonnene Balance und stellte meine gerade liebgewonnene Arbeitssituation in Frage. Schon wieder wurde von mir eine Entscheidung verlangt: ganz aufzuhören! Um ehrlich zu sein, mich ärgert dieses Angebot. Das neue Buy-out-Angebot für alle Teilzeitbeschäftigten ist finanziell so attraktiv, daß man es einfach nicht ablehnen kann – es sei denn, man hat außer finanziellen noch andere schwerwiegende Gründe, unbedingt weiterzuarbeiten. Praktisch hat man unterm Strich das gleiche Geld, ob man weiterarbeitet oder nicht. Und da setzt nun meine kaufmännische Erziehung ein: Obwohl die Arbeit mir Spaß macht, kann ich einfach nicht zum Nulltarif arbeiten. Wenn schon umsonst, dann für eine soziale Einrichtung, aber nicht für ein Wirtschaftsunternehmen. Also bleibt mir nur eins: Ich muß aufhören. Sie können das sicher verstehen.

Und plötzlich sind für mich viele der persönlichen Fragen, die ich mir zu Beginn der Teilzeitarbeit gestellt habe, erst richtig aktuell. Ich werde mich ab sofort mit der Frage beschäftigen müssen, wie ich mein Leben nach 35jähriger intensiver Berufstätigkeit ab jetzt gestalten will.«

Herr N. steht nicht allein mit seiner Unruhe. Es sind zumeist Männer, die mit einer gewissen Endzeitstimmung auf das Berufsende reagieren. Aus und vorbei und von höherer Hand arrangiert, das ist das subjektive Erleben dieser Betroffenen. Freilich, es gibt durchaus auch die anderen, die diese magische Grenze positiver sehen, vielleicht gar als den Anfang des eigentlichen Lebens. Es hat sein Verlockendes, diese grenzenlose zeitliche Freiheit, die schöne Rente und was man sonst noch alles hat. Und wenn man erst einmal einen langen Urlaub genommen hat, dann wird der Körper wohl noch eine längere Zeit mitmachen. Aber die Ernüchterung kommt bald. Auch das Ruhestandsleben kann nicht nur aus Ferien bestehen, soll es wirklich Leben sein.

4. Den Arbeitsplatz als Erlebnisort verstehen

Angeregt durch diese und ähnliche Erlebnisse im Beratungsalltag und während meiner Arbeit im Personalentwicklungsbereich lag es für mich nahe, der Frage nachzugehen, welche Faktoren zu langfristiger Lebenszufriedenheit beitragen. Es ist ganz offensichtlich der Arbeitsbereich, der immer neue Energieschübe freisetzt und wesentliche Grundbedürfnisse stillt. Er ist es, der uns erlaubt, elementare Bedürfnisse wie Wohnung, Nahrung und Gesundheit sicher zu stellen und diese selbst zu finanzieren. Die Bedürfnispyramide soll zum Verständnis dieser Zusammenhänge führen.

Abb. 2: Hierarchie der Bedürfnisse

Alexander Maslow faßt die menschlichen Grundbedürfnisse in einer hierarchischen Pyramide zusammen. Die Befriedigung von elementaren Bedürfnissen wie Hunger stillen, angstfrei leben, Sicherheit und Heimat haben, sind demnach die Grundlage für höhere Bedürfnisse, die Selbstverwirklichung ermöglichen. Hier möchte ich mich jedoch nicht der Maslowschen These anschließen. Die physischen und die Sicherheitswünsche an elementarster Stelle mögen stimmen. Wenn aber Selbstverwirklichung als höchste Bedürfnisstufe nur für diejenigen möglich sein soll, die Nahrung, Schutz, sozialen Kontakt und Befriedigung eigener Bedürfnisse erreicht haben, wäre die volle Entfaltung des Menschen auf dieser Welt nur einer kleinen Elite vorbehalten.

Gewiß, da ist die Familie, die Partnerschaft, das Hobby, die Ferienreise, die Freizeitbeschäftigung nach der Freistellung, aber für lange Jahre ist der Arbeitsplatz der fast magische Ort, wo Leben und Bedürfnisbefriedigung stattfinden. Damit soll nicht gesagt sein, daß es dort immer harmonisch und erfolgreich zuginge, daß man da immer mit netten Leuten zusammen wäre und daß man jederzeit seines Erfolges sicher sein könnte. Arbeitsleben besteht auch aus dem Verarbeiten von Mißerfolg und dem Umgang mit Menschen, die nicht die gleiche Sprache sprechen und die man erst mühsam für die eigene Überzeugung gewinnen muss. Aber man ist da und gehört quasi per Vertrag dazu, man regt sich auf, man erfährt Neues, man ist gefragt. Einmal ist man glücklich über den Erfolg, kurz darauf zählt man die Tage bis zum nächsten Urlaub. Alles zusammen macht die Attraktivität eines Arbeitsplatzes aus, und man lebt zum größten Teil durch ihn.

Bei Marie Jahoda, die ich schon eingangs erwähnte, fand ich einleuchtende Hinweise, was die grundsätzlichen Lebensbedürfnisse von Männern und Frauen angeht und wie sie durch Arbeit Antwort finden. Diese scheinen auch heute noch, siebzig Jahre später und in reichlich verändertem Umfeld, ihre Aktualität nicht eingebüßt zu haben. Marie Jahoda befaßte sich in den 20er und 30er Jahren des vergangenen Jahrhunderts mit großem Engagement mit dem Thema Arbeit und Arbeitslosigkeit, mit ihren Auswirkungen sowie mit der Humanisierung von Arbeit allgemein. Wenn sie von Arbeit spricht, meint sie im weitesten Sinne zweckgerichtetes Handeln, dessen Ziel es ist, ein Produkt zu erstellen oder eine Dienstleistung bereitzuhalten. Der Profit spielt bei dieser Definition zunächst eine untergeordnete Rolle. Arbeit bleibt Arbeit, auch wenn wenig dabei verdient wird und sich die Bedürfnisse geringen Mitteln anpassen müssen. Wir unterteilen heute in Profit- und Non-Profit-Bereiche, also in solche Arbeiten, die Gewinn abwerfen, und solche, die keinen Gewinn erbringen müssen. So hat eine soziale Einrichtung gute Arbeit geleistet, wenn sie kostendeckend gewirtschaftet hat. Eine ähnliche Einrichtung erwirtschaftet durchaus Gewinn, den sie wiederum in ihrer »Firma« einsetzt, während Wirtschaftsunternehmen bekanntermaßen anders rechnen. Daneben stehen die ehrenamtlichen Tätigkeiten, die nicht mit Geld entlohnt werden, wohl aber mit Status, Erfolgserlebnis, oft auch mit Weiterbildung. Und dann sind da noch die Arbeiten, die in erster Linie der eigenen Freude dienen, wie etwa das liebevolle Zusammentragen und Ordnen von Büchern oder Briefmarken, seltenen Pflanzen oder nützlichen Daten im Computer. Die Möglichkeit des Tätig-sein-Könnens, dieses hohe Gut, braucht der Entlassene ebenso als Grundbefriedigung zum Leben, wie es für den Berufstätigen selbstverständlich ist und wie der Arbeitslose danach sucht, jedoch unter weit anderen Bedingungen.

Berufliche Arbeit, Eingebundensein in ein Arbeitsfeld ist aber nur eine unter vielen Möglichkeiten des tätigen Menschseins, gleichwohl ist berufliche Arbeit immer noch in Mitteleuropa der höchsteingeschätzte Ausdruck von nützlichem tätigem Leben. Eine Arbeit zu haben ist eine der grundlegenden Säulen des oben genannten Lebensraumes. »Der geht schaffen«, sagt der Schwabe. »Heute habe ich etwas geschafft«, sagt der Zufriedene und meint damit ganz gewiß in den meisten Fällen, daß er gearbeitet hat und daß davon etwas zu sehen oder zu spüren ist. Arbeit, das ist der Dreh- und Angelpunkt unseres abendländischen Seins, sie prägt unsere individuelle Kultur und die des Zusammenlebens. Die Persönlichkeit des Erwachsenen entwickelt sich weitgehend in der Auseinandersetzung mit seiner Arbeit. Er produziert nicht nur ein Produkt oder bietet eine Dienstleistung an, er formt sich dabei auch selbst, besser noch: er wird von Produkt bzw. Dienstleistung geformt, manchmal auch in eine Form gepreßt. In manchen Branchen, egal ob es sich um Verkauf, Produktion oder Dienstleistung handelt, können nur Teilaspekte einer Persönlichkeit leben, andere verkümmern in dieser Position oder werden gar verbogen. Aus dieser Verbiegung oder Verkümmerung noch einmal heraus zu kommen, ist die große Chance des Ruhestandes.

Wichtige Hinweise zu den grundsätzlichen Lebensbedürfnissen, die durch die Funktionen der Arbeit abgedeckt werden, fand ich bei Marie Jahoda in ihrer Studie »Wieviel Arbeit braucht der Mensch«. Auch wenn die Studie viele Jahre alt ist, sind Jahodas Aussagen über den Verlust von Arbeit und dessen Auswirkung, soweit es mir bekannt ist, von modernen Forschungen nicht korrigiert oder erweitert worden. Dabei richtete sie ihr Augenmerk auf eine besondere Art der Arbeitslosigkeit: Es ging um junge Langzeitarbeitslose ohne nennenswerte Perspektiven. Das Buch enthält auch für Pensionierte und für alle frühzeitig aus dem Arbeitsleben Ausscheidende wichtige Erkenntnisse, etwa über die zentrale Bedeutung von Arbeit.

Jahoda geht von einer Gesellschaft aus, in der Berufstätigkeit einen hohen Status hat. Das trifft heute mehr denn je zu, obwohl wir wahrscheinlich von der Vorstellung, wir hätten einen lebenslangen Arbeitsplatz für jedermann, vor allem auch für jede Frau, Abschied nehmen müssen. Jahodas Antwort auf die Frage:»Wieviel Arbeit braucht der Mensch?« lautet:»Der Mensch braucht so viel Arbeit, daß er den Kontakt zur gesellschaftlichen, politischen und kulturellen Realität nicht verliert.«[8]

Sie weist damit auf die schon erwähnte Tatsache hin, daß Arbeit nicht durch noch so sinnvoll ausgefüllte Freizeit zu ersetzen ist. »Arbeitslosigkeit ist auch bei materieller Sicherheit ein unerträglicher psychischer Zustand.« Das war eine große Aussage in einer Zeit, in der Arbeitslosigkeit für nahezu jeden Menschen in erster Linie materiellen Notstand bedeutete. Hier hat sich vieles geändert, aber der materielle Aspekt ist auch heute nicht auszuklammern. Die Bedrohung des finanziellen Ruins, die tatsächliche Verarmung, besteht zumindest für die in diesem Buch besprochene Gruppe nicht. Es kann aber kein Zweifel daran bestehen, daß das vorzeitige Ausscheiden aus dem Arbeitsleben finanzielle Einschränkungen mit sich bringt, auch wenn von Armut im existentiellen Sinn keine Rede sein kann, hat das geringere Einkommen großen Einfluß auf das Gesamtbefinden, wirken die damit verbundenen Einschränkungen doch unmittelbar auf das psychische Gleichgewicht.

Eine große Zahl der frühzeitig aus dem Arbeitsleben Ausscheidenden und viele ihrer Kollegen mit »normalem« Arbeitsende gehen nicht freiwillig diesen Weg. Bei dem gegenwärtigen rapiden Anstieg der Entlassungen erleben viele das Ende der Arbeit eher als Rausschmiß, wie wir in den Fallbeispielen sehen werden. Es darf nicht hingenommen werden, daß diesem Schicksal nur mit Resignation begegnet wird. Keinesfalls kann das Entwickeln eines Lebenskonzeptes für die Zeit nach dem Ausscheiden an jemand anders oder an eine Organisation delegiert werden. Bestenfalls entstehen Interessengruppen. Maßgeschneiderte Entwürfe für die eigene Situation kann nur jeder selbst entwickeln. Auch wenn in Krisenzeiten wie nach der Entlassung die persönliche Frustration groß ist, sollte der Luxus des achtsamen Umgangs mit sich selbst nicht der Krise zum Opfer fallen. Ein Arbeitsloser kann sich zunächst einmal sagen: »Es ist nur ein kurzer Übergang, bald geht's weiter.« Im nachberuflichen Stadium geht nichts mehr weiter. Es sei denn, *ich* lasse etwas weitergehen.

Ich möchte im Verlauf des Buches, wenn ich an Männer und Frauen nach dem Beruf denke, Arbeit durch Tätigkeit ersetzen oder durch Beschäftigt sein im Sinne von Sich-einmischen in die Geschäfte der Politik, in Formen des Zusammenlebens, der Wirtschaft und der Wissenschaft, auch durch Tätigsein um seiner selbst Willen, ohne Fremdauftrag, ohne Gewinn in Euro und Cent. Marie Jahodas Forderung im Hinblick auf Arbeit möchte ich jedoch um eine Komponente erweitern, die mir unter dem Gesichtspunkt der Humanisierung von Arbeit im Laufe der eigenen Tätigkeit im Beratungsbereich immer wichtiger wurde: Es geht nicht nur darum, durch Arbeit den Kontakt zur Gesellschaft, zur Politik und zur Kultur herzustellen, wie sie sagt, sondern darüber hinaus auch um den Kontakt zur eigenen Person.

In Kapitel 7.4. berichten Betroffene, wie sie ihren Weg dahin gefunden haben. Während der beruflichen Tätigkeit ist das Schauen auf sich selbst einer Überbetonung sachlicher Aspekte zum Opfer gefallen. Individuelle und zwischenmenschliche Aspekte der Arbeit wurden wenig beachtet. Dann kam die Zeit, in der die emotionalen und sozialen Potentiale weit mehr im Mittelpunkt der Aufmerksamkeit standen. Auch in »nichtsozialen« Arbeitsfeldern wurden die persönlichen Bedürfnisse wieder ernster genommen und veränderten ihrerseits die Arbeitsstrukturen, »Sozialkompetenz« als zwischenmenschliche Qualität ist in aller Munde und füllt sich nur langsam mit Leben.

In den letzten Jahren hat sich die zweifache Perspektive durchgesetzt. Im Arbeitsalltag haben die Bedürfnisse des einzelnen im Sinne der Maslowschen Pyramide in fast gleicher Weise ihr Recht auf Befriedigung wie die sachlichen Ziele. Die weiterformulierende Aussage zu Jahoda, die dieses Hinschauen auf beide Anliegen einbezieht, muß daher heißen: Der Mensch braucht so viel Arbeit, daß er den Kontakt zur gesellschaftlichen, politischen und kulturellen Realität nicht verliert, ebenso wie den Kontakt zu sich selbst, zu seiner inneren Realität, zu seinen Fähigkeiten, zu seinen Wünschen und zu seinen Ängsten.

Dieses Zusammenspiel vom Leben als Individuum und vom Leben in Gemeinschaft, welche den einzelnen trägt, wird auf verschiedenen äußeren und inneren Aktionsfeldern vollzogen, die Marie Jahoda *Erlebnisbereiche*[9] nennt. Sie unterteilt fünf Bereiche, die ich vorstellen werde. Es scheint übrigens nicht darauf anzukommen, ob jemand vierzig Stunden, siebzig Stunden oder nur sieben Stunden arbeitet. Die

Erlebniskategorien sind unabhängig von der Dauer der Arbeit. Auch in nur geringer Stundenzahl des Beschäftigt-seins setzen sie sich durch.

Zunächst die fünf Erlebnisbereiche im Überblick:
1. Der Erlebnisbereich Zeit als strukturgebundenes Element. Zeit ist ein jedem Menschen zugeteiltes Kapital, das er in eigener Verantwortung nutzen kann. Aber Zeit hat verschiedene Qualitäten, und sie wird unterschiedlich empfunden. Das wird nach der Entlassung in aller Deutlichkeit erfahren. Die gesamte Zeit, die an die Firma verkauft war, steht nun frei zur Verfügung. Was tun damit?
2. Das Erlebnis, einem Produktions- oder Dienstleistungsteam anzugehören. In der Kooperation ist man Teil eines größeren funktionellen Kollektivs; man arbeitet einander zu, man erlebt gemeinsame Erfolge oder setzt sich mit Mißerfolgen auseinander. Man ist einer unter anderen.
3. Das Erlebnis der sozialen und emotionalen Erfahrung, der Sympathie und Antipathie, des Voneinander-Lernens und des Horizont-Erweiterns, heute häufig als Sozialkompetenz etikettiert. Hier werden die vermeintlichen Stärken und Schwächen des Einzelnen in einen Erlebnisrahmen gesetzt.
4. Das Erlebnis, sich zu qualifizieren, Erfolg zu haben, Karriere zu machen, in eine Hierarchie, in ein Oben und ein Unten eingebunden zu sein, im Laufe der Jahre den Status zu verändern. In diesen Erlebnisbereich gehört auch die Identifikation mit der Firma, mit ihrem Leitbild, mit ihrem Angebot auf dem Markt.
5. Schließlich beinhaltet jede Tätigkeit auch täglich neue Erlebnisse für den Körper, deren Lebenswichtigkeit sich oft erst herausstellt, wenn die Anforderung wegfällt.

Diese Erlebnisbereiche sollen unter dem Aspekt des Ausscheidens aus dem Arbeitsleben näher betrachtet werden. Auch hier gilt wieder, daß Menschen ungleich wahrnehmen, erleben und nicht das Gleiche vermissen. Abgesehen von einer neuen Zeitstruktur, die wohl jeder der Betroffenen braucht, kann die Frage nach dem Wieviel an neuen Erlebnisquellen konkret erst anhand der jeweiligen Biographie beantwortet werden. Dort erst wird geklärt werden, wieviel an Kommunikation mit anderen, Einflußnahme, Zielorientierung oder geistiger Anregung das Lebenskonzept einfordert.

4.1. Erster Erlebnisbereich: Die Uhr schlägt anders

Dieser erste Bereich ist geprägt durch das tägliche Erlebnis einer festen Zeitstruktur. Der Beruf nimmt wesentlichen Einfluß auf eine ordnende und wiederkehrende Gliederung des 24-Stunden-Budgets eines Tages. Der Ärger über den frühen Wecker wechselt sich ab mit der Vorfreude auf den Sonntag. Berufliche Termine blockieren private, Dienst- und Ferienreisen unterbrechen die eintönige Routine. Und schließlich kann man nur von »Feierabend« sprechen, wenn vorher und nachher Arbeit verrichtet wird. Dehnt sich der Feierabend erst über den ganzen Tag aus, so hat er an Reiz verloren. Auch ein immerwährender Urlaub ist nur im Reiseprospekt verlockend.

Zu dieser ordnenden Funktion gehört auch das Wissen um den eigenen Rhythmus, der die Leistungsfähigkeit wesentlich beeinflußt. »Wann kann ich eigentlich welche Tätigkeit am besten ausüben, wann braucht mein Körper Essen und wann Schlaf? Und wie kann ich das zeitlich koordinieren mit fremdbestimmten Terminen?« All das war über die ganze Berufszeit hin eine Frage, die gar nicht selbstbestimmt beantwortet werden konnte. Als arbeitender Mensch erhält der einzelne die Impulse zur ordnenden Gliederung seines Tagesablaufs aus dem ihn umgebenden Umfeld, aus Arbeitsaufgaben und von anderen Menschen in der Firma. Sie stellen sich als Wünsche und Ansprüche von Vorgesetzten und Kollegen, als feststehende Regeln dar. Der Urlaub und selbst das Hobby müssen dem angepaßt werden. Daraus entwickelt sich in aller Regel ein Rhythmus, in den auch die arbeitsfreie Zeit eingebunden ist. So entsteht das relativ feste Netz an Terminen im Tages- und Jahresablauf, das sich im Laufe des Arbeitslebens aus Absprachen mit anderen, einzuhaltenden Verabredungen und festgelegten Zielen knüpft.

Mit Eintritt in den Ruhestand fällt das meiste davon ganz einfach weg. Man findet sich gleichsam in einer neuen Zeitwelt. Herr S. brauchte nicht mehr pünktlich zu sein, niemand erwartete oder vermißte ihn im beruflichen Umfeld. Im privaten Bereich dagegen drang er in Zeitstrukturen ein, die ursprünglich ohne ihn konzipiert waren. Es fand sich kaum jemand für gemeinsame Unternehmungen. Alle hatten ihren eigenen Zeitplan, an dem er bisher nicht teilhatte. Das muß seine Person arg in Frage gestellt haben. Als ich mit ihm ein Gespräch führen wollte, fanden wir lange keinen Termin. Er hatte seine Zeit total verplant mit Dingen, die er während seiner Berufstätigkeit nebenher erledigt hatte. Sollten aus der Kränkung des Nicht-mehr-Gebraucht-werdens die vielen Verabredungen entsprungen sein, die es fast unmöglich machten, ihn in absehbarer Zeit zu treffen? Im Laufe des Textes werden wir eine Antwort finden.

Vielleicht ist es wirklich die Zeit, die am hartnäckigsten auf den neuen Zustand hinweist. Die Zeit, die ihren Reiz auch dadurch erhielt, daß sie knapp war. »Zeitmanagement ist Selbstmanagement«, selbst im Ruhestand gilt diese wichtige Regel, die auch im Arbeitsleben oft nicht für wahr gehalten wird.

4.1.1. Den vertrauten Arbeitsort verlieren

Neben der gewohnten Zeitstruktur muß auch von einem Ort als gewohnter Arbeitsheimat Abschied genommen werden. Der Tag, an dem der Schreibtisch oder die Werkbank geräumt wird, zeigt das überdeutlich. Ein letztes Mal werden die vertrauten Dinge sortiert, ein letztes Mal wird die Kantine betreten. Menschen, die keinen Platz ihr eigen nennen, sind in gewisser Weise psychisch heimatlos. Auch Raumverlust ist Lebensverlust. Die privaten Räume fangen einen noch nicht einmal auf. Lebt man allein, so ist die Wohnung plötzlich zu

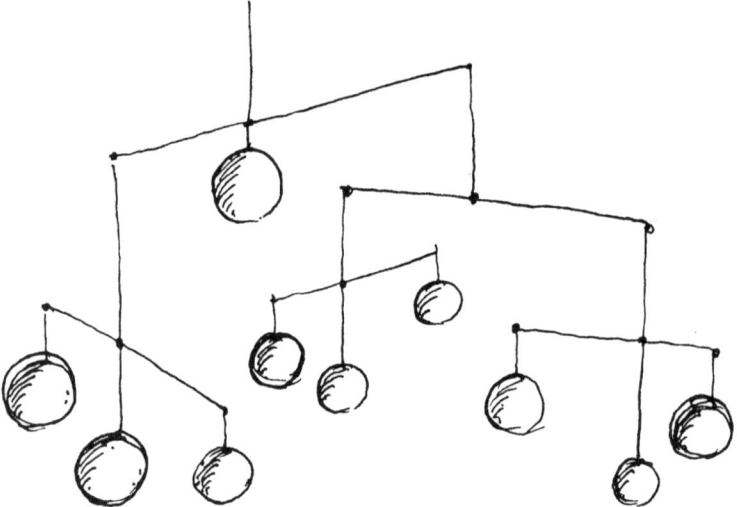

Abb. 3: Mobile

klein, zu still, zu sehr auf Freizeitbenutzung orientiert. Lebt man mit anderen, so sind sie anfänglich keineswegs über die ständige Anwesenheit erfreut. Binnen kurzer Zeit ist man überall im Weg. »Man müßte etliche Quadratmeter Raum dazubekommen als Prämie für das Ausscheiden«, mag manch einer sich wünschen.

Die verlorene Zeiteinteilung und das veränderte räumliche Umfeld sind daher auch die zentralsten und sichtbarsten Folgen der neuen Lebenssituation. Das Bild eines Mobile zeigt es: Wird das Teilstück »Zeit« angestoßen, so reagieren auch die anderen Teilstücke des Systems Mensch und schließlich das ganze System »Mensch«. Diese aufgezwungene Zerstörung einer jahrelangen, festen Ordnung eingespielter Rhythmen, auch mit anderen, macht den Verlust als erstes deutlich.

4.1.2. Zeit haben – Ausdruck veränderter Wirklichkeit

Das Paradies allein ist der Ort,
an dem alle Zeit aufgehoben ist.

Ohne Umschweife begann eine Klientin ihre erste Beratungsstunde so: »Eigentlich ist daran erst alles so richtig sichtbar geworden: Da hat man plötzlich nichtverplante Zeit. Keine Zeitstress engt mehr ein, aber man fühlt sich trotzdem nicht wie im Paradies. Mit der Zeit stimmt die übrige Organisation nicht mehr. Die Verläßlichkeit des Rahmens – ob geliebt oder oft genug verwünscht – ist mit der Entlassung dahin.«

Zum Zeitpunkt der Beratung ist es kaum ein Jahr her, dass meine Gesprächspartnerin an einem Fortbildungsseminar zum Thema »Zeitmanagement für Führungskräfte« teilgenommen hatte. Damals wußte sie noch nichts vom so bald bevorstehenden Ruhestand. Und so wollte sie noch einmal versuchen, diese ewige Zeitknappheit, das häufige Hetzen und die vielen Termine in den Griff zu bekommen.

«Zeit ist ein Ordnungsprinzip«, hatte man damals zu ihr gesagt, und Zeiteinteilung sei das Grundkonzept für effektive Arbeit. Sie hatte gelernt, daß es dringende und wichtige Aufgaben gibt, und gelernt, die einen von den anderen zu unterscheiden. Sie kam mit Ratschlägen, zum Beispiel für Prioritätensetzung, nach Hause und mit dem guten Vorsatz, nie mehr zuzulassen, daß die heimlichen Zeitdiebe ihr etwas von diesem kostbaren Gut wegnahmen. Das war vor einem Jahr. Jetzt war alles anders. Nichts drückte auch bei ihr die veränderte Wirklichkeit, die »Ruhestand« heißt, so deutlich aus wie die veränderte Zeitwirklichkeit.

»Der Wecker klingelt nicht mehr um sechs Uhr. Der Sieben-Uhr-Bus fährt ohne mich. Über den Flur flitzen, von einer Sitzung zur anderen oder in einem Stau stöhnen, wenn der Termin schon drängt, das tun nun die anderen«, so berichtet meine Gesprächspartnerin weiter und wirkt nicht zufriedener als vorher.

Es muß noch etwas anderes mit der Zeit auf sich haben, mit dem »Zeit haben«, »keine Zeit haben«, »Zeit haben wollen«. Zeit ist ein Ordnungsprinzip, das wissen wir seit langem – denn immer schon hat in unseren Breiten die Zeiteinteilung den Rahmen für das Leben vorgegeben. Schon ehe wir erwachsen werden, bestimmen Zeitstrukturen den Tages- und Jahreslauf. Als Kinder lernen wir, daß Müßiggang aller Laster Anfang sei und daß erst die Arbeit zu erledigen sei und dann das Vergnügen komme. Diese und ähnliche Sprüche haben wohl so manchen von uns ein Arbeits- und Zeitraster entwickeln lassen, das nur in seltenen Fällen dem Vergnügen mit gutem Gewissen und ohne umständliche Erklärungen Raum läßt.

Den Kleinkindern setzen Vater und Mutter den Rahmen, die Schulkinder geleitet ein Stunden- und Ferienplan durchs Jahr, nichts läutet so zuverlässig und unerbittlich wie eine Pausenglocke. Nur die Stechuhren in den Firmen kommen ihnen an Genauigkeit gleich, diese gehaßten, gefürchteten, abgeschafften und in jüngster Zeit wieder eingeführten Arbeitszeitmesser. Selbst der »letzte Weg« hat seine Zeitbegrenzung. Dreißig lange oder kurze Minuten sind für die Trauerfeier eines Menschen eingeplant. Dann tritt die nächste Trauergesellschaft draußen ungeduldig von einem Fuß auf den anderen, jedenfalls in städtischen Großfriedhöfen, als ob sich hier noch ein letztes Mal die urbane Schnellebigkeit der Stadt spiegeln will.

Vor einigen Jahren begleitete ich über einen längeren Zeitraum hin eine Abteilung einer Firma bei internen Konfliktlöseprozessen. Als ich kürzlich einen der Mitarbeiter traf und nach dem Ergehen fragte, hörte ich, daß der Chef seit langem einen übersichtlichen Schreibtisch habe und häufiger den Eindruck vermittle, als habe er nichts zu tun. Dem Chef und den Mitarbeitern schien es offenbar gut damit zu gehen. Aber mir selbst ging es nicht gut damit. Ich erwischte mich bei der Überlegung, was ich wohl in eine falsche Richtung moderiert hätte, wenn das

Resultat ein Chef sei, der nicht überlastet wirkt. Aber schnell wurde mir klar, daß diese Deutung und Bewertung der Situation wohl eher ein Eigentor in Sachen Fleiß war. Auch mir ist es viel lieber, wenn ich beim Nichtstun nicht auch noch erwischt werde. Aber Nachdenken, die Dinge innerlich Revue passieren lassen, gehört in unserem Land zu oft schon zum Nichtstun.

Aber zurück zu unseren Zeitantreibern: Aus anderem Blickwinkel betrachtet, sollen sie ja wenigstens im Konfliktfall äußerst nützlich sein. Dieses lehrte uns jedenfalls Henry Kissinger: »Gegen persönliche Krisen schützt man sich am besten durch einen vollen Terminkalender.« So kann das Eintauchen in allzu enge Zeitstrukturen ebenso wie das Abtauchen vor einer Auseinandersetzung – auch einer mit sich selbst – scheinbar von gutem Nutzen sein. Aber es gibt auch einfachere Gründe für Zeitknappheit. Unser Gesprächspartner von vorhin, mit dem ich keinen passenden Termin finden konnte, schien das fast intuitiv verstanden zu haben, und er schien sich zunächst einmal mit dieser Lösung zu arrangieren.

Entgegen allen psychologischen Deutungen macht aktiv und voll beschäftigt zu sein vielen Menschen einfach auch Spaß, und den wollen wir nicht schmälern. Daneben hat man häufig einfach zu viel zu tun, ohne alles pädagogische oder psychologische Wenn und Aber.

4.1.3. Zeit als Prestigeobjekt

Zeit ist bei weitem nicht nur ein Ordnungsprinzip, Zeit zu haben ist auch von jeher ein Zeichen gesellschaftlichen Ranges. In der Bewertung ist allerdings ein Wandel vor sich gegangen. Wie wir in alten Geschichten lesen oder den Erzählungen unserer Väter entnehmen, waren es immer die Damen und Herren der besseren Gesellschaft mit Status und hohem Ansehen, denen alle Zeit der Welt zur Verfügung stand, die allerlei Lustbarkeiten nachgingen, um sich ihre Zeit zu vertreiben. So gesehen könnte der Entlassene in seiner arbeitslosen Situation ja nur an Prestige gewinnen. Aber dem ist nicht so, denn heute ist es eher umgekehrt: Wer etwas darstellt, hat keine Zeit. Wenig Zeit bedeutet hohen Marktwert, Technik und Werbung bestärken diese Tendenz und führen häufig in einen gesundheitsgefährdenden Zustand:

- Wer ein Faxgerät– besser noch eine Mailbox – zur Verfügung hat, kann den Postweg überspringen, die Antwort auf sein Schreiben sofort erhalten und wiederum prompt reagieren.
- Wer ein Handy hat, kann wandern, Auto fahren oder eine Wegstrecke zwischen zwei Tätigkeiten zurücklegen und gleichzeitig weitere Kontakte herstellen, die Zeit quasi doppelt nutzen.

Das kann als Beispiel für die hohe Komplexität unseres Alltags dienen, die das »Zeithaben« als Statuszeichen ins Gegenteil verkehrt. Keine Zeit zu haben scheint heute ein besonders geschätztes Statussymbol zu sein. »Bin leider schon verabredet, wir kontakten mal!«, klingt wesentlich eindrucksvoller als die lapidare Mitteilung, daß man sich schon morgen sehen könne.

Nicht überall auf der Welt hat Zeitknappheit so hohen Marktwert. Das Sprichwort von der Zeit, die Geld wert sei, gilt nicht für jedermann und nicht für alle Völker. Ein Südseehäuptling hat bei den Europäern folgendes beobachtet und informiert seine Brüder so: »Der Papalagi (so wird der weiße Europäer vom Südseehäuptling genannt. A. B.L.) ist immer unzufrieden mit seiner Zeit, und er klagt den großen Geist dafür an, daß er ihm nicht mehr davon gegeben hat. Ja, er lästert Gott und seine große Weisheit, indem er jeden Tag nach einem ganz festen Plan teilt und zerteilt. Er zerschneidet ihn gerade so, als führe man mit einem Buschmesser kreuz und quer durch eine weiche Kokosnuß. Alle Teile haben ihren Namen: Sekunde, Minute, Stunde. Die Sekunde ist kleiner als die Minute, diese kleiner als die Stunde, und man muß sechzig Minuten und noch viel mehr Sekunden haben, ehe man so viel hat wie eine Stunde. Es gibt in Europa nur wenige Menschen, die wirklich Zeit haben. Vielleicht gar keine. Deshalb rennen die meisten auch durchs Leben wie ein geworfener Stein. Fast alle sehen im Gehen zu Boden und schleudern die Arme weit von sich, um möglichst schnell voranzukommen. Wenn man sie anhält, rufen sie unwillig: ›Was mußt du mich stören; ich habe keine Zeit, sieh zu, daß du die deine ausnützt.‹ Sie tun gerade so, als ob ein Mensch, der schnell geht, mehr wert sei und tapferer als einer, der langsam geht.

Ich glaube, die Zeit entschlüpft ihm wie eine Schlange aus der nassen Hand, gerade weil er sie zu sehr festhält. Er läßt sie nicht zu sich kommen. Er jagt mit ausgestreckten Händen hinter ihr her, er gönnt ihr die Ruhe nicht, sich in der Sonne zu lagern. Sie soll immer ganz nahe sein, soll etwas singen und sagen. Die Zeit aber ist still und friedfertig und liebt die Ruhe und das breite Lagern auf der Matte. Der Papalagi hat die Zeit nicht erkannt, er versteht sie nicht, und darum mißhandelt er sie.«[10]

Wir aber sind weder in die Südsee noch in ein anderes Zeitalter versetzt. Wir sind – nur – in den Ruhestand versetzt. Wir brauchen weiterhin eine zeitliche Orientierung, und auf Prestige wollen wir eigentlich auch nicht verzichten. Letzteres ist zum Glück nicht nur an der Zeit ablesbar, aber dummerweise auch an ihr. Beides soll in der Zukunftsgestaltung wieder Beachtung finden.

4.1.4. Tagesabläufe – verzögert und versetzt

Vor einigen Jahren gründete sich in Klagenfurt ein »Verein zur Verzögerung der Zeit«. Die Mitglieder wollten aus der Welt des »rasenden Stillstands« aussteigen, so der von Paul Virilio, dem französischen Architekten und Philosophen geprägte Begriff. Ihr Ziel ist die bewußte Förderung einer eigenen Zeitorganisation, die sich in Anpassung an die biologischen Rhythmen vollzieht. Auch wollen sie sich konsequent gegen die Eingriffe in die Tag-Nacht-Balance wehren. Inzwischen treffen sich in mehreren Ländern Gruppen, die diese Langsamkeit trainieren.

Die angestrebten Ziele werden in unserem von Beruf und Arbeit geprägten Land vielleicht begeisterte Anhänger finden, aber wenig Umsetzungsakzeptanz. Ohne gleich in diesen Verein einzutreten, sollte der Impuls, der hier gegeben wird, im nachberuflichen Leben jedoch ernsthaft überdacht werden, wenn man dem biologischen Rhythmus näher kommen will. Die in Kap. 4.1.7. vorgeschlagenen Übungen können dabei helfen.

4.1.5. Wenn es nur die paar Stunden wären

Aus einer neueren Statistik geht hervor, daß im Arbeitsleben stehende Menschen ihre Zeit folgendermaßen einteilen:

Arbeit 27 %
Schlafen 30 %
Freizeit 18 %

Essen und Trinken 12,5 %
Häusliche Belange 12,5 %.

Nur Freiberufler, Selbstständige und alle angestellten Teilautonomen, das fahrende Volk der Berater, häufig allerdings auch Führungskräfte, passen nicht in diesen Rahmen – und auch bei einem Leben nach der organisierten Berufsarbeit ist dieser langjährige Rahmen erst einmal verkantet oder gar zerbrochen. Haben die oben genannten Gruppen und die Entlassenen den Angestellten etwas voraus, oder neiden sie diesen gar die formale Regelmäßigkeit? Eine generelle Antwort wird es nicht geben, aber für alle normal Beschäftigten wäre es ja nur wenig mehr als ein Viertel aller verfügbaren Zeit, die es nach Beendigung des Berufes neu zu füllen gilt. So ein paar Stunden, kann denn das so wesentlich sein? Aber wenn Arbeit nicht mehr Arbeit ist, ist Freizeit nicht mehr Freizeit, ist selbst Schlaf von anderer Wertigkeit. Mußestunden sind ein Gegenstück zu Arbeitsstunden, nicht deren Ersatz! Ein Teil ihres Reizes besteht in ihrer Knappheit.

Herr J. hat vor kurzem seinen Arbeitsplatz aufgeben müssen und äußert sich so: »Das frühe Aufstehen bin ich nun von Kindheit an gewöhnt, ich wuchs auf dem Land auf, da war das sowieso üblich. Aber jetzt! Die anderen höre ich jeden Morgen weggehen. Die Türen schlagen, die Autos springen an, alle gehen los, nur ich nicht. Das ist schon ein eigenartiges Gefühl.« Der Luxus des Ausschlafens, den Berufstätige so ersehnen, hat ihm schon nach wenigen Wochen nichts mehr bedeutet, wie anderen Befragten übrigens auch nicht.

Frau H. berichtet von sich und ihrem Mann, einem Ruheständler: »Wir bummeln so richtig faul in den Tag, trinken gemütlich im Bett Tee, ein wohliges Gefühl …. So um halb zehn geht's dann los mit dem richtigen Frühstück, Zeitung lesen und so …«, höre ich von meiner Gesprächspartnerin. Nur das wohlige Gefühl, von dem sie spricht, kommt bei mir als Zuhörerin nicht an, fast als müßten sie sich selbst zum Bummeln überreden und im Genießen bestätigen.

Es ist viel Zeit da, wenn es keinen Arbeitsplatz mehr gibt – aber mit Freizeit haben diese vielen Stunden wenig zu tun.

4.1.6. Die lange, leere Zeit

Zu Beginn der 30er Jahre, sehr unter dem Einfluß damaliger extrem hoher Arbeitslosenzahlen, veröffentlichten Jahoda, Lazarsfeld und Zeisel das schon erwähnte Buch *Die Arbeitslosen von Marienthal,* heute ein Klassiker der soziologischen Literatur. Die Autoren beschreiben eindrucksvoll den Zerfall des Zeitgefühls bei nicht mehr beruflich Beschäftigten.

»Die lange, leere Zeit« nennen sie es, und einige Auszüge aus dem Kapitel »Die Zeit« mögen illustrieren, was gemeint ist: »Wer sich erinnert, mit welcher Zähigkeit um die Verlängerung der Freizeit gekämpft wurde, der könnte meinen, daß die unbegrenzte freie Zeit für den Menschen erst recht ein Gewinn sei. Aber bei näherem Zusehen erweist sich diese Freizeit als tragisches Geschenk. Losgelöst von ihrer Arbeit und ohne Kontakt mit der Außenwelt, haben die Arbeiter die materiellen und moralischen Möglichkeiten eingebüßt, die Zeit zu verwenden. Sie, die sich nicht mehr beeilen müssen, beginnen auch nichts mehr. Sie gleiten allmählich ab aus einer geregelten Existenz ins Ungebundene und Leere. Wenn sie Rückschau halten über einen Abschnitt dieser berufslosen Zeit, dann will ihnen nichts einfallen, was der Mühe wert wäre, erzählt zu werden. Nichts mehr muß schnell gehen, die Menschen verlernen, sich zu beeilen. Nicht einmal die wenigen Termine, die es noch gibt, werden genau eingehalten. Denn Pünktlichkeit hat jeden Sinn verloren, wenn nichts auf der Welt mehr unbedingt geschehen muß. Dies trifft besonders für Männer zu.« Diese Situation wurde vor rund 75 Jahren beobachtet, aber sie hat heute nichts an Aussagekraft verloren. Weiter heißt es: »Ein großer Teil der Männer bleibt z. B. mindestens zweimal stehen, wenn er auf dem Weg zu einer Besorgung ist, ohne ersichtlichen Grund, nur so.«[11]

Der Unterschied gegenüber den Frauen fällt auf: Sie haben, wie wir noch sehen werden, nach der Berufstätigkeit erheblich weniger ungefüllte Zeit. Sieht man den Frauen bei der Hausarbeit zu, mit der sie im Ruhestand den Tag füllen, dann scheint es kaum begreiflich, daß sie das früher nur nebenbei nach achtstündiger Arbeit geleistet haben. Wohl ist die Wirtschaftsführung durch die Beschränkung der finanziellen Mittel als Folge der Arbeitslosigkeit schwieriger und zeitraubender, auch war die rein physische Anstrengung ehemals ungleich höher, in fast allen Frauenbiographien dieser Jahre wird berichtet, daß man früher bis in die späte Nacht hinein nach der Arbeit gewirtschaftet hat. Aber in fast allen Frauenbiographien kommt dann auch der Satz: »Wenn ich nur wieder in die Arbeit könnte«. Als rein materieller Wunsch wäre das nicht weiter erstaunlich, aber die Frauen fügen hinzu: »Auch wenn ich vom Geld absehe, ich brauche das einfach, kann gar nicht so genau sagen warum, aber es fehlt mehr als Geld.«

Auch die Frauen, die auf gar keinen Fall an ihren Arbeitsplatz zurück wollen, sind sich einig darüber, daß vor allem das Arbeitsfeld ihren Lebensraum erweitert hat und ihnen soziale Kontakte ermöglichte, die sie jetzt entbehren, aber sie finden leichter selbst auferlegte Pflichten, die zunächst Planung und Pünktlichkeit wieder erforderlich machen, die auch wieder Kontakte schaffen und dem Leben eine weitere Zielrichtung geben. Ein Zeitzerfall, wie man ihn bei Männern findet, läßt sich bei Frauen weniger nachweisen.

Die Beobachtungen Jahodas in den 20er Jahren mögen für uns zum großen Teil nicht zutreffen: In der damaligen Situation gab es kaum eine Rente, auf Vermögen konnte diese Bevölkerungsgruppe nicht zurückgreifen, wenige kulturelle Angebote gaben Impulse, es gab keine Beratungs- und Selbsthilfenetze, Fürsorge war nur für die Bedürftigsten vorgesehen. Darüber hinaus war Freizeitgestaltung, wie wir sie heute kennen, aus vielerlei Zwängen heraus gar nicht möglich und weitgehend unbekannt für die gesellschaftliche Schicht, die von Arbeitslosigkeit betroffen war. Heutige Menschen, die nicht im Arbeitsprozeß stehen, haben gegenüber den Standards von 1925 ein hohes Maß an Sicherheit und Entscheidungsspielraum, in aller Regel auch finanzielle Mittel. Ihr Gesundheitszustand ist viel besser, ihre Lebenserwartung um viele Jahre höher. Das macht die Situation besser und schwieriger zugleich. Was aber gewiß auch heute zutrifft, ist die Tatsache, daß der Mensch einen festen Rahmen braucht. Wenn dieser Rahmen nicht mehr Arbeitsplatz heißt, wie heißt er dann?

Die Arbeitslosen von Marienthal reagierten überwiegend mit Resignation. Für eine Revolution fehlten Mut, Kraft und ein gutes Konzept, ebenso wie der Markt für selbstentwickelte Tätigkeitsfelder nicht vorhanden war. Der letzte historische Beweis, wie man Resignation als Chance nutzen kann, war der Beginn des Autobahnbaus in Zeiten hoher Arbeitslosigkeit, der damals vielen Menschen wieder zu selbstverdientem Geld verhalf.

Frühpensionäre heute jedoch wollen nicht überleben, sie wollen leben. Die Überlegungen zum veränderten Zeitrahmen und seine Konsequenz haben in diesem Buch einen breiteren Raum eingenommen als die nun folgenden Bereiche, die nicht weniger eindrücklich den Alltag verändern. Sie weisen damit auf die Möglichkeit hin, hier einen Ansatz für persönliche Diagnose und für Veränderungskonzepte zu finden.

4.1.7. Übungen zur Einstimmung auf einen neuen Rhythmus

Versuchen Sie, folgende Anregungen – gern auch mit persönlicher Variante –auszuprobieren.

1. Übung: Spontanen Impulsen nachgeben!
Versuchen Sie einen Tag lang, einen ganz normalen Wochentag, in Ihrem Heimatort in und um Ihre Wohnung herum zu leben, indem Sie Ihren spontanen Impulsen nachgeben. Keinen Plan machen! Geben Sie momentan Ihren Impulsen nach, tun Sie, was Ihnen einfällt, zwingen Sie sich zu nichts, bewerten Sie die Impulse nicht, ehe Sie diese ausführen.

Verbieten Sie sich nichts, es sei denn, ein dauerhafter Schaden wäre vorauszusehen. Wenn eine innere Stimme kommt, die Sie ausbremsen will, schauen Sie genau hin, wer sich da einmischt. Geben Sie freundlich Antwort auf die Ratschläge, Forderungen, Vorschläge, aber folgen Sie ihnen nicht.

Gestalten Sie den Tag ganz nach Ihren Impulsen, und tun Sie das so lange Sie können, möglichst bis in die Nacht hinein. Dann lassen Sie den Tag Revue passieren:

- Welchen Impulsen sind Sie nachgegangen, und wie war es, sie zu leben?
- Was davon würden Sie länger oder immer wollen? Wie Ihren Tagesplan ändern?
- Könnten Sie das längere Zeit ohne erhebliche Ermüdung aushalten?
- Wie haben Sie Ihren Rhythmus von wach und müde, schlaff und energievoll, im Kontakt mit anderen und allein, geistige oder körperliche Arbeit verrichtend, nachgegeben?
- Was soll auf keinen Fall zur Regel werden? – Was wollen Sie einüben und ausprobieren?

■ Wer müßte mitmachen, damit es gelingt? Wen müssten Sie raushalten?

Wenn Sie die Übung beim ersten Mal nicht durchhalten konnten, so probieren Sie sie an einem anderen Tag neu. Vielleicht müssen Sie sie sowieso in zeitlichen Abständen neu probieren.

Geben Sie Ihrem individuellen Rhythmus, dem nicht vom Beruf eingeschränkten, Zeit und Gelegenheit, zu Ihnen zurückzukehren. Er wird sich nicht auf Kommando einstellen. Aber je mehr man lernt, seinen eigenen Rhythmus wieder zu finden und zu leben, um so weniger gerät man in einen fremden Takt, in dem man sich dann schnell hin- und hergeworfen vorkommt und der in aller Regel zuviel Kraft kostet. Während Ihrer Berufstätigkeit gab es dafür Gelegenheiten und Gründe genug. Jetzt ist es der Gewinn des Ruhestandes, diese Einschränkung los zu werden.

2. Übung: Wach werden für sich selbst
Versuchen Sie einen Tag lang nichts zu tun. Nichts. Nicht lesen, nicht fernsehen oder Radio hören, nicht telefonieren, kochen, waschen, schreiben und nicht bei den Nachbarn klingeln. Auch nicht schlafen, allenfalls einen Spaziergang machen, etwas essen. Nehmen Sie genau wahr, und versuchen Sie auch, zu behalten, was Sie jetzt gern tun würden oder eigentlich tun müßten. Überfordern Sie sich nicht; Sie können auch abbrechen und es ein anderes Mal aufs neue probieren.

Wach werden für sich selber und für das eigene Füllen der Zeit, könnte das Resultat dieser Mühe sein. Die tägliche Wirklichkeit setzt sich aus Zeitabschnitten zusammen – so haben wir es an anderer Stelle beschrieben –, die ein Tageslauf ohne Beruf neu kreieren muß. Dies könnte ein Baustein dazu sein.

3. Übung: Die Tätigkeiten bewerten
Verrichten Sie Ihre ganz normalen Tätigkeiten des Tages wie sonst, aber langsamer und vor allem bewußter als sonst. Seien Sie Ihre eigene Zeitverzögerungsmaschine, schenken Sie allen Teilabschnitten Ihrer Aktivitäten hohe Aufmerksamkeit, und beobachten Sie, was geschieht. Achten Sie ganz besonders darauf, welche Beziehung Sie eigentlich zu den verschiedenen Tätigkeiten haben:

- Was strengt Sie an?
- Was macht Sie ungeduldig?
- Was entspannt?
- Wobei erleben Sie sich als Meister, wobei als Knecht?

4. Übung: Das eigene Tempo finden
1. Legen Sie eine Wegstrecke von 100 m in dreißig Minuten zurück!
2. Legen Sie die gleichen 100 m zurück, so schnell Sie können.
3. Und nun suchen Sie das Tempo, in dem es Ihnen angenehm ist, 100 m zurückzulegen, um nach diesen 100 m noch für viele 100 m gut motiviert zu sein.

5. Übung: Die innere Uhr neu einstellen
Hierfür brauchen Sie jemanden, der Ihnen hilft: Setzen Sie sich zusammen. Schließen Sie die Augen, um sie für zwei Minuten nicht zu öffnen. Ihr Gegenüber sagt Ihnen den Zeitpunkt des Beginns und schaut auf die Uhr: 2 x 60 Sekunden.

Dann läßt er einen leichten Gegenstand, ein Tuch oder was Sie sonst vorher verabredet haben, leise auf den Boden fallen. Liegt das Tuch schon da, wenn Sie die Augen öffnen, dann geht Ihre innere Uhr zu langsam, gemessen an einer Normaluhr. Liegt das Tuch dagegen noch nicht da, so geht Ihre Uhr zu rasch. Zwei Minuten – jeder Mensch hat davon 30 in einer Stunde, 720 an einem Tag. Nichts ist so gleichmäßig an die Menschen verteilt wie die Zeit.

Wie wollen Sie Ihre Minuten füllen, nachdem Sie nun keine davon mehr an einen Arbeitgeber verkaufen?

4.2. Zweiter Erlebnisbereich: Ich bin ein Teil des Ganzen

Im *zweiten Erlebnisbereich* geht es um die *Erfahrung des Dazugehörens,* der Arbeitsteilung mit anderen, um gegenseitige Absprachen und um Aufeinander-Angewiesensein, Sich-gegenseitig-Ergänzen. Man ist Teil des Ganzen und Art und Weise der Zusammenarbeit bestimmen prägnant das Arbeitsergebnis. Aus immer neuen Kontakten und Konstellationen, aus Ich und Du und Du wächst Wir, und es ist die gemeinsame Sache, es sind die gemeinsamen Aufgaben, an denen Menschen tätig sind, auf die sie befriedigt schauen, an denen sie sich reiben. Aber Reibung erzeugt bekanntlich Wärme: Nestwärme, die Wärme der vertrauten Kohorte, Streithitze!

Für Herrn S., den wir bereits im ersten Erlebnisbereich kennengelernt haben, war nicht nur der Zeitrahmen zerstört, ihm war das kollegiale Wir genommen. Er hatte niemanden mehr, der mit ihm kooperieren wollte oder mußte. »Es war ganz entscheidend für mich, meine Kollegen jeden Tag zu sehen. Da fragte man schon, wenn jemand fehlte. Jetzt fehle ich, und zwar für immer. Aber das wird nur aus meiner Sicht so sein. Ob die noch an mich denken? Ich jedenfalls habe niemanden mehr, arbeitsmäßig meine ich, zu dem ich jetzt gehöre.«

Über die nicht enden wollenden Monologe seines Kollegen braucht er sich nun auch nicht mehr zu ärgern. Aber er muss auch keine Angst mehr vor Kritik haben. Die kommt nur noch von seiner Frau. Den dominanten Chef, der alles Interessante an sich riß, ist er zum Glück auch los. Aber er kann sich auch nicht mehr gegen ihn auflehnen, und schließlich mit seiner Meinung Recht bekommen.

Lächerlich? Aber offensichtlich scheint es ihm doch zu fehlen. Die Freuden der Kooperation und die Leiden an der Konkurrenz gibt es eben nur im Doppelpack! So war ihm auch die schöne Spannung genommen, die er immer dann spürte, wenn es um das Erstellen einer neuen Arbeits- oder Produktvariante ging, an der er beteiligt war. Um Kooperation und Interaktion geht es also in dem zweiten Erlebnisbereich, um dieses Gefühl, ein Teil des Ganzen zu sein, in maßgeblicher Position dazuzugehören, welches sich aus vielen Einzelaspekten zusammensetzt:

- aus dem Verständnis und die Absprache untereinander über das zu erreichende Ziel;
- aus dem Aufspüren unterschiedlicher Fähigkeiten der Mitglieder und ihre optimale Nutzung;
- die partizipative Führung, die auch andere ans Ruder kommen läßt;
- aus der Bereitschaft, das Vorgehen aller kritisch zu überprüfen und sich gegenseitig Rückmeldung zu geben;
- daraus, voneinander zu lernen und schließlich auch, den anstehenden Konflikten nicht aus dem Wege zu gehen. Man ist beteiligt daran, daß eine Gruppe als Arbeitseinheit funktioniert.

Das »Wir« des Herrn S. bestand nur noch aus ihm und seiner Frau und ermöglichte, da es tagesfüllend und ungeübt war, zwar vielfältige Erprobungen der Zusammenarbeit, aber die schöne Erfahrung des Zusammenspiels wollte sich dennoch nicht einstellen. Auch blieb in der neuen Situation die Frage offen, wer denn jetzt die anderen seien, denen die beiden als Paar gegenüber ständen? Mit dem Wegfallen der beruflichen Gruppenzugehörigkeit fällt man nicht nur aus der Balance zwischen Zusammensein mit anderen und Alleinsein, man verliert auch andere Menschen als ernstzunehmende Gegenüber.

Die Erfahrung des Dazugehörens ist von Anfang an Teil jedes Lebens und zieht sich auch durch die Berufstätigkeit. Ebenso ist es mit dem Erlebnis des Nicht-Dazugehörens. Von früher Kindheit an gibt es ein Ich und die anderen, vor allem aber ein Wir und die anderen. Mit Kind und Mutter nimmt das Erlebnis des Wir in der Regel seinen Anfang:

Wir, Mutter und Kind.
Wir, Mutter, Vater und Kind.
Wir, die Familie.
Wir, die Kindergartengruppe, die Geschwister, die Schulklasse.

So entfaltet sich das Wir als Ausdruck des Dazugehörens. Gruppen und Arbeitsteams nehmen den Menschen auf und geben ihnen Heimat, so, wie man in seinem Club, in seinem Verein, in seiner Familie eine soziale Heimat findet. Nun ist nicht jeder Mensch in gleicher Weise ein Gruppenmensch. Dem einen ist seine Zweisamkeit mit einem Partner oder einer interessanten Tätigkeit durchaus genug, dem anderen kommt Alleinsein schnell wie verpaßtes Leben vor. So ist auch das Verlusterlebnis, dem ein Mensch begegnet, wenn er nicht mehr im Beruf dazugehört, unterschiedlich stark. Aber ohne eine gewisse Grundlage an Beziehung und Kontaktgelegenheit kann niemand gesund überleben. So wird es wieder die ganz eigene Aufgabe sein, herauszufinden, wie stark die Bedürfnisse in diesem Erlebnisbereich sind.

4.2.1. Übung: Erfahrungen des Dazugehörens

Wenn Sie mögen, so beginnen Sie recht früh in Ihrer Biographie und listen einfach alle Gruppen auf, von denen Sie sagen:»Hier gehörte ich dazu.«

■ Wo gehörte ich dazu: – Vor der Schule
        – Erste Schuljahre
        – Nach einem Schul- bzw. Ortswechsel
        – Als wir umzogen
        – Während der Pubertät
        – In Studium und Ausbildung.
■ Welcher Gruppe hätte ich immer gerne angehört, aber es hat nie geklappt?
■ Weiß ich, warum es nicht geklappt hat?

Wenn Sie herausfinden wollen, wo Sie jetzt Ihre soziale Heimat haben, so schreiben Sie Ihren Namen in die Mitte eines nicht zu kleinen Papiers und ordnen Ihre Gruppen darum herum an, so wie diese im Laufe des Berufslebens gewachsen sind. Nun stellen Sie sich die Fra-

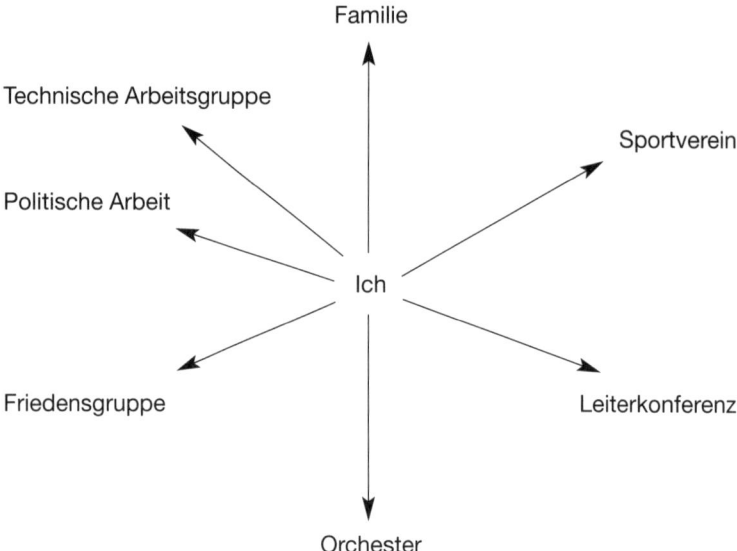

Abb.4:Erfahrungen des Dazugehörens

gen, in welcher dieser Gruppen können oder wollen Sie jetzt nicht mehr Mitglied oder Leiter sein, und wie gleichen Sie den Verlust an Einfluß aus? Schauen Sie auf die restlichen Teile Ihrer Aktivitäten mit anderen. Reichen diese aus, um Ihr Bedürfnis nach Führung, nach Mitmachen und Dazugehören in eine für Sie optimale Ausgewogenheit zu bringen? Wo könnten Sie neue Aktivitäten finden, die Ihnen von Menschen und Inhalt her zusagen? Dieses herauszufinden bedarf einer aktiven Anstrengung, aber sie lohnt sich.

4.3. Dritter Erlebnisbereich:
Soziale Kontakte – Soziale Erfahrungen

Der dritte Erlebnisbereich befasst sich mit dem Menschsein unter anderen Menschen. Hier können wir mitreden, können uns aufregen über die anderen oder Anregungen empfangen. Man mag mich und freut sich auf mich. Mit anderen wiederum komme ich nicht zurecht und sie nicht mit mir. Wie dem auch sei, ich bin dabei. Obwohl es selten so ausgesprochen wird: Menschen zieht es auch an den Arbeitsplatz, um einfach mit anderen Menschen zusammen zu sein.

Mit dem Ruhestand wird man von all diesen Menschen abgekoppelt. Der Zug fährt in eine andere Richtung. Wir müssen keine angestammten Rechte mehr verteidigen, es kann auch keine positiven Überraschungen mehr geben. Man ist nicht mehr Teil eines Teams. Die freundschaftlichen Kontakte, die sich während der Arbeit wie von selbst ergaben, tangieren uns nicht mehr. Auch wenn viele Kontakte auf den Arbeitsbereich begrenzt blieben, so zeigt sich bei näherem Hinschauen doch, daß dort auch Bekanntschaften und Freundschaften entstanden sind, auf die man eigentlich nicht gern verzichtet. Gegenseitige Abgrenzungen fanden statt und regten dazu an, den eigenen Standpunkt zu überprüfen. Man lernte Probleme und Freuden anderer kennen, mußte sich mit anderen Konzepten der Lebensgestaltung auseinandersetzen, sich daran messen und davon lernen. Wie machen andere es zum Beispiel mit den Kindern im Urlaub, wie wohnen die anderen, wie füllen sie ihre Freizeit? Welche Partei wählen die anderen und wie kann man deren Entscheidung verstehen und werten. An heißen Diskussionen war man beteiligt oder von gegenseitigem Mißtrauen gesteuert. Man gibt sich gegenseitig unbewußt ein Feedback, muß seine eigene Lebensweise reflektieren und ggf. anpassen. Gespräche führen mit anderen Menschen, das ist das tägliche Brot im Arbeitsalltag, und nicht nur über Berufliches. Mit wem führt man im Ruhestand Gespräche?

«Immer sachlich bleiben», das hat man sich jeden Tag von neuem vorgenommen. Wer kann das schon, die persönliche Ebene einfach ausschalten? Wenn's gut läuft, arbeiten wir Jahr um Jahr mit den gleichen Leuten zusammen. Nur mit dem Partner sind wir öfter zusammen als mit den Kolleginnen und Kollegen. Aber das auch nur, wenn's gut läuft. Es würde gar nicht mit rechten Dingen zugehen, wenn nicht gerade im Berufsalltag die eigentlichen Drahtzieher Sympathie und Antipathie hießen. Sie sind diejenigen, die letztlich die scheinbar sachlichen Entscheidungen tragen oder boykottieren.

Von diesem Erlebnisbereich abgeschnitten zu werden tut weh! Aus der Position des aus dem Arbeitsleben Ausgeschiedenen scheint es ungleich schwieriger, wieder neue Partner zu finden, auch schwieriger, solche Freundschaften aufzubauen, bei denen man sich gegenseitig Stütze und Korrektiv, Konkurrent und Kollege zugleich ist. Und sagen Sie nicht, Sie brauchten das nicht mehr! Das mag ja zunächst eine befreiende Aussage sein, aber ist es nicht ebenso legitim, auch im neuen Lebensabschnitt mitbestimmen und mitgestalten zu wollen, sich Anerkennung zu wünschen und ein wenig an der Macht teilzuhaben?

Wo war zum Beispiel für Herrn S., den gesunden 55jährigen, die zwischenmenschliche Herausforderung, die er so liebte, das Lob, das ihn aufbaute? Woran konnte er – und dasselbe gilt für die 60- und gar 70jährigen – jetzt messen, wie beliebt er war, ganz abgesehen von seinem Können, das nun ungenutzt blieb. Die fachliche Kompetenz ist darum eines der Stichworte für den folgenden Bereich.

4.3.1. Übung: Einschätzung des Verhaltens
auf zwischenmenschlicher Ebene

Hinter dieser Übung steht die Frage nach persönlichen Eigenschaften und Verhaltensweisen, die auf der sozialen Ebene eine Rolle spielten, besonders hilfreich waren oder eher als hinderlich galten. Manche davon, häufig besonders prägende, konnten im Beruf nur unbefriedigend zum Einsatz kommen. Weiterhin stellt sich die Frage, für welche Eigenschaften und Verhaltensweisen in der Zukunft ein neues Betätigungsfeld gegeben sein sollte. Diese Übung soll *Tütenübung* heißen, weil Sie sich am besten zunächst eine kleine Papiertüte basteln oder besorgen und zwölf bis zwanzig schmale Kärtchen.

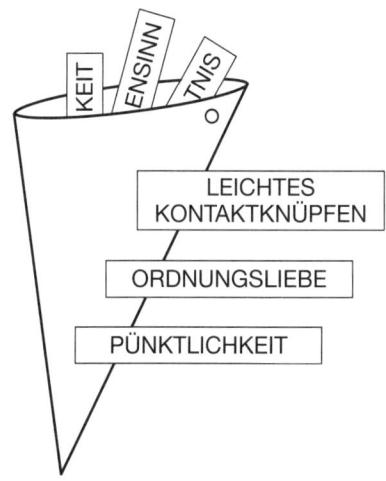

Abb. 5: Die Tütenübung

1. Schreiben Sie auf jedes dieser Kärtchen, mindestens aber auf zwölf, jeweils eine Eigenschaft oder eine Verhaltensweise, die als für Sie typisch gilt und ohne die Sie nicht Sie selbst wären.
2. Gewichten Sie nun die Kärtchen: Welche der Eigenschaften ist für Sie selbst die wichtigste, ohne die Sie nicht mehr die gleiche Person wären, etwa so:
   a. Ich bin mutig.
   b. Ich bin fleißig.
   c. Ich werde leicht wütend.
3. Wie haben Ihre Eltern, Erzieher oder andere wichtige Personen Ihre Verhaltensweisen bewertet? Wofür wurden Sie gelobt oder bestraft? Was wurde von wem gefördert?
   Versuchen Sie diese Bewertungen aus Ihrer Sicht heute noch einmal zu überprüfen. Gegebenenfalls müssen Sie sich von früh erlebten Einschränkungen jetzt endlich befreien!
4. Welche der aufgelisteten Eigenschaften und Verhaltensweisen konnten Sie in Ihrem Beruf gut anwenden und einsetzen? Was wurde an Ihnen im Kollegenkreis besonders geschätzt?

Diese Eigenschaften kleben Sie nun außen *auf die Tüte!*
Die weniger gefragten Eigenschaften dagegen, die im Beruf nicht genügend zum Einsatz kommen konnten und die wenig genutzt blieben, legen Sie *in die Tüte.* Lassen Sie die Tüte eventuell einige Zeit liegen, und schauen Sie dann noch einmal hinein.

Der letzte Schritt dieser Übung ist nun das Neuordnen: Welche der Eigenschaften oder Verhaltensweisen, die außen auf Ihrer Tüte zu sehen sind, wollen Sie gern weiterhin im Einsatz sehen? Vielleicht schwebt Ihnen schon vor, welche Aktivität sich dafür anbietet. Sonst können Sie im späteren Kapitel »Das eigene Drehbuch weiterschreiben« hierauf zurückgreifen. Was jetzt nicht mehr so (lebens-)wichtig ist, kann jetzt in die Tüte, aber erst nachdem Sie nachgeschaut haben, was aus der Tüte nun unbedingt ans Licht will. Die dort verborgenen Schätze Ihrer Person sollten endlich eine Chance bekommen.

Übrigens: Diese Übung wird ergiebiger, wenn man sie mit anderen zusammen macht, mit Menschen in ähnlicher Situation. Das gegenseitige Austauschen und Vergleichen fördert die Kreativität und den Ideenfluß bei allen Beteiligten.

4.4. Vierter Erlebnisbereich: Sichtbare Produkte und Erfolge

Dieser vierte Erlebnisbereich konfrontiert den arbeitenden Menschen mit dem Produkt seiner Arbeit. Das Produkt seiner Firma, die Dienstleistung, die bereitgestellt wird, tragen auch seine Handschrift. Je höher jemand in der Hierarchieleiter gestiegen ist, desto maßgeblicher ist er auch beteiligt an der Frage nach der Zukunft seiner Firma. Auch das Umfeld, in dem seine Firma handelt und Stellung bezieht, kann ihm nicht gleichgültig sein. Er ist Repräsentant der Firma und vertritt deren Leitbild und ihre ethischen und politischen Prinzipien.
Mitarbeiter identifizieren oder distanzieren sich von diesen Zusammenhängen. Beides hat Wirkung auf deren persönlichen, faktischen Erfolg, es hat unter Umständen auch mit der aktuellen Entlassung zu tun. Je mehr die Mitarbeiter einbezogen werden in die Gestaltung und Verantwortung von Produkten, desto größer ist in aller Regel die Identifikation mit der Firma. In vielen Firmen hat man, was die Identifikation der Mitarbeitenden mit Firma und Produkt angeht, in den letzten

Jahren erst größere Möglichkeiten der Mitwirkung geschaffen. Aus dieser Identifikation herausgeworfen zu werden trifft dann um so härter.

Auf dieser vierten Erlebnisebene wird darum die Frage nach Leistung und nach Meßbarkeit von Leistung deutlich gestellt. Natürlich läßt es niemanden unberührt, wie man an den Erfolgen gemessen wird. »Wie ist man mit meiner (Dienst-)Leistung zufrieden« und »wie ist sie sichtbar« ist die Frage, die sich durch das Berufsleben zieht. Nicht immer trägt das Produkt am Ende die individuelle Handschrift jedes Mitarbeiters, aber immer ist darin auch sein Anteil, ob aus der Buchhaltung, dem Einkauf oder dem Konstruktionsbüro, enthalten. Hier verknüpft sich persönliches Interesse mit dem Interesse der Firma, in der man dieser Aufgabe nachgeht, man wirkt in das politische und wirtschaftliche Umfeld hinein, in dem Firma und Mitarbeiter stehen. Von dieser wichtigen Einflussnahme Abschied zu nehmen, ist in keinem Fall leicht, und es wird einige Anstrengung im Ruhestandsleben kosten, um auf dieser weit verzweigten »Erfolgsspielwiese« wieder jemand zu sein.

Dies ist auch der Erlebnisbereich, der immer wieder nötigt, sich weiterzubilden, sich mit neuen Theorien zum Fachgebiet und mit neuen Erkenntnissen in der Praxis auseinanderzusetzen. Gerade die rasante Entwicklung erfordert von Menschen in allen Berufen in hohem Maße die Fähigkeit, den Wissensstand aktuell zu halten. Das gilt auch für den Ruhestand, will man nicht in Kürze ins Wissensabseits geraten. Bücher und Veröffentlichungen liefern Denkanstöße und Diskutiermaterial wie auch Messen und Kongresse. Auch hier ist leicht zu verstehen, was den früh aus dem Arbeitsleben Ausgeschiedenen in Unruhe versetzt. Er kann ja weiterhin alle Informationsquellen wahrnehmen, aber wo ist jetzt sein Forum für Diskussionen, wo seine Börse für den Austausch von Gedanken? Von der Ebene des Wissens fehlt der Weg und die Chance zur praktischen Umsetzung. Man könnte ja nun erst recht Fachzeitungen und Bücher lesen, Vorträge besuchen und sich auf dem laufenden halten, aber mit welchem Ziel? Schließlich führt ja nur der Austausch mit anderen zu neuen Gedanken, vertieft das Gehörte, das Gelesene, und regt zu weiterführendem Interesse an. Einen solchen Verlust können Familie und Freundeskreis nur schwer auffangen, insbesondere wenn sie bis dato gar nicht einbezogen wurden. Bis jetzt floß ja der größere Teil der erworbenen Kenntnisse direkt in den Beruf zurück, war der Beruf doch der unmittelbare Anlaß für die Beschäftigung mit bestimmten Wissensgebieten und machte ein Fortkommen erst möglich.

Die nachberufliche Situation gibt guten Grund, neu darüber nachzudenken, was man jetzt zu seiner persönlichen Sache machen sollte.

4.4.1. Übung: Leitbilder umsetzen – Erfolge sehen

Erzählen Sie die Geschichte Ihrer Berufstätigkeit. Was haben Sie in all den Jahren getan? Welche Leitlinien haben Sie dabei verfolgt, und welche Werte waren Ihnen dabei wichtig? Warum haben Sie es so getan und nicht nach einem anderen Plan? Es geht hier um die sichtbaren Tätigkeiten, die Sie verrichtet haben, nicht darum, wer Sie gewesen sind. Vielleicht beginnt diese Geschichte der Inhalte am Anfang der Berufstätigkeit, vielleicht beginnt sie schon in der Schulzeit. Es stellen sich auf jeden Fall in jeder Phase Ihres Tätigseins die gleichen Fragen:

- Woran hatten Sie vermehrt und länger anhaltend Interesse? Wodurch/durch wen ist es geweckt worden, und wie ist es wachgehalten worden?
- Gab es eine Kette oder einen roten Faden, an dem entlang Sie interessanten »Fragen« nachspürten?
- In welche Richtung haben Sie Ihr Interesse in den unterschiedlichen Altersstufen und Berufsperioden verändert?
- Auf welche moralischen/geistigen/geistlichen Werte ist es Ihnen schon immer angekommen? Was wollen Sie weiterhin so halten, was fördern?
- Auf welche Dinge, die Ihr Leben inhaltlich ausmachen, wollen Sie auch nach Ihrem Ausscheiden nicht verzichten? Wo können Sie sich jetzt Anregung holen?

Bei all diesen Fragen müßten Sie noch einmal genau prüfen, ob es Ihnen wirklich auf die genannten Inhalte ankam oder ob es in erster Linie Menschen sind, durch die Sie zu den Beschäftigungen mit den Dingen angeregt wurden. Wenn letzteres zutrifft, wird es auch in dieser Lebensphase so bleiben, und es werden wieder in erster Linie Ihnen wichtige Menschen sein, die Ihr Interesse wecken.

Auf welche Interessen, die Ihr Leben ausmachen, wollen Sie auch nach der Pensionierung nicht verzichten? Haben Sie schon einen Vorschlag für sich selbst, wie Sie auch weiterhin Ihre Interessen verfolgen könnten?

4.5. Fünfter Erlebnisbereich: Der Körper

»Ich habe nun nichts mehr zu laufen und zu rennen und bin abends doch todmüde«, lautet die paradoxe Schilderung eines Betroffenen. »Sonst habe ich wenigstens gewußt, wovon ich abends müde bin«, ergänzt ein anderer. »Ich hatte mir viel zu viel vorgenommen für die Wochen nach meiner Entlassung«, berichtet eine Frau, »aber mein Körper streikte erst einmal. Ich wurde krank. Das war mir während vieler Jahre nicht passiert. Der Körper hat mich deutlicher als alles andere auf die Veränderung hingewiesen.«

Es klingt banal, aber Arbeit ist einer der Hauptmotoren für die Aktivität des Körpers. Wir gehen, laufen, benutzen die Kraft der Muskeln in vielfältiger Weise. Wir trainieren unser Gehirn und unser Gedächtnis. Wir sind auf gutes Hören und auf gutes Sehen angewiesen. Wir schärfen die Wahrnehmung und schulen täglich neu die Sinne. So wird der Körper zum wesentlichen Werkzeug des berufstätigen Menschen. Nur so weit, wie der Körper will, kann der Aktionsradius des Menschen reichen. Auch mit dem Körper muß ein neuer Pakt geschlossen werden. Ein anderes Aktionsfeld als der Beruf muß eine neue Balance herstellen von Anspannung, die dem Körper insgesamt etwas zumutet, und Entspannung, die den Körper wieder reguliert.

4.5.1. Übung: Mit dem Körper neue Freundschaft schließen

Leider wird bei vielen beruflichen Tätigkeiten dem Körper wenig Aufmerksamkeit entgegengebracht. Einige Teile werden durch zu langes Sitzen oder andere Fehlhaltungen überbelastet. Andere Körperteile dagegen werden in schädigender Weise vernachlässigt. Die Arbeitstechniken und der oft herrschende Zeitdruck tragen weiterhin dazu bei, daß die Gesunderhaltung des Körpers vernachlässigt wird. Darum sollten wir dem aus diesen Zwängen befreiten Körper nicht zu spät eine

Chance geben, verlorengegangene Beweglichkeit und ein Gespür für sich selbst wiederzuentdecken.

Vier einfache Übungen sollen hierzu dienen, die in den normalen Ablauf des Alltags eingebaut werden können. Sie brauchen keine Turnhalle einzurichten, und es ist kein Ersatz für den Sport, es ist lediglich ein neues Aufmerksam machen auf elementare Funktionen: sich bewegen, atmen, sich spüren. Ich orientiere mich dabei an der Methode der Eutonie, wie Mariann Kjellrup[12] sie beschreibt, die davon ausgeht, daß der Körper in eine wohltuende Spannung und einen gesunden Rhythmus gebracht werden soll. Das geschieht durch minimale, aber bewußte Bewegung, nicht durch Kraftakte. Die Übungen sind an kein Alter gebunden und setzen auch keine absolute Unversehrtheit des Körpers voraus.

1. Wahrnehmende Berührung

Sie können dabei auf einer festen Matratze oder auf dem Boden liegen.

Fühlen Sie langsam, anfangend bei den Fersen, bis zum Bereich des Hinterkopfes, Ihren Körper durch. Einfach nur in Gedanken an die entsprechenden Stellen gehen. Erkunden Sie, was Sie spüren! Fühlen Sie möglichst intensiv Stück für Stück die Berührung mit der sicheren festen Unterlage. Sie werden feststellen, daß manche Teile den Boden fest berühren, andere weniger fest oder gar nicht. Beobachten Sie auch den Abstand Ihrer Arme und Beine vom Körper. Ihre Haut berührt Ihre Kleidung oder die Luft. Im Freien spüren Sie die verschiedenen Stärken des Windes, warme und weiche oder rauhe und kalte Luft, Kälte oder Regen. Ob und wie die Haut die Berührung mit der Umgebung empfindet, ist äußerst wichtig. Die Haut ist leichter zu beeinflussen als andere Körperorgane, und die Berührung der Haut ist für die Spannungsregulierung innerhalb des Körpers von viel größerer Bedeutung, als allgemein angenommen wird. Lassen Sie aus den einzelnen Körperteilen ganz bewußt die Spannung heraus, so dass diese schwer werden und wirklich liegen.

Dann drehen Sie den rechten Fuß sehr langsam, so daß die große Zehe zuerst gerade zur Decke zeigt, dann weiter in Richtung des anderen Beines. Machen Sie diese minimale Bewegung so langsam wie nur möglich, um bewußt jede kleinste Veränderung in der Bewegung miterleben zu können. Mit derselben Aufmerksamkeit folgen Sie der Bewegung des Fußes nach außen, bis die kleine Zehe den Boden beinahe berührt. Wenn es Ihnen gelingt, sich zu konzentrieren, werden Sie erstaunt sein, was sich alles spüren läßt. Machen Sie diese Übung erst drei- bis viermal mit dem rechten Bein, aber sehr, sehr langsam. Dann vergleichen Sie Ihre beiden Beine. Haben Sie intensiv gearbeitet, werden Sie einen Unterschied zwischen beiden Beinen spüren. Dann wiederholen Sie die Übung mit dem linken Bein, und vergleichen Sie wieder.

Lassen Sie nun das rechte Knie wie von einem unsichtbaren Faden langsam hochziehen, bis die Fußsohle fest am Boden steht. Wichtig ist, das Bein nicht aktiv aufzustellen oder hochzuheben, sondern so als ob die Kniescheibe nach oben gezogen würde. Der Fuß bleibt immer in Berührung mit dem Boden. Genauso »lassen« Sie sich das linke Bein »hochziehen«. Vielleicht ist es eine ganz neue Erfahrung für Sie, durch eine so minimale Bewegung Beine und Rücken so deutlich zu erleben.

2. Innenraumerfahrungen

Wenn beide Beine wieder am Boden liegen, beginnen Sie mit einer zweiten Übung. Hierbei geht es um die gedankliche Wahrnehmung der Körperinnenräume. Am einfachsten ist es, mit der Mundhöhle anzufangen, sie als einen hohlen Raum zu erspüren und von hier aus weiterzugehen. Spüren Sie Ihren Halsinnenraum und den Raum zwischen Brustbein und Brustwirbeln, zwischen oberen und unteren Rippen, von Seite zu Seite, bis Sie Ihren gesamten Brustraum erfaßt haben. Fühlen Sie dann weiter den Übergang von den Schulterrundungen und den Achselhöhlen in die Arme, weiter den langen schmalen »Hohlraum« der Oberarme, durch die Ellbogen, den Raum der Unterarme bis zu den Handgelenken, den flachen breiten Raum zwischen Handfläche und Handrücken, weiter hinaus zu jedem Finger. Gehen Sie weiter und fühlen Sie auch den Raum von Becken, Leisten, Beinen und Füßen.

3. Skeletterfahrung

Nach der Gesamtwahrnehmung und der Innenraumerkundung geht es um das Gerüst unseres Körpers. Das Skelett stellen wir uns meistens hart und leblos, ja makaber vor. Es ist aber äußerst lebendig und elastisch. Durch bewußtes Üben können wir dahin kommen, daß wir alle Knochen unseres Körpers wahrnehmen und sie bis ins hohe Alter elastisch erhalten.

Sie gehen im Prinzip genauso vor wie bei den bisherigen Übungen. Versuchen Sie, Ihr Knochengerüst zu erspüren. Es ist sinnvoll, sich in verschiedenen Stellungen die Verschiebungen der Knochen gegeneinander bewußt zu machen, zum Beispiel in Seitenlage ausgestreckt, zusammengekauert, auf einem Stuhl sitzend, auf dem Boden kniend, im Schneidersitz. Das Wahrnehmen des Knochengerüsts und der Porosität der Knochen bewirkt Leichtigkeit und damit Tonuserhöhung der Muskulatur. Ein weiterer Schritt hierzu verhilft zu einem besseren Stand: Bei festem Stand sollten Sie den Oberkörper weit nach vorne runterhängen lassen und die Arme etwas auspendeln. Dann mit langsamer Aufmerksamkeit, fast in Zeitlupe, am Steißbein beginnend Wirbel auf Wirbel setzen, so als ob sie aus Klötzen einen Turm aufschichten: bis der Rücken – und damit der Mensch – wieder gerade steht.

Generell kann man sagen, daß jede erhöhte Aufmerksamkeit auf den Körper eine Tonusveränderung zur Folge hat: Gezielte Aufmerksamkeit wirkt regulierend!

Solange Sie diese Übung erarbeiten, sind die Übungen im Liegen am leichtesten. Später können Sie überall üben, wo immer Sie sind – im Zug, im Bus, wenn Sie irgendwo warten müssen usw. Sie werden dabei erfahren, wie sich Ihre Selbstwahrnehmung zunehmend erweitert.

4. Anregung zur Atmung

Je bewußter man in der Wahrnehmung des Körpers und im Bewegungsablauf ist, um so offener und gelöster erfolgt die Atmung. Darum sind alle Körperübungen auch Übungen zum Atmen. Eine konzentrierte Atmung ist folgendermaßen zu erreichen:

a) Beobachten Sie aufmerksam Ihre normale Atmung. Nicht beeinflussen, nicht verändern! Wie spüren Sie Ihre Atmung, wohin atmen Sie? Wo scheint Ihr Atem nicht hinzukommen, wo erfährt er eine Bremse?

b) Stellen Sie sich in einer lockeren Haltung auf und verlagern Sie das Gewicht auf den rechten Fuß. Nun stellen Sie sich vor, Sie atmeten durch die rechte Fußsohle ein und schickten den Atem durch den Körper bis in den Kopf und an der linken Körperseite wieder herunter. Unter der linken Fußsohle ausatmen. Im Wechsel dazu sollte dann mit dem linken Fuß begonnen werden. Mit dem Gewicht auf beiden Füßen ausruhen und den Körper durchspüren.

Sie werden erleben, daß Atmung und Körper nicht voneinander zu trennen sind, und alle inneren Organe meist schon auf einfache Übungen wie diese reagieren.

Mit der Arbeit und mit den Erlebnissen, die sich aus ihr ergeben, ist es wie mit der Gesundheit: Ihren Wert erkennt man erst richtig, wenn man sie nicht mehr hat. Selbstverständlich erlebt jeder nach seinem Ausscheiden das Fehlen bis dahin vorhandener Erlebnisbereiche in unterschiedlicher Intensität. Während die fehlende Zeitstruktur zunächst für die meisten die größte Belastung darstellt, leiden die ehemaligen Führungskräfte in erster Linie und mehr als andere, unter dem Verlust von Einflußnahme, von anregenden Außenkontakten, von Mitbestimmungsmöglichkeiten, auch fehlen ihnen häufig die oft so verwünschten Dienstreisen. Wer bis zu seiner Entlassung nur für seinen Beruf gelebt hat, der wird mit Leere eher zu kämpfen haben als jemand, der sich schon immer neben dem Beruf anderen Vorlieben zugewandt hat. So gesehen entlässt die Arbeitsgesellschaft ihre Leute mitunter schlecht vorbereitet in die nachberufliche Zeit. Wie sollte sie auch, ist doch die Situation des frühen, meist gesunden und relativ abgesicherten Ruhestandes für beide Seiten noch relativ neu und ohne Vorbilder.

Nur aus persönlichen Daten und Erlebnissen heraus kann verstanden werden, ob und an welchen Stellen jemand den Verlust von beruflichen Erlebnisbereichen wirklich als Verlust erlebt. Wir sehen sehr glückliche, nachberufliche Lebenskonzepte, in denen die meisten dieser Erlebnisbühnen wieder mit Leben gefüllt sind. Für die anderen Betroffenen haben diese Texte die Aufgabe, wach zu machen für eine aktive Suche nach neuen Erlebnisfeldern, eine Suche, die nur jeder für sich leisten kann. In späteren Kapiteln finden sich Anregungen und Leitfragen hierzu sowie Modelle geglückter nachberuflicher Lebensgestaltung.

Zunächst einmal müssen aber Trauer und andere negativ besetzte Emotionen, die im Zusammenhang mit der Entlassung stehen, zugelassen und verarbeitet werden.

5. Zyklen des Abschiednehmens durchleben

Auch wenn der überwiegende Teil der frühen Ruheständler nicht in wirkliche ökonomische Not gerät, sind die psychischen und psychosozialen Auswirkungen nicht weniger belastend. Die schnelle technische und ökonomische Entwicklung in der westlichen Gesellschaft basiert schließlich zu einem nicht unerheblichen Teil darauf, daß Arbeit und ein Beruf die zentrale Stelle im Leben eines jeden gesunden Menschen einnehmen. Aus Arbeit und Beruf schöpft der Mensch seine individuelle Identität und seine soziale Anerkennung. Nun verliert der Entlassene, von der finanziellen Versorgung einmal abgesehen alles: Arbeitsplatz, Beruf, soziale Anerkennung und damit ein großes Stück seiner Identität. Ist doch nun einmal der Beruf, wie wir gesehen haben, Erlebnisraum ersten Ranges. Im Bewußtsein der Allgemeinheit sind seit langem der Arbeitsplatz im nahezu gleichbleibenden Beruf und die Vollzeitstelle das »Normale«. Über Generationen sind wir auf diese strukturbildenden Elemente hin erzogen worden. Derzeit gilt nichts eindeutiger als Beweis für geglücktes Leben als Erfolg im Beruf.

»Aber nur für Männer«, höre ich manchen Leser einwenden! Nein, nicht nur für Männer. Frauen geraten ebenso in Unruhe, Verzweiflung und Hilflosigkeit, wenn die Struktur des Lebens verlorengeht, es sei denn, sie konnten sich längerfristig darauf einstellen. Männer bringen aus dem Berufsleben bessere Masken mit, hinter denen sie ihre Gefühle verstecken können: die Maske der Geschäftigkeit oder die Maske aus Status und Funktion, die noch weiterwirkt. Es ist ja nicht nur der Entlassene in seinem Selbstbewußtsein verunsichert, auch seine unmittelbare Umwelt, seine Partnerin, Kinder und Freunde haben Mühe, ihn aus seinen Rollen zu entlassen, die er schon seit ein paar Monaten nicht mehr bekleidet. Die Akzeptanz der endgültigen Trennung ist nicht nur Sache des Betroffenen allein, auch seine Umgebung muß die neue Situation akzeptieren. Für alle unterliegt der Abschied einem zyklischen Ablauf, der sein eigenes Tempo hat.

Die Trauer soll hier als erstes genannt werden, ist sie doch auch das Menschlichste am Menschen. Menschen, die trauern, lassen »die Seele hängen« und diese reagiert – wie es ihre Eigenheit ist – auf den irrationalen Teil des Erlebten. Doch der Verstand läßt diese irrationalen Impulse häufig nicht zu, ja er wertet sie ab. Er ist es, der Abschied in

bunte Gewänder verkleidet, der die Ereignisse glorifiziert oder ignoriert, anstatt sie zum Leben und zur Sprache zu bringen. Nicht zuge-
lassene Trauer verlangt auch ihren Tribut hinsichtlich unserer Leistungsfähigkeit, unseres Wohlbefindens und unserer Fähigkeit, gute
Beziehungen aufzubauen. In der aktuellen Phase der Trauer gelingt das
nur schwer. Wird die Trauer um den Verlust des Arbeitsplatzes nicht
zugelassen, taucht der Schmerz zu einem späteren Zeitpunkt unver-
hofft wieder auf. Es kommt zu Partnerproblemen, der Körper streikt
oder eine Krankheit übernimmt die Situation.

»Zum Traurigsein fand ich gar keine Zeit.«
»Nein, traurig braucht man bei einer solchen Abfindung weiß Gott
nicht zu sein.«
»Es fehlt mir nichts, es fehlt mir an nichts, es fehlt mir niemand.«

So sagt der Kopf, derweil weint die Seele. So ist das oft genug mit der
Trauer, die nicht gelebt werden darf: keine Worte, keine Gesten. Sie ist
verboten, verkleidet, sie wird übersprungen. Doch wirkliche Ab-
schiedsbewältigung fängt anders an, endet anders und nimmt innerhalb
eines wiederkehrenden Zyklus ihren ganz eigenen Verlauf.

Im folgenden wollen wir einen Überblick über häufig beobachtete
Verarbeitungszyklen geben und auf die individuelle Ausgestaltung dieses Prozesses hinweisen. Wenn wir von Trauerarbeit sprechen – und so
drückt die Psychologie diesen Prozeß aus –, meinen wir immer einen
Ablauf von bestimmten Phasen. Es sind Tage und Wochen, Monate
manchmal, in denen wir den Abschied von der Firma emotional aufar-
beiten und dann erst für einen neuen Schritt offen werden. Ich werde
hier in Anlehnung an Verena Kastx[13] diesen Prozeß in vier Phasen
erläutern.

Ich hoffe, daß sich die Entlassenen und die Betroffenen wiederfin-
den werden in dieser oder jener Phase. »Ja, so ist es mir auch gegangen«, oder, »Ach, jetzt verstehe ich es besser, ich war mir so fremd in
meinen Reaktionen«, waren Kommentare, die ich oft hörte. Der eine
oder die andere könnte allerdings auch die Frage nach dem Vermeiden
stellen: »Welcher Gefühlsregung habe ich bis jetzt gar nicht erlaubt, da
zu sein, geschweige denn, sich zu Wort zu melden?«

Bei dem betroffenen Partner oder der Partnerin hingegen erhoffe ich
mir, Verständnis zu wecken für ungewöhnliches Verhalten und einen

längeren Atem für Ihre Ungeduld, in der Sie damit rechnen, daß endlich wieder »alte Verhältnisse« eintreten. Alte Verhältnisse werden nicht eintreten, da muß ich Sie enttäuschen, aber wenn Trauer Bearbeitung gefunden hat, werden neue Zeiten einkehren. Aber erst dann.

5.1. Erste Phase: Nicht wahrhaben wollen

Ist die Nachricht von der Entlassung erst einmal »amtlich« und beim Empfänger eingetroffen, so dauert es noch geraume Zeit, bis er es wirklich bei sich ankommen läßt und sich der Bedeutung bewußt wird. Der Outplacement-Berater, der in diesem Buch zu Wort kommt, spricht speziell bei den vorzeitig Entlassenen vom »stillen Rausschmiß, der hart trifft«. Auf diesen Schlag stellt sich zunächst einmal so etwas wie Empfindungslosigkeit ein, weder Wut noch Glück, weder Aktivität noch Traurigkeit, einfach nichts. Es ist erlaubt, so zu sein, auch über Stunden oder gar Wochen. Dieses empfindungslose Nichtwahrhaben-wollen, wie es auch beim Verlust eines nahen Menschen zu beobachten ist, hilft, einen vorschnellen, zu starken Affekt abzuwehren, für den jetzt das Durchhaltevermögen noch nicht vorhanden ist, wie auch bei körperlichen Verletzungen wir den Schmerz in aller Regel nicht sofort, sondern erst viel später spüren.

Verdrängung ist der Fachausdruck der Psychologen für diesen Mechanismus des Abwehrens; man geht davon aus, daß die Seele in weiser Voraussicht die übermächtigen Gefühlsregungen nicht zuläßt, sie dem Bewußtsein nicht zugänglich macht, um Handlungen und Äußerungen, die später bereut würden, zu verhindern und so sich selbst arg zu schädigen. Körperwahrnehmungen und Gefühle werden in einer Art Blackbox eingefangen. Es handelt sich in dieser ersten Phase nicht um Gefühls- oder Wahrnehmungslosigkeit, sondern eher um einen Gefühlsschock, der dann schließlich von Panikgefühlen und Wutausbrüchen abgelöst wird. Immer noch einmal wird versucht, die aufbrechenden Emotionen zu vermeiden, bis schließlich die Tränen fließen. Meist geschieht das bei Frauen, denn Männer weinen ja nicht; es sei denn, nach innen.

Den Verlust zuzugeben und sich der Trauer hinzugeben ist der erste Schritt zur Überwindung. Er muss nicht gleich in der Öffentlichkeit getan werden, aber getan werden muss er. »Ich werde nie mehr die

Kantine betreten, wo ich doch so gerne dort aß, zwischen all den Menschen. Ich werde nie mehr gegenüber meinem Kollegen in Opposition treten können, ein bißchen zu streiten machte doch Spaß. Ich werde nie mehr diesen Arbeitsweg nach Hause fahren und unterwegs schnell im Coffeeshop anhalten.«

Wie der Körper nach einem schweren Unfall muß auch die Seele nach dem Verlust des Arbeitsplatzes langsam von innen heraus wieder heilen. Gefährlich kann es werden, wenn der Entlassene seine Gefühle vor sich selbst verbirgt, wenn der seelische Schmerz ignoriert wird, nicht an die Oberfläche gelangen kann, dann wird er auch nie vorübergehen, nie für einen Neubeginn Raum schaffen.

5.2. Zweite Phase: Jetzt ist die Wut dran

Ohnmächtiges Hinnehmen können sich Menschen nicht lange zugestehen. So wird es als Erleichterung erlebt, wenn endlich die wahren Gefühle spürbar werden und sich aus der Erstarrung lösen. Wut, Ärger, Angst in ihren vielen Erscheinungsformen übernehmen jetzt die Herrschaft. Aber auch die Frage nach den eigenen schuldhaften Anteilen, wenn es sich um ein frühes Ausscheiden handelt, taucht im Verborgenen auf und man wehrt sich zugleich gegen eine Beantwortung. In dieser zweiten Phase des Abschiednehmens fordert die Realität ihren Tribut. Man muß aufwachen, zu viele Notwendigkeiten des Alltags stehen an.

»Ich mußte mich um Papiere kümmern, um Zeugnisse, da war noch dies und jenes zu regeln, und so hatte ich auch manchmal Kontakt zur Firma. Das hat mich endgültig aus der Ruhe gebracht«, so schildert Herr F. diese Situation. Und weiter heißt es: »Ich wurde tätig, ja, fast ruhelos, aber die Niedergeschlagenheit holte mich noch oft ein.« Es gedeiht eine Art Zorn mit zwei Gesichtern in dieser Zeit. Der eine Mund beschimpft sich selbst, der andere klagt die Firma an oder den Staat oder die Gewerkschaft oder die Politiker. Im stillen Kämmerlein werden noch einmal imaginäre Gespräche mit den Vorgesetzten geführt, sie bekommen endlich in Gedanken all das ab, was sie doch schon längst hätten hören müssen. Sollte ein Entlassener hier auf die Idee kommen, »denen da« noch einmal zu schreiben, so soll er es ruhig tun, voller Wut und ohne Schonung, vieles davon ist stimmig, aber mit dem Absenden des Briefes sollte er sich tunlichst zurückhalten. Er, der Entlassene ist es, der sich hier und jetzt mit dem Geschehenen auseinandersetzen muß, nicht die Firma. Das macht die Wut nicht besser, aber verständlicher. Die Zeit heilt zwar nicht alle Wunden, aber die Intensität der Gefühle läßt nach, und die negative Stimmung, die diese Verlustgefühle ausgelöst hat, verliert mehr und mehr ihre Dominanz.

5.3. Dritte Phase: Suchen – Trennen – Aussortieren

Von heute auf morgen kann der Verlust nicht überwunden werden, die Bewältigung ist ein langsam fortschreitender Prozeß. Erst allmählich, so wie die Nebelschwaden von der Sonne aufgelöst werden, verzieht sich die Trauer. Es scheint keine andere Möglichkeit zu geben, als diesen Weg durch das Wechselbad der Gefühle und Handlungsimpulse, um mit dem Abschiednehmen vom Arbeitsplatz weiterzukommen.

In einer dritten Phase dieses Prozesses wird die Sehnsucht noch einmal wach und mündet in eine Suche nach dem Verlorenen. Ein Verkaufsleiter fand sich plötzlich am Telefon mit ehemaligen Kunden, er erstellte Angebote und nahm Kontakt auf mit Geschäftspartnern, die gar nicht mehr seine waren. Manchmal taucht sogar eine kurze Phase der erneuten Identifikation auf. Es wird noch einmal vom »Wir« gesprochen, und die ehemalige Firma ist gemeint. So rückwärtsgewandt dieses Suchverhalten auch ausschaut, so wichtig ist es doch als endgültiger Schritt der Trennung. Es ist nicht das Suchen als solches, das diesen Schritt so wichtig macht und das diese endgültige Trennung ermöglicht, sondern es ist das »Nicht-mehr-Finden«. Es ist ja neben dem Abschied von Menschen und Zielen auch der Abschied von den Dingen, den Herr S. in einem Brief an seine langjährige Schublade so ausdrückt:

»Liebe Schreibtischschublade!

Vor ein paar Jahren standest Du plötzlich da und nicht nur Du, auch die neuen Schränke, die Regale und der Tisch. Mit all dem Drum und Dran aus Stahl, in dem Du drinhingst. Kein Geräusch, wenn ich Dich öffnete, keines, wenn ich Dich schloß, und mit einem Ruck rausfallen wirst Du wohl auch nicht. Von allen anderen Kollegen mit Neugier begrüßt, wußte ich ziemlich bald, daß ich Dich und die Deinen nicht mochte. Irgendwie seid Ihr mir gleich suspekt vorgekommen, hellgrau, lautlos, zeitlos. Nun gehst Du mich nichts mehr an. Und dem Neuen wird es egal sein. Der kennt ja die alte, braune Holzschublade nicht, mit der dies alles nicht passiert wäre. Du brauchst mir gar nicht zu sagen, daß ich Dich nicht verantwortlich machen kann. Das weiß ich selbst. Aber Du stehst halt für die neue Zeit: erst Büroaufbau, dann Personalabbau, das verstehe einer. Also tschüs, Du lautloses Requisit der neuen Zeit. Wir brauchen uns nicht mehr. Sie, die da oben, brauchen mich nicht mehr.«

5.4. Vierte Phase: Zögernd die Fühler ausstrecken

Jetzt endlich ist die Trennungsphase in das Stadium gekommen, in dem die Blickrichtung sich ändert. Traurigkeit geht nicht vorbei, weil wir es wollen, nur die Bereitschaft für Veränderung trägt zur Überwindung bei. Sich an den Kummer zu klammern verhindert vieles. Jetzt ist es an der Zeit, etwas Selbstliebe ins Spiel zu bringen, etwas für sich selbst zu tun. Zögernd erst, aber ohne zurückzuschauen, wird die Neuorientierung aktiv in Angriff genommen, manchmal dann »im Sturmangriff«, um diesen kriegerischen Ausdruck zu gebrauchen. Fühler ausstrecken, neue Ziele finden, Alternativen abwägen, endlich über die Brücke gehen, von der man lange nicht gewußt hat, daß es sie gibt. Die neue Wirklichkeit zeichnet sich dadurch aus, daß der Verlust jetzt akzeptiert wird, daß durch den Beruf vorgegebene Alltagsmuster verwischt oder gar vergessen sind und daß andere an ihre Stelle treten können. Vielleicht werden die Trauer, die Wut, der Schmerz am Ende nicht ausgestanden sein, aber zugelassen, akzeptiert und in Worte gefasst sind sie erst einmal. Das ist die Chance, für den Verlust einen richtigen Platz zu finden.

Wenn keine neuen Kränkungen dazukommen, richtet sich bei allem Zögern der Blick jetzt in die Zukunft. Ein großer Teil des Abschieds ist vollzogen, wenn die Traurigkeit zugelassen wurde, Wut und Ärger sich Luft machen konnten und die Realität des Rausschmisses mit Reaktionen beantwortet wird, die der neuen Realität angemessen sind. Erst dann ist der Abschied auch in etwa psychisch verarbeitet. Ein Betroffener berichtete: »Als kurz nach der Entlassung Krankheit dazukam und ich im Krankenhaus lag, habe ich viel geweint, wenn ich allein war.« Erst in dieser Extremsituation flossen die Tränen.

Mit dem Bericht eines Traumes soll unser Gang durch die Abschiede enden. Frau S. erzählte: »Es war einige Wochen, nachdem ich die Firma verlassen hatte, als ich im Traum ein Schuhgeschäft betrat und nach einem Paar Schuhe für mich fragte. Die Verkäuferin brachte mir mehrere Paare, aber ich entschied mich bald für ein Paar rote Stiefel, haltbar und solide. Als nach längerem Suchen der zweite Schuh dieses Paares nicht gefunden werden konnte, entschloß ich mich, den einen zu kaufen und am anderen Fuß den alten Schuh weiterhin zu tragen. So verließ ich den Laden mit zwei unterschiedlichen Schuhen und mit einem etwas indifferenten Gefühl, aber durchaus nicht unglücklich. Es entsprach durchaus meiner Lage.« Proviant und neue Schuhe, das bekommen in den Märchen diejenigen, die sich aufmachen zu neuen Ufern. So auch Frau S., wenn auch vorerst nur mit einem neuen Schuh.

Tobias Brocher[14] weist uns darauf hin, daß die Trennung vom Beruf kein erstmaliges Erlebnis ist. Vielmehr besteht das Leben aus einer Kette von Trennungen und Anfängen. Die Trennung vom Berufsleben ist nicht wesentlich schmerzhafter als andere Trennungen auch. Liebeskummer tut weh und der Tod von nahen Menschen erst recht, hier dauert Abschied allemal länger. Jeder Mensch hat mit Abschied und Trennung seine eigenen Erfahrungen. Meist ist es nicht einmal der leidvolle Abschied als solcher, von dem die Erinnerung nachhaltig geprägt ist, sondern mehr noch die Zeit danach. So werden auch bei der frühen Entlassung alte Gefühle wiederbelebt, es wird an Versuche der Bewältigung früherer Verluste angeknüpft und aufs neue an ihnen gearbeitet.

Am Ende dieses Kapitels soll die Anregung stehen, sich an Trennungssituationen im eigenen Leben wieder zu erinnern und sich die Frage neu zu stellen: »Wie habe ich den Verlust damals empfunden? Was war der erste Schritt zur Überwindung, und was war eine entscheidende Tat?«

Eine Kollegin, die kürzlich aus dem Arbeitsleben ausscheiden mußte, weil ihre Stelle dem Rotstift zum Opfer gefallen war, sagte mir: »Ich habe ja öfter mit Menschen in dieser Situation zu tun gehabt, aber daß es so lange dauert, das hatte ich unterschätzt«. Christian Morgenstern beschreibt das so:

Sieh eine Sanduhr.
Da läßt sich nichts
durch Rütteln oder Schütteln erreichen.
Du mußt geduldig warten
bis der Sand
Körnchen für Körnchen
aus dem einen Trichter
in den anderen gelaufen ist.

Abschied ist nur der eine Teil vom Gehen müssen, von der Trennung. Ankommen und Anfangen aber ist der andere Teil, um den es in allen weiteren Kapiteln dieses Buches gehen soll.

6. Biographiearbeit – eine Reise zu mir selbst

Die Erlebnisbereiche mit ihren vielfältigen Inhalten haben uns auf das weite Spektrum des Verlustes hingewiesen, das das Ende des Berufslebens mit sich bringt. Die Verarbeitung dieses Ablösungsprozesses löst ein – wie wir eben gezeigt haben – dichtes Netz von Gefühlen, Affekten, von Gedanken und Phantasien aus, die wir nun hinter uns lassen wollen. Nehmen wir einfach an, diese wären zunächst einmal zur Ruhe gekommen. Wir wollen in drei weiteren Schritten den Blick nach vorne richten.

Ein erster Schritt soll allerdings noch einmal eine Reise in die eigene Vergangenheit sein, welche die Erinnerung anregt und gleichzeitig einen Überblick verschaffen kann über:

- wichtige innere und äußere Ereignisse;
- die Zusammenhänge zwischen diesen Ereignissen;
- die Auswirkung von Geschehenem auf die Gestaltung weiterer Schritte;
- die Frage, welchen Brüchen, Umbrüchen, Mißgeschicken und verpaßten Gelegenheiten ich ausgesetzt war;
- Brücken, die weitergeholfen haben.

Wir wollen hiermit den ureigensten Blick eines Menschen auf sein Leben bis zur Ruhestandsgrenze einfangen. Es ist besonders wichtig, dieser letzten Frage nachzugehen, damit endlich mit dem weit verbreiteten Mythos aufgeräumt wird, dass in der Kindheit erlebte Probleme oder Einschränkungen Ursache für spätere Lebensprobleme sein müssen. Je mehr ich die Zusammenhänge in meinem Leben und die vermeintlichen Urheber verstehe, umso weniger muss das so sein: Darum kann auch im fortgeschrittenen Alter die Frage hilfreich sein: »Warum bin ich nicht so geworden, wie man es hätte vermuten können?«

Ein zweiter Schritt befaßt sich mit den offenen Enden im Flechtwerk der eigenen Biographie, mit den:

- Wünschen
- Sehnsüchten

- Herausforderungen
- Möglichkeiten,

die jetzt zur Gestaltung des nachberuflichen Lebens wichtige Ansatz-
punkte sein können. Aber die neue Situation zwingt auch zu Grenzen.
Nichts Vergangenes ist einzuholen und für manche Dinge ist es auch
jetzt noch zu früh, für manches ist es eindeutig zu spät, und für wieder
anderes ist der Zeitpunkt gerade der richtige. Mit jeder neuen Situation
treten neue Facetten der Persönlichkeit in den Vordergrund und bieten
sich zur Lebensgestaltung an.

Erzählen Sie sich also zunächst Ihre eigene Geschichte und finden
Sie auch eine eigene Überschrift, einen Titel für diese, Ihre Geschichte. Es kann hilfreich sein, dass jemand Vertrautes, aber nicht allzu vertrautes, an Ihrer Reise teilnimmt. Wie bei allen Systemen – und jeder
Mensch mit seiner Lebensgeschichte ist ein solches – lebt das Verständnis dieser Systeme vom Betrachten aus dem Abstand. Erst aus
einer gewissen Distanz gibt das System die Logik des Zusammenspiels
seiner Teile frei. Dann erst kann sich der Spalt schließen, der sich aus
Selbstbild und Fremdbild meiner Geschichte ergibt. Die Geschichte,
die ich mir von mir selbst erzähle, bekommt ihre Bestätigung oder
Korrektur von außen.

Ein dritter und letzter Schritt soll in die Umsetzungsphase führen:
Hier stehen die Fragen im Vordergrund:

- Was wollen Sie zu ihrer ganz persönlichen Sache machen?
- Was soll Ihr Ziel sein?
- Auf welchem Weg wollen Sie es erreichen?
- Was muß ein erster konkreter Schritt sein?

Über einen Entschluß zu reden oder ihn zu verwirklichen sind zwei
Seiten einer Medaille. Einen guten Plan auch in die Tat umzusetzen
erfordert logisches Vorgehen, denn:

Ausgedacht ist noch nicht einmal ausgesprochen.

Träume und Wachträume, Anstöße aus der Umwelt führen zu man-
cherlei Phantasien, lassen uns in Gedanken schon die kühnsten Pläne
entwerfen, ohne daß jemand etwas davon ahnt oder der Träumer sich
selbst ernsthaft mit seinen Ideen konfrontiert. Ganz anders dagegen,

wenn unsere Phantasien ausgesprochen werden, wenn sie sozusagen ein erstes Mal aus uns herausgetragen werden oder wenn sie zu Papier gebracht werden.

Ausgesprochen oder aufgeschrieben ist noch nicht zugestimmt.

Über vieles hat man schon einmal Gespräche oder Selbstgespräche geführt, die Vorteile erörtert und auf Stolpersteine hingewiesen. Niemand – auch nicht der Urheber dieser Idee – hat aber grünes Licht zur tatsächlichen Umsetzung gegeben.

Zugestimmt ist noch nicht auf die Umsetzbarkeit überprüft.

Nach einem grundsätzlichen Ja aller Beteiligten folgt erst die Phase der Prüfung. Manch einer tut das, indem er einfach handelt. Man wird schon noch etwas ändern können, und schließlich kann man ja auch alles noch einmal stoppen und neu beginnen. Andere brauchen genaue Pläne und Zusicherungen von Beteiligten, ehe sie sich zu einem ersten Schritt entschließen. Wieder andere glauben immer noch, es gäbe jemanden anderes, der für sie handelt. Aber daraus wird meist nicht das, was sie selbst wirklich wollen.

Überprüft ist noch nicht umgesetzt.

Dann erst nimmt das nachberufliche Leben seinen neuen Lauf, und man gehört mit einer bestimmten Aufgabe an einem bestimmten Ort wieder dazu.

Umgesetzt ist noch nicht beibehalten.

Wenigstens eine Zeitlang sollte man die Verpflichtungen dann einhalten und ausprobieren, um zu sagen: »Ja, so stimmt es für mich und für die nächste Zeit. Es fordert mich heraus, und es macht mich zufrieden.«

6.1. Vor der Abfahrt

Bevor die individuelle Reise im eigenen Zeitzug richtig losgeht, noch einige Hinweise: Wir setzen uns in den imaginären Zug und fahren in Gedanken rückwärts, die Reise soll in der frühen Kindheit beginnen, jene Zeit, auf die unsere frühesten Erinnerungen zurückgehen, als wir zwei oder drei waren, jedenfalls lange vor Schulbeginn: Jene ersten

Lebensjahre sollen ins Licht der Erinnerung gerückt und nun nach langer Zeit wieder heraufbeschworen werden, um »den roten Faden der Energie« zu finden, der bis in die Gegenwart reicht.

Die Gegenwart selbst ist am schwersten zu verstehen, obwohl oder gerade weil sie uns am nächsten ist. Für sie haben wir noch nicht die richtige Brille. Bevor wir einsehen können, was unsere Gegenwart ist, müssen wir uns der Vergangenheit und der Zukunft zuwenden. Der Berührungspunkt ist die Gegenwart. Das Bild vom ständigen Fluß der Zeit übersieht einen sehr einfachen Tatbestand, daß nämlich das Vergangene zwar vorbei, aber nicht vergangen ist, sondern durchaus noch wirksam. An einem Stein, den wir vom Boden aufheben, können wir die geologische Epoche bestimmen, der er angehört; noch heute trägt er die Spuren seiner Entstehung. An jedem Baum üben die Jahresringe immer neue Faszination aus. Jeder von ihnen hinterläßt seinen unverwechselbaren Eindruck, jedes Jahr wirkt auf die nächsten Ringe fort. Nichts, was jemals geschehen ist, bleibt ohne Wirkung. Diese Wirkung zieht Kreise bis in die Gegenwart und wiegt nicht selten wie ein schwerer Stein.

Nichts geht verloren, weder am Baum noch im menschlichen Leben. Beim Stamm sind es die Dürrejahre oder die mechanischen Einflüsse wie ein vorzeitiger Schlag mit der Axt oder ein zu enger Draht, die ihre Spuren hinterlassen. Beim Menschen können neben materiellen Dürrejahren auch seelische Nöte oder eine schwere Krankheit zu besagten Verletzungen geführt haben. Und nicht von ungefähr sprechen wir von den fetten Jahren, in denen wir im Überfluß dahinleben. »Die Vergangenheit klopft so lange ungebeten an die Tür, bis wir ihr eine plausible Antwort gegeben haben«, lehrt uns C. G. Jung.[15] Um eben diese Antworten geht es bei der Reise durch die eigene Biographie, darum, die wiederkehrenden Selbstzweifel zu mindern, Falscheinschätzungen ins rechte Licht zu rücken. Dabei werden wir erleben, dass der Kern der Persönlichkeit mit seinem Wertesystem und seinen Reaktionen auf die Umwelt früher geprägt ist und im Lebenslauf nur geringfügige Modifikationen erlebt, es sei denn, ich hole diese längst Selbstverständlichkeit gewordene Struktur ans Licht meines jetzigen Lebens und bewerte sie – wo nötig – neu.

Nur in Ausnahmesituationen bedarf es einer Klärung mit therapeutischer oder beraterischer Hilfe. Das kann der Fall sein, wenn die Entlassung mit einer weiteren schwierigen Lebenssituation, wie etwa

Scheidung, zusammentrifft. Einige der Entlassenen haben sich in der Firma bereits mit der Gepflogenheit des Coaching bekannt machen können, welche als berufsbegleitende Beratung im Geschäftsleben längst ihren Platz gefunden hat. Coaching, das heißt mit einem neutralen und sachkompetenten Berater konkrete Probleme am Arbeitsplatz zu lösen.

Während dieses Coaching aber in erster Linie der produktorientierten Effektivität dient und damit auf personenbezogene Vertiefung verzichtet, geschieht in Beratung und Therapie eine weitreichende Aufarbeitung von Hintergründen aktueller Krisen. Manch einer hätte sich gerne schon während des Berufes für eine beratende Begleitung entschieden, wäre sie ihm oder ihr nur angeboten worden. Das kann auch nach der Entlassung noch geschehen: In der Notlage des Festgefahrenseins ist es häufig ratsam, sich professionelle Hilfe zu holen. In diesem Rahmen ist vieles erlaubt. Wut, Enttäuschung und Freude, alle »verrückten« Ideen und unerlaubten Gefühle dürfen Platz beanspruchen, ohne zensiert zu werden oder sie gleich umsetzen zu müssen. Der Berater ist hier entgegen seiner Berufsbezeichnung kein Ratgeber, sondern jemand, der für den Klienten die Ratlosigkeit aushält, ohne in das Chaos mit hineinzurutschen, jemand, der alle Gefühle und Gedanken ernst nimmt und sie nicht mit einem: »Ja, aber ...« in eine andere Richtung drängen will. Er ist auch jemand, der keine eigenen Interessen mit dem Resultat der Beratung verbindet, wie etwa die Partnerin oder die Kinder, die ihrerseits in einer gewissen Ratlosigkeit verharren. Unabhängigkeit vom Beratenden ist die Voraussetzung für ein Gelingen eines Beratungsprozesses. In einer späteren Phase können durchaus verfügbare und willige Verwandte und Wegbegleiter beim Zusammentragen des biographischen Mosaiks helfen und mit gutem Rat zur Seite stehen.

In der Rückschau der Biographiereise begegnet man sich ja quasi noch einmal selbst. Man trifft sich in all seiner Vollkommenheit und in all seiner Häßlichkeit gleichermaßen, bei seinem Erfolg und bei seinen Niederlagen. Und das geschieht zum Zeitpunkt der Entlassung, in einer Situation, in der Aussichtslosigkeit stellenweise die Szene bestimmt. »Der, der ich bin, grüßt wehmütig den, der ich sein möchte.«, schreibt Friedrich Hebbel[16] in seinen Tagebüchern, Band 5 (1848–1863) und befindet sich dabei vielleicht in ähnlicher Problematik. Dieser Zustand mit und ohne beratende Hilfe ist schwer auszuhalten. Darum: Wenn ich die Kraft der Rückschau zu diesem Zeitpunkt nicht aufbringen kann, so ist es nur berechtigt, sie auf später zu verschieben und dem Gebot der Stunde den Vorrang zu geben.

Mit beraterischer Hilfe ist die Wahrscheinlichkeit höher, auch an die unerledigten Geschäfte, die sich in jedem Lebenslauf standfest halten, heranzukommen. Unvollendete Gestalt nennt das die Gestalttherapie. Von einer geschlossenen Gestalt spricht sie, wenn ein wichtiger Aspekt aus der Vergangenheit, der immer wieder mit einer quälenden Frage an die Tür klopft, eine plausible Antwort bekommen hat. Spät, aber nicht zu spät, tritt dieser dann endlich in den Hintergrund des Bewußtseins und stört nicht mehr das Fortkommen. Vielleicht gelingt es im Durcharbeiten der Biographie auch, eine dieser unvollendeten Gestalten zu schließen.

Für die meisten Leser ist es nicht neu, sich mit einer Biographie zu beschäftigen. Biographien bekannter oder berühmter Menschen kennt jeder. Meist haben solche Menschen auch die Biographie eines Volkes oder einer Kunst- und Kulturwende wegweisend beeinflußt. Etwas völlig Neues dagegen könnte für viele Leser die Beschäftigung mit der eigenen Biographie sein, sich ihr mit einer eigenen Systematik zuzuwenden, die biographische Erzählungen von Eltern und Verwandten meist vermissen lassen.

Für gewöhnlich liest man eine Biographie von außen nach innen. Zuerst verändert sich die Lebenslandschaft, dann die Wahrnehmung dieser Landschaft, und dann erst erfolgt die emotionale Zuordnung zu den Geschehnissen. So scheint es sinnvoll, die Biographiereise an den nachvollziehbar dokumentierten, zeitlich bestimmbaren Daten entlang durchzuführen und an der Biologie des körperlichen Wachstums. Eine Zeitschiene könnte hier eine technische Hilfe sein. Das Hereinholen der äusseren Daten und des dazugehörenden subjektiven Erlebens derselben geschieht dann wie von selbst. Allerdings ist es nicht leicht, diese Ereignisse in der eigenen Biographie möglichst neutral entgegenzunehmen und sich nicht sofort selbst zu strafen oder zu loben. In der hier abgebildeten Tabelle wird zum jeweiligen Alter der Geburtsjahrgänge das wichtigste Zeitereignis herausgehoben. So lassen sich Schlüsselereignisse wie Weltkrieg, Geldentwertung, Hungerjahre, Wirtschaftswunder etc. genauer zuordnen.

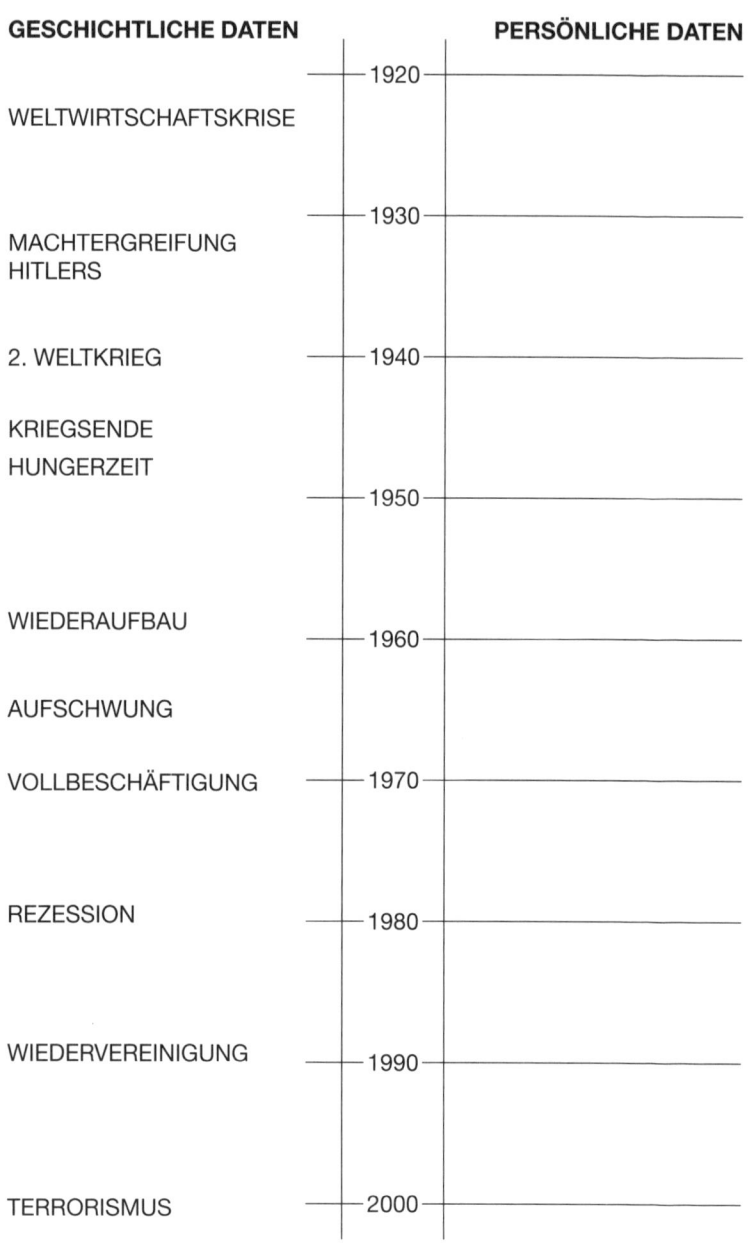

GESCHICHTLICHE DATEN		PERSÖNLICHE DATEN
	1920	
WELTWIRTSCHAFTSKRISE		
	1930	
MACHTERGREIFUNG HITLERS		
2. WELTKRIEG	1940	
KRIEGSENDE HUNGERZEIT		
	1950	
WIEDERAUFBAU	1960	
AUFSCHWUNG		
VOLLBESCHÄFTIGUNG	1970	
REZESSION	1980	
WIEDERVEREINIGUNG	1990	
TERRORISMUS	2000	

Abb. 6: Zeitschiene

Es kann von Nutzen sein, gleich Stift und Papier oder ein Notizbuch bereitzulegen. Die ganz spontanen Erinnerungen melden sich oft nur im ersten Augenblick. Dann sollten sie gleich festgehalten werden, damit sie sich nicht sofort wieder ins Unbewußte zurückziehen. Das Einlassen auf die Texte zu den Lebensabschnitten und auf die dazugehörigen Fragen kann ohnehin nicht in einem Atemzug geschehen. Es erfährt immer dann eine Fortsetzung, wenn wieder Lust zum Weitermachen da ist und die Bilder durch das Wecken von Erinnerungen fließen. Dann ergänze ich meine Geschichte durch den nächsten Abschnitt.

Manche Lebensjahre sehen in der Rückschau wie ein weißes Blatt Papier aus, welches sich nicht füllen will. Druck nützt hier nichts, auch keine Grübeleien. Hilfreich ist eher ein Blick in die schon erwähnte kollektive Biographie, ein Suchen in den Familien- und Firmengeschichten, in alten Zeitungen und Fotoalben. Mit großer Wahrscheinlichkeit finde ich mich dort selbst zwischen all den anderen und kann mit diesem Fundus zu meinen eigenen weißen Flecken zurückkehren und sie gleichsam farbig werden lassen.

Es gibt keine falsche und keine richtige Biographie, keine gute und keine schlechte, jede hat ihre Schicksalsschläge und ihre Glücksfälle, jede ist eingebunden in ein familiäres und kollektives Ganzes und kann aus diesem Blickwinkel heraus mit Gelassenheit und Vertrauen betrachtet werden, auch jene Passagen, die sich vielleicht nicht sofort erhellen lassen. Sei es ihnen gewährt, im Dunkeln zu bleiben.

Es wird oft gefragt, ob es denn ein objektives Erinnern gäbe, ob man sich denn verlassen könne auf die Bilder und Eindrücke aus der Vergangenheit. Aber es geht hier nicht in erster Linie um Objektivität im kriminologischen Sinn und auch nicht um akribisches Aneinanderreihen von Fakten. Es geht vielmehr um den Ernst des subjektiven Gehalts der eigenen Geschichte, so wie sie sich in der Erinnerung darstellt. Was wir suchen und festhalten wollen, ist die *Qualität* der Energie, die den Tatsachen innewohnt und die ihnen jetzt, hinterher, die Bedeutung gibt. Da ist zum Beispiel der inzwischen erwachsene Mann, der in der Verwandtschaft immer noch zu hören bekommt, wie schade und eigentlich schlimm es doch sei, daß er ohne Vater aufwachsen mußte. Er selbst hingegen hat die subjektiv viel wertvollere Erinnerung, in seinem Großvater einen hervorragenden Vater gehabt zu haben. Hier und in ähnlichen Fällen, in denen Außenstehende korrigieren wollen, kann man nur raten, zu dem subjektiven Eindruck des eigenen Erlebens zu stehen und sich nicht bedrängen zu lassen.

Es ist also nicht der absolute Wahrheitsgehalt, es sind aber auch nicht die sensationellen Ereignisse, die eine Biographie ausmachen. Es sind die eher kleinen und unscheinbaren Ereignisse, die Details, die eine erhellende Orientierung geben. »Das Schicksal kommt vom Rande, im Kleinen, scheinbar Nebensächlichen. Das, was es mit den Menschen auf sich hat, steht nicht auf Plakaten geschrieben«, schreibt Mathias Wais in seinem Buch *Ich bin, was ich werden könnte.*[17] Darum kann die Erhellung der wirklichen Zusammenhänge in der Biographie an niemanden delegiert werden.

Und noch eins: Beim Blick auf das eigene Lebensganze verstehe ich oft auch Dinge, die bei anderen noch nicht klarer sind. So kann das Verstehen der eigenen Lebenszusammenhänge gleichzeitig mit der Andersartigkeit des anderen versöhnen.

6.2. Außen und Innen ist zweierlei

> *Der Mensch hat*
> *äußere und innere Daten.*
> C. G. JUNG

C. G. Jung[18] weist immer wieder auf die Tatsache hin, daß die Realitäten der psychischen Innenwelt oft nur mit großer Anstrengung mit den äußeren Daten gleichgesetzt werden können. Ein für zwei Personen äußerlich gleich verlaufendes Erlebnis, wie etwa ein heftiges Gewitter an einem Sommertag, kann auf völlig unterschiedliche Weise wahrgenommen werden. Dem inneren Erleben nach ist es für den einen eine kurze Unterbrechung eines Sonnentages, dem anderen jedoch ist gründlich und für den ganzen Tag die Laune verdorben, und auf das äußere Gewitter folgt eines in seinem Inneren. Darüber hinaus weist C. G. Jung auf die Unterscheidung von individueller und kollektiver Biographie hin, bei der jeweils wiederum jene äußere und innere Wahrnehmung, von der oben die Rede ist, eine Rolle spielen.

Darum scheint es auch bei den eigenen Erinnerungsbildern sinnvoll, so genau wie möglich die objektiven Ereignisse von den dadurch ausgelösten inneren Bildern zu trennen. Oft sind wir über Jahre hinweg

Gefangene dessen, was uns gelehrt und erlaubt wurde wahrzunehmen beziehungsweise nicht wahrzunehmen. So durfte die Ankunft eines kleinen Geschwisters nur ein freudiges Ereignis sein, obwohl man eigentlich mit Beklommenheit der Tatsache entgegensah, die Aufmerksamkeit der Mutter und das Zimmer mit jemandem teilen zu müssen. Skeptisch zu sein war ein unerlaubter Zustand, der nur im Unbewußten bestehen durfte.

Willi Butollo weist uns in *Die Suche nach dem verlorenen Sohn* auf die Erfahrung hin, daß solche totgeschwiegenen Ereignisse negativen Inhalts, etwa eine schwere Krankheit, ein tiefgreifendes Zerwürfnis zwischen Verwandten, ein Umzug in ein fremdes Land, in das man nicht freiwillig geht, oftmals das ganze weitere Leben beeinflussen und zu späteren Entscheidungen führen, die man nur in Kenntnis dieses Ereignisses nachvollziehen könne. So wehrt sich etwa jemand unangemessen gegen eine gute Position in einer anderen Stadt, weil es auch einen Umzug bedeuten würde, ohne sich bewußt zu machen, daß es die ständigen Umzüge waren, die er schon als Kind mitmachen mußte durch die Versetzungen des Vaters in andere Städte, die ein Trauma hinterlassen haben. Das Durchbrechen dieser Barrieren ist so lange unmöglich, wie über das Verschwiegene nicht gesprochen wird.

Man steht fragend daneben: »Warum gerade ich, warum gerade wir und schon wieder wir?« Die alten Gummibänder schnalzen zurück, nennt Willi Butollo[19] dieses Phänomen. Man hat den Eindruck, als ob man dieses oder jenes Missgeschick für sich abonniert hat. Solange wir die damals geschehenen Dinge unreflektiert mit der Gegenwart verknüpfen, wird dieses Gummibandprinzip uns nicht loslassen. Nur wenn wir das frühere Ereignis vom jetzigen zu trennen lernen, können wir beide unabhängig voneinander bewerten und einordnen. Nur dann laufen wir nicht mehr Gefahr, alte Negativmuster neu zu beleben.

Andere Autoren, die sich mit der biographischen Rückschau als Element der Selbsterkenntnis befassen, haben mich in der Auffassung bestärkt, daß ein gewisses Alter erreicht sein muß, um am Hinschauen auf den eigenen Lebenslauf Gefallen zu finden und die Impulse nutzen zu können. So bietet sich die Situation nach dem offiziellen Berufsende geradezu an für diese aufregende imaginäre Reise.

6.2.1. Begleitung in Krisensituationen

Um die aufeinanderfolgenden Schritte der biographischen Arbeit zu bewältigen, braucht man neben Zeit und einem ruhigen Ort auch ein gewisses Maß an seelischer Gesundheit und Willensstärke. Ebenso braucht man den Mut zur realistischen Benennung der Dinge sowie – später– den Übermut, beim Entwurf neuer Konzepte auch Ungewöhnliches zuzulassen.

In der Krisensituation des Berufsverlustes ist es gar nicht so sicher, dass diese Voraussetzungen in genügendem Maße erfüllt sind. Viel Energie ist zum Beispiel durch die Regelung von dringenden Dingen wie Versicherungsansprüchen und ähnlichem gebunden, ebenso wird die seelische Energie durch die Unsicherheit der veränderten Situation festgehalten.

»Wo immer die Seele durch ein Erlebnis in heftige Schwingungen versetzt wird, besteht die Gefahr, daß der Faden, an dem sie aufgehängt ist, zerreißt. Dadurch fällt der Mensch in ein absolutes Ja oder ein absolutes Nein (…)«, schreibt C. G. Jung.[20]

Natürlich ist dieses Eintauchen in die Biographie von Bewertung begleitet. Das tut man für gewöhnlich mit den Kategorien richtig oder falsch. Aber anstatt zu bewerten sollte besser nach dem Sinn und den Folgen der Ereignisse gefragt werden.

6.3. Entwicklung im 7er-Rhythmus

Die Einteilung der Entwicklungsschritte in einen Rhythmus von jeweils sieben Jahren auf der gleich beginnenden Biographiereise wähle ich nicht von ungefähr. Ich habe mich hauptsächlich von Bernhard Lievegoed,[21] der durch sein Buch Lebenskrisen Lebenschancen bekannt wurde, inspirieren lassen.

Die Einteilung in einen 7er-Rhythmus hat eine lange Tradition. Im 6.–7. Jahrhundert v. Chr. lebte ein athenischer Gesetzgeber mit Namen Solon, den die Griechen für den Gründer ihres Staates hielten. Er hatte ältere Männer für die höheren Beamtenpositionen ausgewählt, weil er sie für die erfahrensten hielt und diese Erfahrung ihm von hohem Wert erschien. Die sogenannte solonische Weisheit galt lange als die höchste Weisheit, bis sie später durch Platon angezweifelt wurde. Schon

Solon begründete eine Lebensphasenlehre, die auf dem 7er-Rhythmus aufbaut. Er verstand das menschliche Leben in erster Linie kosmologisch und sah in der Zahl 7 ein Symbol der Vollkommenheit. In seinen Schriften spricht er bereits von Krisen, die in den Umbruchstellen der 7er-Phasen vermehrt angesiedelt sind. Diese Erkenntnis haben heutige Interpreten bestätigt.

Ich möchte die differenzierten Lebensphasen des Solon, wie sie Lievegoed aufgegriffen und ausgebaut hat, als Grundlage für die Biographiearbeit nehmen.

Jedes dieser 7er-Jahresbündel, zu denen der Leser im folgenden geführt wird, ist mit einem Fragenkatalog verbunden, der zwei Ziele hat: Zum einen hilft er, die Erinnerungsarbeit zu intensivieren und zu vertiefen, lange verschüttete Bilder zu wecken. Das ist der zurückschauende Aspekt. Für den vorausschauenden Aspekt sind die Fragen so ausgewählt, daß sie gewissermaßen als Bausteine das Fundament legen für eine Neu- und Umgestaltung des Lebenskonzepts im Ruhestand, für eine gewandelte, aber wieder stabile Identität in den kommenden Jahren. Man kann die Fragen auf einer linearen Schiene anschauen; jeder Abschnitt baut dabei auf dem vorhergehenden auf und führt die innere Linie mit veränderten Fragen weiter

Ein zweiter Fragenblock lautet in jedem Lebensabschnitt gleich. Diese Satzergänzungen zielen auf wiederkehrende oder sich wiederholende Ereignisse:

▨ Seitdem darf ich nicht …
▨ Seitdem kann ich nicht …

Was konnte ich in diesem Alter, was andere nicht so gut konnten?

Man kann Fragen, die den Lebensabschnitten zugeordnet sind, auch unbeantwortet lassen. Aber gestellt sind sie dann erst einmal! Wenn sie wichtig genug sind, melden sie sich zu einer anderen Zeit erneut und verlangen dann meist drängender nach Antwort.

Wenn Sie wollen, so schauen Sie Ihren biographischen Weg wie ein Märchen an, wie Ihr eigenes Märchen oder wie Ihre eigene Heldengeschichte. In Märchen ist die positive Schicksalswende immer auf der Seite der Protagonisten. Sie ist immer bei denen, »die auszogen, das Fürchten zu lernen«. Viele Märchen erzählen davon, wie das Geschenk des Anfangs, die zugedachte Bestimmung sich bewahrheitet. Jedesmal ist es die Überwindung von Schwierigkeiten, das Lösen von – letztendlich auch lösbaren – Aufgaben, das das Schicksal bestimmt. Kann das nicht auch Ihr Weg werden: ein Märchen, in dem Erfahrungen aus früheren Jahren geweckt werden und bereits vergessene Wünsche in Erfüllung gehen? Es wird zu spannenden, aufregenden, vielleicht zu stolz machenden Zwischenstationen führen und damit den Schlüssel für die Zukunftsplanung bereit halten.

Ehe es losgehen kann, noch ein letzter Hinweis: Wer lieber von der Gegenwart her anfängt, sollte kapitelweise rückwärts lesen.

6.4. In der Rückschau mir selbst begegnen

Erste Station: 0 – 7 Jahre – Bis man auf eigenen Beinen steht
Die ersten Lebensjahre sind mehr als alle folgenden Jahre von der Ausbildung des Körpers bestimmt. Hier wird die Grundlage der physischen Konstitution gelegt. Kinderkrankheiten begleiten diese Entwicklung und werden hinterher oft als Wachstumsschübe erkannt. Im Bewegen, im Ausprobieren, durch Ermunterung und durch Nachahmen erwacht das Baby zum Kleinkind, zum Kind, zu einem Mädchen oder einem Jungen. All diesen Lern- und Entwicklungsschritten voran steht das Ereignis der Geburt.

Wenn wir dies nicht als ein zufälliges Geschehen ansehen wollen, dann könnten wir davon ausgehen, daß im Anfang schon vieles für das spätere Leben vorweggenommen wird. So gesehen scheint folgende Frage sinnvoll zu sein:

> Welches Thema stand über meiner Geburt,
> und wie meldete sich dieses Thema bis jetzt in meinem Leben?

Erinnerungen kommen auf, wie zum Beispiel: Als ich ein erstes Mal ohne Hilfe über den Tisch schaute, konnte ich schon stehen und mich recken. Daran erinnere ich mich ganz genau. Da lag ein Apfel. Oder gibt es doch nur ein Foto? Meine Schritte vom Liegen zum Rollen und Krabbeln mußte ich mir erzählen lassen. Mit dem Erzählen aber kamen auch die Melodien herüber, die meine Seele erwachen und wachsen ließen: »Du konntest das früh, und du warst geschickt, wir konnten dich kaum bändigen«. »Wir warteten auf deine ersten Worte, aber auch ohne sie verstanden wir dich.«

Die Sinne sind es, die den Menschen physisch und psychisch erwachen lassen. Sie sind die Tore zur Außenwelt. Durch Augen, Ohren, Mund, Nase sowie durch die Haut nimmt das Kind die Welt wahr. Alle Freude und jeder Schreck, alle Wärme und jede Kälte treffen unmittelbar. So sind Begrenzungen von großer Wichtigkeit. Nur im Gehaltenwerden kann Sicherheit entstehen, gehalten und auch gelassen im richtigen Maß. Hier lohnt es sich, ein erstes Mal richtig nachzuspüren, was es mit dem Halten und Gelassenwerden wohl auf sich hatte. Hier muß ein Grundgefühl entstanden sein, welches sich auch ohne Fakten und Bilder wieder aufspüren läßt.

Fragen zum Lebensabschnitt 0 – 7:
- Welche Überschrift hätte die Mutter, der Vater dieser Geschichte gegeben, die mit der Geburt begann?
- Haben Sie noch Spielzeug, von dem Sie wissen, daß Sie es heiß geliebt haben? Was haben Sie mit ihm gespielt, und wie wurde das Spiel gefördert oder verhindert?
- Wie groß war der Aktionsradius der Vorschuljahre? Was war erlaubt, was war verboten?
- Welche Grundsätze galten, und wie zeigten sie sich im Alltag? Kennen Sie noch den Satz: »Dazu bist du noch zu klein …!« Zu welchen Unternehmungen nahm man Sie dagegen ein wenig zu früh mit?
- Welche Rituale haben von Anfang an Ihr Leben geordnet? Was ist daraus geworden?

Wenn Sie sich genügend auf diese Fragen eingelassen haben, sich Antworten und Notizen gemacht und vielleicht ein bißchen ausgeruht haben, dann gehen Sie weiter zur nächsten Station ihrer Biographie.

Zweite Station: 7 – 14 Jahre – Die Schule beherrscht den Alltag
»Schulreif« muß man sein, ehe man mit sechs oder sieben Jahren eingeschult wird. »Jetzt fängt der Ernst des Lebens an!« bekommt man zu hören, eine merkwürdige Aussage, die man spätestens bei der Konfirmation oder ähnlichen Ritualen um die vierzehn herum ein zweites Mal hören wird, und beim offiziellen Berufsbeginn ist es dann ein drittes Mal soweit.

Das eigentliche Grundgefühl eines körperlich gesunden und psychisch stabilen Siebenjährigen heißt:»Die Welt ist schön.« Man ist neugierig auf die Welt außerhalb von Haus und Kindergarten, man ist stark, man will entdecken und unter Kindern sein. Der erste Lehrer, wer würde sich nicht an ihn oder sie erinnern! War es nicht die wechselseitige Sympathie zwischen ihm und uns, die zu ersten schulischen Erfolgen führte, die lesen und schreiben lernen half? Mehr noch als die Eltern werden in diesen Jahren die Lehrenden zum Dreh- und Angelpunkt des Entwicklungsgeschehens.

Das Leben erhält jetzt einen anderen Rhythmus. Während der Schulmonate fiebert man den Ferien entgegen, und in den Ferien erwacht die Sehnsucht nach dem Kreis der Freunde, nach Geborgenheit und den Auseinandersetzungen in der Schule. Eine Arbeits-Freizeit-Balance wird bald zu einem Muster, das auch für späteres Verhalten im Berufsleben gelten wird:»Erst die Arbeit, dann das Vergnügen«? Manch einer hat es viel später noch schwer, sich davon zu lösen und zu ungetrübtem Vergnügen zu gelangen.

Zwischen 7 und 14 Jahren vollzieht sich die begonnene Individuation um einen weiteren Schritt. Hier wird der Mensch mit seinen Eigenarten als Grundtyp festgelegt. Im sozialen Miteinander, in der künstlerischen Tätigkeit, im Experimentieren mit Technik kann es zu Schlüsselerlebnissen für eine spätere Berufsentscheidung kommen. Auch in der ethischen Erziehung wird in diesem Alter ein nicht zu unterschätzender Grundstock für späteres Handeln und Bewerten, was Beruf und Lebensplanung angeht, gelegt.

Ein weiteres wichtiges Lern- und Erfahrungsfeld ist das Belohnungs- und Bestrafungssystem, in das wir uns einpassen müssen. Der Unterschied von Gut und Böse, von Erlaubt sein und verboten, den ein Mensch von Geburt an kennengelernt hat, bekommt ein neues Handlungsfeld. Er entscheidet jetzt aktiver, ob er zum Beispiel überwiegend Erdulder oder überwiegend Kämpfer sein will.

Spätestens mit dem zwölften Lebensjahr beginnt die Vorpubertät. Mag sein, daß ältere Leser dieses Auseinanderklaffen von körperlicher und psychisch-geistiger Entwicklung nicht in der krassen Form erinnern. In der Vorpubertät regieren jedoch der Umbruch und die Verunsicherung. Schneller Wechsel in den sozialen Bezügen ist ebenso an der Tagesordnung wie ein völliges Sich-zurückziehen. Auf den Pausenhöfen und in Freizeiträumen treffen wir auf Mädchen- und Jungencliquen und auf erste Junge-Mädchen-Freundschaften. Zu Hause möchte man endlich ein eigenes Zimmer bewohnen, und wenn das nicht geht, dann aber doch bitte das Bad für sich allein benutzen.

Fragen zum Lebensabschnitt 7 bis 14:
- Welches Bild von der Welt, welche Weltsicht wurde in Ihrer Familie vermittelt?
- Wie sprach man über Menschen und Dinge außerhalb der Familie, zum Beispiel über die Leute von nebenan, den Kaufmann an der Ecke, die Firma des Vaters, der Mutter?
- Welche Unterrichtsfächer haben Sie in Erinnerung? Wissen Sie, warum Sie sich an sie erinnern?
- Wie haben Sie sich im Klassen- und Freundesverband erlebt, gehörten Sie dazu? Wie haben Sie das erreicht? Waren Sie mehr ein Außenseiter, und fällt Ihnen noch ein, wie es dazu gekommen ist? Ist es so geblieben?
- Wie wurde der Umgang mit Geld und Besitz vorgelebt, wie darüber gesprochen?
- Wurden in dieser Zeit feste Freundschaften geschlossen? Durften Sie Ihre Freunde mit nach Hause bringen?
- Welche Bedeutung hatten: Fleiß, Schlauheit, soziales Verhalten, Ehrlichkeit, eigenständiges Handeln, Muße, Besitz? Vergleichen Sie die damaligen Wertschätzungen mit Ihrem heutigen Wertesystem.
- Welche Sportarten, Musikinstrumente, Hobbys haben Sie in diesen Jahren ausprobiert, und an welchen sind Sie hängen geblieben?

Dritte Station: 14 bis 21 Jahre – Frau werden – Mann werden – Gemeinschaft erfahren
»Als ich 15 war…« – bei dieser Aufforderung zum Erzählen werden die Erinnerungen nur so fließen. Wir stehen mitten in der Pubertät. Während der Körper schon erwachsene Formen ausbildet, pendelt die Seele noch von einem Extrem zum anderen. Die Entdeckung der eigenen Identität drängt alles vorher gewesene in den Hintergrund. Nie gekannte Gefühle und Affekte, der Wunsch nach Gemochtwerden und Dazugehören kämpft mit dem Streben nach Autonomie, nach Abgrenzung und Anderssein.

Ausbildung oder Beruf müssen nun gewählt werden. Aber es ist oft keine freie Wahl; die wirtschaftliche Situation, die finanzielle Lage und die Eltern bestimmen die Entscheidung mit. Die älteren Leser waren in der Nachkriegszeit fünfzehn Jahre alt, man nannte dies die »schwere« Zeit, obwohl die Jahre davor viel schwerer waren. Für diese Leser war freie Wahl kaum möglich. Man nahm, was frei und erreichbar war. Für die jüngeren Leser fiel dieses entscheidende Alter dagegen in die Zeit des beginnenden Wirtschaftswunders.

Fünfzehn zu sein, siebzehn, achtzehn oder zwanzig! Eigentlich ist es kühn, diese Jahre zusammenzufassen, wo doch zwischen jedem Jahr eigentlich Welten liegen. So erscheint es jedenfalls in der Rückerinnerung. Was hatte ich denn als 19jährige mit einer 15jährigen Schwester gemein? Einfach gar nichts. Oder gar mit meinem Bruder, der als 18jähriger Dinge tat, die ich schon wieder unmöglich fand? War ich mir doch selbst fremd, wenn ich nur ein Jahr zurückschaute. »Wer nie verliebt war«, besonders zwischen 14 und 21 Jahren, »der wird ein Stockfisch«, schreibt Lievegoed über die Lebensalter und meint damit das erotische Erwachen des Menschen, welches in diesen Jahren geschieht. Es verändert die Weltsicht und läßt die Vorstellung von einer individuellen Zukunft entstehen.

Eng damit verbunden ist in diesen Jahren das Erlebnis der eigenen Begrenztheit; man wird das Abitur, Voraussetzung für einen wissenschaftlichen Höhenflug, doch nicht schaffen. Die zwei linken Hände, auf die der Vater schon lange hinwies, lassen es wirklich nicht zu, daß man Optikerin wird. Das Harfespielen reicht auch nur für das Schulorchester und nicht für eine Solokarriere. Selbst die Totalverweigerung beim Bund scheitert an der Angst vor dem Knast.

Fragen zum Lebensabschnitt 14 bis 21 Jahre
Wenn Sie überschwenglich oder melancholisch waren, wie wurde das aufgenommen, wie wurde darauf reagiert? Durfte man anders als andere sein?

- Welche Verliebtheit in Menschen, in Dinge, in Ideen haben Sie in diesen Jahren gelebt, welche ausgelassen, die doch noch gelebt werden müßten?

- Wer hat Ihnen damals geholfen, Ihre Lust am Gestalten, am Tätigsein, am Engagement für politische oder soziale Fragen zu verwirklichen? Wem könnten Sie jetzt dabei den Weg weisen? Welches Handwerkszeug haben Sie dafür zum Einsatz bereit?

- Wie sah in diesen Jahren Ihr zukünftiges Bild von Ihnen selbst aus?

■ Wovon waren Sie enthusiastisch begeistert, wofür haben Sie demonstriert?

Vierte Station: 21 bis 28 Jahre Nicht mehr im Elternhaus – Jahre erster Eigenständigkeit
Das sind die Jahre, in denen sich allgemein die Emanzipation von Elternhaus und Ausbildungsstätte vollzieht und man eine eigene Wohnung bezieht, eventuell mit einer eigenen Familie, sicher aber mit einem eigenen Freundeskreis. Es wird nicht mehr von Wohngemeinschaft zu Wohngemeinschaft gezogen, abgesehen davon, daß diese Lebensform in den Jahren, in denen die jetzigen Ruheständler in besagtem Alter waren, noch keine Konjunktur hatte. Man war dagegen froh, endlich ein eigenes Dach über dem Kopf zu haben, und war es nur ein Zimmer zur Untermiete.

Es ist nach wie vor die Zeit der Suche nach dem eigenen Lebensstil. Besonders für Frauen ging es in diesen Jahren um die Frage des Vereinbarens von Beruf und Kindern, die sich damals noch nicht per Pille regeln ließ. Durch die Möglichkeit der Geburtenkontrolle stellt sich die Frage heute anders:

Kind oder kein Kind?
Kind oder Karriere?
Kind *und* Karriere?
Geht das wirklich?

»Wie läßt sich das Kinder haben mit oder ohne Partner verwirklichen?«, heißt es für die Jungen. Den Frauen aber, die jetzt vom Ruhestand profitieren oder von der vorzeitigen Entlassung betroffen sind, war Beruf ohne Kind genausowenig selbstverständlich wie Beruf mit Kindern. Man blieb zu Hause, wenn man verheiratet war und es sich leisten konnte. Man ging zur Arbeit, wenn man sich beruflich profilieren wollte, wenn man »dazuverdienen« mußte oder wenn man nicht verheiratet war. Alle diese Entscheidungen mußten in den bewußten Jahren getroffen, getragen und gestaltet werden.

Nach dem zwanzigsten Lebensjahr beginnt der Beruf den Menschen finanziell zu tragen. Ein eigenes Budget muß den Wünschen angepaßt werden. Nichts ist schon Routine, nur wenig Erfahrung stützt den Aufbau der Berufslaufbahn, die von Abenteuerlust begleitet wird. Da wollte man doch noch ins Ausland, und nun sind schon Kinder da, oder es ist zu riskant, den Arbeitsplatz aufzugeben. Da wollte man doch eigentlich gleich bauen, aber ein Angebot aus einer fernen Stadt lockt auch. »An welcher Stelle in der Welt will ich stehen?«, lautet die vorrangige, aber selten bewußt gestellte Frage, und eine ehrliche Antwort in diesem Lebensalter hieße: an mehreren gleichzeitig. »Es muß im Leben mehr als alles geben«, drückt Halbfas[22] das Grundgefühl dieser Jahre aus.

Das ist viel Entscheidungsdruck für relativ schnellebige Jahre. Eigentlich sind es Jahre der Etablierung, aber auch Wanderjahre. Wie soll man das gegeneinander abwägen? Man muß doch ausprobieren dürfen; Begabungen zeigen sich nicht einfach von heute auf morgen, die kristallisieren sich heraus. Es soll aber auf keinen Fall für immer so bleiben. Das ganz große Ereignis steht noch aus, allein oder zu zweit!

Für diejenigen, die noch vor der Jahrtausendwende sechzig Jahre alt geworden sind, die also zwischen 1930 und 1940 geboren sind, ließen die Jahre des Wirtschaftswunders Wanderzeiten wieder zu. Die Grenzen nach Nord, Süd und West waren offen, man wurde mobil, die Bedenken der Eltern wurden in den Wind geschlagen, die Ziele lagen räumlich weit weg, konnten oft nur in anderen Ländern verwirklicht werden. Man ließ sich zu neuen Lebensmustern aus Amerika inspirieren, übernahm Umgangs- und Ernährungsformen, über die andere Menschen den Kopf schüttelten. Die Älteren unter den Ruheständlern waren als junge Menschen auch gewandert, aber nicht freiwillig. Der Krieg hatte sie hierhin und dorthin verschlagen. Im Ausland zu leben, eine eigene Wohnung zu haben, blieben Träume oder konnten erst spät eingelöst werden. Wie eine Verdichtung dieses vierten Lebensabschnitts liest sich folgendes Gedicht des jungen Goethe:

Freudvoll
und leidvoll
Gedankenvoll sein
verlangen und bangen
in schwebender Pein.
Himmelhoch jauchzend
zu Tode betrübt,
glücklich allein
ist die Seele, die liebt.

Fragen zum Lebensabschnitt 21 bis 28 Jahre

- Wie können Sie Ihr Lebensgefühl und Ihre Lebensenergie in diesen Jahren beschreiben, und was davon haben Sie wachgehalten und könnten es noch heute nutzen?
- Wie sind Sie damals mit Geld, Besitz und Verdienst umgegangen?
- Wie war Ihr Lebensstil in den frühen Berufsjahren? Welches war Ihr Wertebezug hinter diesem Stil, und mit wem teilten Sie diese Werte? Wer war Ihr Vorbild? Wie hat sich das gewandelt?
- Sie sind nicht mehr 28. Aber in welcher Weise möchten Sie jetzt noch einmal 28jährig sein?

Fünfte Station: 28 bis 35 Jahre Positionen bekleiden. Etwas werden – jemand sein

Deutlicher und sichtbarer als die Jahre davor sind diese Jahre von vernünftigen Entschlüssen geprägt. Ein weiteres Mal bricht der Ernst des Lebens an, von dem man schon im 1. Schuljahr gehört hat. Das Erwachsensein dominiert nun mit allen Pflichten und Privilegien.

Die Lehrjahre, auch die ersten Lebenslehrjahre oder das Studium sind beendet. Die ersten Jahre im Beruf liegen schon etwas zurück. Neue Eindrücke, der Umgang mit Kollegen und Kolleginnen geben Selbstbestätigung oder stellen Sie in Frage. Auch nach außen kommt man zur Geltung. Die eigenen Lebensziele lassen sich jetzt deutlicher als vorher formulieren. Sie sind realitätsbezogener, und es werden konkrete Schritte zu ihrer Umsetzung unternommen. Führungsaufgaben übernehmen, eigene Projekte realisieren, einen Hausbau beginnen sind Ausdruck dieses Lebensgefühls. Spätestens jetzt muß sich auch der letzte von seinem Studenten- oder Azubi-Ausweis trennen. Den Vollbesitz der Kräfte muß man auch voll bezahlen. Mit immer neuem Andersmachen kann jetzt nichts mehr kompensiert werden. Von Enthusiasmus, der wenig Bezug zur Realität hat, muss jetzt Abschied genommen werden. Das große literarische Negativbeispiel hierfür ist Faust, der aus dem Jünglingsalter nie herauskommt, und dem man daher den Ernst seiner späteren Ingenieurtätigkeit nicht glaubt.

Je etablierter man in diesen Jahren schon ist, um so schneller stellt sich aber auch ganz nebenbei die Frage, ob das denn nun in all den kommenden Jahren genauso weitergehen soll. Diese Frage der Verunsicherung, die im nächsten Lebensabschnitt noch deutlicher wird, findet auch mit dem Eintritt in den Ruhestand kein Ende.

Man zählt jetzt zu den reiferen Erwachsenen, auch wenn die Eltern das noch nicht verstehen wollen. Beziehungen zu anderen werden gefiltert in solche, die ich langfristig aufrecht erhalten möchte, oder in eher ereignisgebundene. Aus späterer Sicht haben diese oft zweckgebundenen Freundschaften dann doch nur in Ausnahmefällen gehalten. Ähnlich wie beim Sport werden Beziehungen auch anderswo überwiegend durch gleiche Themen oder gemeinsame Interessen aufrecht erhalten. Interessieren die Themen nicht mehr oder sind die Anlässe nicht mehr gegeben, so hält meist die Beziehung auch nicht.

Fragen zum Lebensabschnitt 28 bis 35 Jahre
- Welches waren Ihre beruflichen Highlights in diesen Jahren, und welche haben Sie aus heutiger Sicht über- oder unterbewertet?
- Können Sie sich daran erinnern, mit welchen Augen und Beurteilungen Sie in der Zeit auf die damals 65jährigen geschaut haben?
- Welche Erinnerungen könnten Ihnen heute als selbst 65jährige helfen?
- Von welchen Träumen oder Wünschen in bezug auf berufliche Erfüllung haben Sie sich damals getrennt? War das zu früh aus heutiger Sicht?
- Gab es persönliche Krisen in dieser Zeit, und welcher Art waren sie?
  – Wo sehen Sie heute die Chance, die in der Krise lag?

Sechste Station: 35 bis 42 Jahre Mitten im Leben stehen – oder soll's das schon gewesen sein?
Auch wenn es niemand wahrhaben will, dies sind die Jahre der Lebensmitte. Die jugendliche Kraft und Energie geht langsam zu Ende.

Sportler erwischt es früher als andere, der Körper gibt Signale und verweigert spätestens jetzt die Hochleistung in der A-Liga. Aber erst später wird dieser Verlust an Energie und körperlichem Leistungsvermögen als solcher wahrgenommen und auf ihn reagiert. Das Anfangskapital an physischer Energie ist verbraucht. So finden sich Menschen Ende Vierzig in Situationen, die sie krisenhaft erleben, die ihren Ursprung aber oft Jahre früher haben.

Im Beruf ist Selbständigmachen jetzt angesagt: einen Betrieb, eine Praxis gründen. Oder einen Betrieb übernehmen: Die Väter warten schon, allerdings häufig ohne sich selbst zurückzuziehen, wofür sie auch meist keine alternative Perspektive haben. Die Bank bietet Kredit an, die ersten Erbschaften stehen ins Haus. Selbständig werden kann auch die Übernahme von Verantwortung als Führungskraft einer Firma bedeuten. Zunehmende Selbständigkeit kann für Mütter gelten, deren Kinder flügge werden, für Frauen, die eine neue Karriere starten.

Auch wenn es paradox erscheint, so setzt der zwar gesunde, aber nicht mehr körperlicher Hochleistung verschriebene Körper auf geistiger Ebene Kräfte frei, die als Leistungspotential jetzt voll zur Verfügung stehen. Forschen, entwickeln und veröffentlichen, eine höhere Position anstreben, größere Aufgaben in die Hand nehmen, selbständig etwas leiten in Firma oder Verein, steht jetzt auf dem Lebensplan. Daneben kommt es darauf an, die Krisen, die sich Ende Dreißig fast unbemerkt einschleichen wollen, anzunehmen und in Chancen zu wandeln.

Neben diesen Anforderungen im Beruf brauchen die heranwachsenden Söhne und Töchter vermehrt die Hilfe der Eltern beim Erwachsenwerden. Wie alt waren Ihre Kinder, als Sie 42 waren? Aber abgesehen davon, ob man selbst Kinder hat, man gewinnt plötzlich den Eindruck: Die »Jugend« drängt nach. In die gleichen Jahre fällt naturgemäß noch einmal die Auseinandersetzung mit den eigenen Eltern, die jetzt alt sind und häufig die Hilfe der Jüngeren benötigen. Ganz unterschwellig macht sich die Frage breit, wie legitim es ist, für diesen oder jenen Mißerfolg, für Krisen in der Biographie immer noch den eigenen Eltern die Schuld zuzuweisen. Schließlich ist man inzwischen selbst Vater, Mutter, Vorgesetzter, häufig eben schon Begleiter der eigenen Eltern.

Wenn die vorangegangenen Lebensphasen eher dem Bild des Einatmens entsprechen, so beginnt in diesen Jahren – um bei dieser Metapher zu bleiben – das Ausatmen. Gerade im Hinblick auf das Ausscheiden aus dem Arbeitsleben scheint das eine wegweisende Überlegung. Das, was wir in uns aufgenommen und ausgebildet haben, können wir nun der Aufgabe zur Verfügung stellen. Wir erlangen eine höhere Urteilsfähigkeit und legen höhere Maßstäbe an uns und andere an. Auf der Bühne des Lebens mitspielen, beruflichen, politischen und sozialen Einfluß nehmen heißt die Devise dieser Jahre. Der Hinweis auf ein Ausscheiden von all diesen Bühnen in nur zehn bis fünfzehn Jahren wird bloß ein ungläubiges Lächeln ernten. Ruhestand ist noch weit und Vorruhestand kommt gar nicht in Frage.

Fragen zum Lebensabschnitt 35 bis 42 Jahre

■ Welche langfristigen Entscheidungen haben Sie in dieser Zeit getroffen, und wie wirken diese bis heute nach?

■ Wie gestaltete sich in dieser Zeit Ihre Karriere, und wo gab es eine Weiterentwicklung?

■ Wie nahmen Sie die Verringerung der körperlichen Leistungsfähigkeit wahr, und wie haben Sie sie kompensiert? Ist daraus ein Konzept entstanden, welches auch heute noch greift?

■ Lassen Sie vor Ihrem inneren Auge einige private Bilder der damaligen Zeit erscheinen und kommentieren Sie sie aus heutiger Sicht.

Siebte Station: 42 bis 49 Jahre – In die Zielgerade des Lebens einbiegen

Die Jugend ist endgültig vorbei, man ist nun ein Mensch in den besten Jahren und genaugenommen schon jenseits der Lebensmitte. Stimmt das wirklich? Manche meinen, bis dahin sei es noch lange Zeit, bei anderen löst schon der vierzigste Geburtstag Panik aus. 47, 48, 49 Jahre alt zu sein scheint erst recht unvorstellbar. Den Kindern gegenüber hört man sich mit der Stimme der eigenen Eltern reden, die nun wirklich »alte Leute« sind.

Viele Menschen erreichen in diesen Jahren eine neue innere Sicherheit, die sich im Können, in der Fähigkeit zu verstehen und zu wissen ausdrückt. Schon immer hat in diesen Jahren das Schicksal von außen stark ins Leben eingegriffen. Ein Berufswechsel zeigt sich an, Berufungen in Gremien, Ausschüsse und in einen Vorstand müssen zu- oder abgesagt werden, eine Versetzung sorgt für Bewegung im Leben und immer häufiger beobachtet man in diesen Jahren einen Bruch in der sozialen Biographie.

Bis vor kurzem hatte sich dieser Sprung auch gelohnt, waren es doch fünfzehn bis zwanzig Jahre, die noch mit Berufstätigkeit gefüllt werden sollten. Dem ist nicht mehr so. Im aktuellen wirtschaftlichen Geschehen vollzieht sich hier ein rascher Wandel, an den noch vor wenigen Jahren niemand so recht geglaubt hat und der die Menschen mit einer neuen Wirklichkeit konfrontiert. Arbeit zu haben ist nicht mehr selbstverständlich, schon gar nicht jenseits der 50. Noch vor wenigen Jahren konnte sich ein 41jähriger sagen: »Noch 24 Jahre bis zum Ruhestand, da kann ich noch vieles bewegen, bei mir persönlich und in der Firma.« Jetzt heißt es nicht nur in Großfirmen: »Ich bin jetzt

41, meine 51jährigen Kollegen gehen gerade. Wann erwischt es mich?« Die folgenden Fragen werden sich darum in wenigen Jahren so nicht mehr stellen lassen.

Fragen zum Lebensabschnitt 42 bis 49
- Welchen Ballast oder Überfluß haben Sie sich in diesen Jahren aufgeladen, den Sie jetzt dringend loswerden sollten?
- Von welchem »Kapital«, in diesen Jahren angehäuft, können Sie jetzt im Ruhestand Gebrauch machen?
- Gab es soziale/politische/vereinsbezogene Aufgaben, die damals an Sie herangetragen wurden und die Sie nicht aufgegriffen haben?
- Was läßt sich noch aktualisieren, wie ist es jetzt damit?
- Was haben Sie in diesen Jahren auf später verschoben?
- Welche beruflichen Fähigkeiten aus diesen Jahren können Sie auch heute noch gut anwenden?

Achte Station: 49 bis 56 Jahre – Helikopter-Effekt
Dies sind die Jahre der Selbstverwirklichung, der Karriere, der Höhepunkte im Berufsleben, die kaum noch gesteigert werden können. Jetzt ist man auf allen Gebieten wirklich professionell, kann andere ausbilden und wird in Positionen gerufen, in denen Höchstleistungen erwartet werden.

Menschen in diesen Jahren sind vom Helikopter-Effekt ergriffen, so nennt Lievegoed diese Fähigkeit, aus der normalen Arbeitsebene aufzusteigen und gewissermaßen aus einer höheren Perspektive einen Überblick über die Dinge zu gewinnen und aus diesen heraus zu handeln. Auch tritt eine gewisse Ernüchterung ein, die im positiven Sinne skeptisch werden lässt, die aber gleichzeitig bewirkt, dass der Mensch Gewähr für sein Tun und Denken übernimmt. Dieses Kapital einem zu frühen Ruhestand zu opfern, sollte gut überlegt sein. Gleichsam durch die Hintertür schleicht sich aber auch Routine ein. Man funktioniert. Es wird eigentlich nichts Neues getan, die Arbeitsabläufe wiederholen sich, und manchmal macht es schon müde. Im zu schnellen Ablauf des Alltags, ob hineingeraten oder selbst verursacht, ist körperliche und geistige Angespanntheit an der Tagesordnung. Umfangreiche Programme sind zu bewältigen und lassen an alles andere denken als ans Aufhören.

Immer häufiger greift das Schicksal in diesen Jahren in Form von

Krankheit in unser Leben ein. Der Kreislauf meldet sich eines Tages zu Wort, das Herz oder die Gelenke senden Signale, die genaugenommen schon um die vierzig ausgesandt, doch bislang ignoriert wurden.

Dazu kommen in immer mehr Firmen Entlassungsgerüchte, die für manche Kollegen dann zur bitteren Realität wurden. Muß man sich nun wirklich damit auseinandersetzen oder nicht? Tritt man doch besser die Flucht nach vorn an, oder geht man aus freien Stücken? In welche Richtung man auch hofft – es fällt schwer, bei diesem Gedanken frei durchzuatmen.

Fragen zum Lebensabschnitt 49 bis 56 Jahre

- Beschreiben Sie die ganze Palette Ihrer Kompetenz und Ihrer persönlichen Stärke, Ihrer Wirkung. Aus dem einen oder anderen könnte sich jetzt etwas Neues entwickeln.
- Welches ist Ihre körperliche Schwachstelle, und wo heißt es aufpassen?
- Welches ist Ihre psychische Schwachstelle? Entwickelten Sie inzwischen eine Strategie, um sich zu schonen?
- Falls Sie zu denen gehören, die vom Vorruhestand bedroht sind, wen belasten Sie mit Ihrer Krisensituation? Wie können Sie diese Belastung in Grenzen halten?

Überlegen Sie sich einige Situationen – aktuelle oder vergangene –, in denen durch Ihre Mitarbeit oder Initiative etwas entstanden (oder verhindert worden) ist, auf das Sie stolz sein können: Ich meine nicht die großartigen Erfolge, die in der jährlichen Beurteilung vermerkt werden, auch nicht die großen Firmenentscheidungen, von denen in zehn Jahren noch jeder spricht. Ich meine die kleinen, nachhaltigen Dinge, die langsam und wirksam, nach und nach, das Firmensegel um ein weniges versetzt haben. Wie können Sie diese Energie weiterhin einsetzen?

Neunte Station: 56 bis 63 Jahre – Nicht mehr »am Drücker«
Wenn man sich in Firmen und Institutionen umschaut, sind diese Jahre nur noch für wenige die Zeit der großen Karriere. Während Frauen längst eine veränderte, aber stabile Identität als Frau gefunden haben, stellt sich bei Männern in diesen Jahren eine späte Labilität im Gefühlsleben und oft auch in der Gesundheit ein. Selbst bei denen, die sicher im Leben und im Beruf stehen, nagt der Selbstzweifel und die

Frage nach dem »Wer bin ich?« noch einmal wie in längst vergessenen Zeiten, bezieht sich jetzt aber mehr auf die körperliche Verfassung. Sich selbst überschätzen, vor anderen den Sportler herauskehren, ist ebenso an der Tagesordnung wie eine ernstzunehmende Angst um die Gesundheit, die oft durch überraschende Todesfälle im Umfeld, besonders bei Männern, verstärkt wird. Die Sinnesorgane und das Knochengerüst bedürfen jetzt vermehrter Aufmerksamkeit, Pflege und evtl. Unterstützung. Wer diese Abnahme der körperlichen Leistungsfähigkeit nicht akzeptiert, kommt in eine Unwahrheit, die den inadäquaten Lebensstil komödiantisch wirken läßt.

Für die kognitive Leistungsfähigkeit treffen diese Beeinträchtigungen allerdings weniger zu, da geht es eher noch bergauf, obwohl längst jüngere in Führungsrollen nachgewachsen sind. Aber denen hat man den größeren Überblick für Zusammenhänge voraus. Die innere Sicherheit ist gewachsen und erlaubt es, Mentor für Jüngere zu sein. Als Störfaktor in dieser Phase droht die Gefahr, einer viel besungenen Jugendlichkeit nachzulaufen, die einfach nicht mehr stimmt. Man ist ohne Zweifel in der Lage, größere fachliche Gebiete zu überschauen und zu koordinieren, Entscheidungen von weitreichendem Ausmaß vorzubereiten und mitzutragen. Das Leben wird dichter, aber auch kostbarer und es scheint nicht sinnvoll zu sein, bei jeder vermeintlichen »Alterserscheinung« gleich zu verzagen. Eine neuere Studie hat ergeben, dass in dieser Altersstufe psychische Störungen nicht häufiger vorkommen als in jungen Jahren, Angstzustände nehmen mitunter sogar ab.

Man kann jetzt Generalist und Individualist im Wechsel sein und so auf unterschiedlichste Herausforderungen reagieren. Wer aber seine Illusionen noch immer nicht begraben kann und seine Wünsche an das Berufsleben in unrealistischer Weise den Möglichkeiten entgegensetzt, wird unter Druck geraten, unabhängig davon, ob ein vorzeitiges Ausscheiden ins Haus steht oder ob sich der normale Bogen der Berufslaufbahn auf die vorgesehene Weise schließt.

Fragen zum Lebensabschnitt 56 bis 63 Jahre
- Wie zufrieden sind Sie mit Sehen, Hören, Bewegung und Ausdauer? Was tun Sie dafür?
- Haben Sie Ihre Bewegungs- und Sportarten Ihrer Altersstufe angepasst?

- Welches Kapitel in Ihrem Leben können Sie jetzt mit Zufriedenheit abschließen?
- Welches neue Kapitel vorbereiten?

Zehnte Station: 63–70 Jahre – Ab jetzt à la carte arbeiten
Dieses sind die letzten sieben Jahre, die wir im Zusammenhang mit dem Ausscheiden aus dem Arbeitsleben anschauen wollen. Sie sind geprägt von »sowohl als auch«. Während immer mehr Menschen längst vor dem 63. Jahr den Beruf hinter sich gelassen haben, sind es vor allem die Selbständigen und die Spezialisten, die die 65-Jahr-Hürde nicht zu ihrer eigenen machen.

Das »sowohl als auch« bezieht sich ebenso auf Eigen- wie auf Fremdwahrnehmung der Person. »Was, der geht schon?« oder »Die könnte aber auch mal bald räumen!« hört man fast in einem Atemzug. Betrachtet man die Werbung der renommierten Seniorenresidenzen, so könnte man meinen, fast alle wären mit 63 dort eingezogen. Der Alltag zeigt etwas anderes. Der schaffende Geist dieser Altersstufe ist kreativ, wenn auch nicht immer in eine Richtung, die zu Flow oder Sinngebung führt. Wenn der Körper mitmacht, wird Aktivität groß geschrieben und gern gezeigt. In einigen der Praxisberichte (Kap. 8.4.) können wir das erfahren. Im Zurückholen der Neugier, die man in Kindheit und Jugend einmal hatte – also in den Altersstufen 0 bis 21 – wird die Schönheit der Welt, das Kunstschaffen der Menschen sowie die neue Technologie erneut als Lern- und Erlebnisebene ausgewählt und daraus Kenntnisse erworben. Ob das aus dem Ruhestand geschieht oder in die letzten Berufsjahre hineinspielt, ist nicht einmal von besonderer Bedeutung. Entscheidend dagegen ist, ob es von echtem Interesse ist, im wahrsten Sinne des Wortes (Interesse = dazwischen sein, dabei sein, mitmachen, mitgestalten), und nicht überwiegend ein Konsumverhalten die Aktivitäten steuert.

Es bedarf zwischen 63 und 70 einer bewußten Schulung an sich selbst, erwartungsvoll zu leben, die erreichten Erfolge aus der Vergangenheit zwar nicht zu unterschlagen, aber sie mit den aktuellen Erlebnissen zu verknüpfen und als Einheit zu verstehen. So zu handeln und zu denken, hält zwar nicht jung, wie es sich die meisten wünschen, aber es bewahrt vor dem resignativen Satz: »Nun geht ja doch nichts mehr!« Wenn noch etwas gehen soll, dann muss mehr noch als in den anderen Phasen das Zwillingspaar aus Lust und Können in der Balance gehalten werden. Man kann es drehen und wenden wie man will: Wenn ich Lust zu etwas habe, bemühe ich mich um das nötige Können. Je besser ich etwas kann, umso mehr Lust habe ich dazu.

Lediglich zwei Fragen sollen die Jahre 63 bis 70 abrunden:
- Wie wollen Sie sich entscheiden:
  - Den Beruf fortführen in gewohnter Weise bis ...?
  - Den Beruf fortführen in veränderter Form?
  - und wie soll dies aussehen?
  - Das Leben fortführen ohne den »Verkauf von Stunden, sprich Einbindung in einen festen Arbeitsplatz?«
- Was soll als Nachberufler Ihr Angebot sein und auf welchem Markt wollen Sie es anbieten?

Die meisten Biographie-Reisenden werden ihren Zeitzug inzwischen schon verlassen haben. Sie werden jeweils dort ausgestiegen sein, wo der persönliche Anknüpfungspunkt war, um die Perspektive für die Zukunft zu gestalten. Jetzt beginnt der 2. und dann der 3. Schritt, nämlich die Gestaltung der Zukunft selbst, zu dem die Erträge aus den einzelnen Lebensabschnitten das Baumaterial geliefert haben sollen.

6.5. Das 4. Lebensalter: Ein Blick über den Zaun aufs Alter

Ein Blick über den Zaun der Zukunft soll die Biographiereise abschließen: Wie im Kapitel 2.2. dargestellt, wird die Zahl der Alten in den nächsten Jahren immer rascher ansteigen. Bei genauem Hinsehen zeigt sich, daß entgegen der wissenschaftlichen Meinung für eine relativ hohe Anzahl alter Menschen die physische und kognitive Leistungsfähigkeit und vor allem die Leistungswilligkeit nicht aufhört. Sind diese auch noch spät produktiven Frauen und Männer eine positive Auslese oder könnte es sein, daß die üblicherweise einer Statistik zugrundeliegenden Leistungsbereiche für Aktivität im Alter von nur geringer Relevanz sind? Stellen ganz andere Fähigkeiten, wie etwa Intuition oder die Fähigkeit, sich an Daten und Dinge, die lange zurückliegen, zu erinnern oder Gewissenhaftigkeit und der schon erwähnte Überblick auf Zusammenhänge die Schlüssel zu spätem Erfolg dar?

Eine empirisch gesicherte Teilantwort lautet: Zu keiner Zeit des Lebens sind die physischen und psychischen Differenzen unter den einzelnen Menschen größer als im hohen Alter. Auch die Streuung von Können und Leistung ist in der Gruppe der Alten um ein Vielfaches breiter als bei den jüngeren. Noch unter 80jährigen finden wir nicht wenige mit den geistigen Kapazitäten von 30jährigen. Scheinbar haben Menschen ein sehr unterschiedliches genetisches Programm, welches seinerseits unterschiedlichen Umweltprägungen ausgesetzt ist. Diese fast trivialen Aussagen sollen andeuten, warum eine homogene Skizzierung der Jahre jenseits der 70 ebenso schwer ist wie eine einheitliche Gestaltung biographischer Fragen für diese Menschen, so wie sie bei den anderen Altersgruppen zu lesen war. Es mag merkwürdig klingen, aber mit zunehmendem Alter scheinen die Lebensstile zunehmend differenzierter zu werden. Mit anderen Worten: *Den* Pensionierten als Repräsentanten einer uniformen Gruppe der Alten gibt es nicht. So scheint es fast töricht, eine Grenze festzulegen, die den eindeutigen Übergang zum Alter markiert. Jedenfalls hat Goethe seine Marienbader Elegie mit über 74 Jahren geschrieben und den zweiten Teil des Faust in seinen letzten Lebensmonaten 82jährig fertiggestellt. Auch Chagall hat seine für mich schönsten Fenster in der Mainzer St. Stephanuskirche in seinem 95. Lebensjahr vollendet.

6.6. Nicht mehr und noch nicht – Fragen zum Augenblick des Ausscheidens

Die hier zusammengefaßten »Stoßseufzer« oder »Freudensätze« klingen mir noch in den Ohren, wenn ich an die Begegnungen mit eben entlassenen Männern und Frauen denke:

- Darauf habe ich nun so lange hingearbeitet.
- Bis März stehe ich noch auf der Gehaltsliste.
- Nur mein Schreibtisch ist noch zu räumen.
- Muß ich mich nun darum kümmern, wer meine Arbeit übernimmt oder nicht?
- Ich bin froh, wenigstens ist die Ungewißheit vorbei.
- Scham, Wut, Trauer, ich weiß gar nicht, was ich fühlen soll.
- Erst einmal besinnen. Das Finanzielle klären.

- Nein, heute nicht mehr, am Freitag war der letzte Tag.
- Mein Partner ist bei der Arbeit. Die anderen auch.
- Vorigen Monat dachte ich noch, »Wenn erst ...«, und nun ist es soweit.

Der aktuelle Augenblick des Entlassenseins, ob vorzeitig oder als Regelfall, birgt viel Ungewißheit in sich. Der betroffene Leser am Ende seiner Reise hat jedoch – auch wenn er den roten Faden der Lebensereignisse noch nicht in der Hand hat – bereits eine Ahnung davon, was sein Leben nachhaltig beeinflußt hat und was die treibenden Kräfte hinter seinen Aktivitäten, seinen Erfolgen ebenso wie hinter seinen Mißerfolgen waren. Er wird sich auch die Frage gestellt haben, ob denn das Bild, das er so lange von sich hatte, das wirklich reale war und welche Farben auf diesem Bild fehlen.

Wenn man zurückschaut und die Stationen dieser Reise noch einmal Revue passieren lässt, zeigt sich ein innerer Film, der wahrscheinlich Antworten auf folgende Fragen enthält:

- Was scheint überwiegend gelungen?
- Was hat hauptsächlich geholfen?
- Wer waren die Menschen, die Sie glücklich gemacht haben, Ihnen geschadet haben, geholfen haben, aus der Reserve gelockt haben, Sie gekränkt haben?
- Verstehen Sie die Mechanismen, wodurch das geschehen ist?
- Welchen Zeitabschnitt nennen Sie Ihren beruflichen Höhepunkt? Wie kam es dazu? Welche Früchte aus dieser Zeit tragen Sie noch in sich?
- Welche Fähigkeiten scheinen Sie in welcher Altersstufe nicht genutzt zu haben, und wie kann das jetzt eventuell geschehen?
- Was ist in Ihnen angelegt, was jetzt zum Zuge kommen kann?

Konkrete Fragen für den aktuellen Augenblick des Ausscheidens:

- Welche Gewohnheit/welchen Rhythmus brauchen oder haben Sie nun nicht mehr?
- Was soll an deren Stelle treten?
- Wessen Urteil soll jetzt gelten in bezug auf Verhalten, Fleiß, Leistung? Nach welchem Raster bestimmen sich Bewertungen neu?

- Schauen Sie sich die Leitmotive für Ihr Tun an. An welchen halten Sie weiterhin fest, und warum haben diese weiterhin Sinn?
- Wenn Sie ein Motto über Ihre jetzige Situation schreiben sollten, wie heißt dieses?
- Ihre aktuellen Rollen in Partnerschaft, Familie und Gesellschaft: Welche Kapazitäten sind frei geworden, und was wollen Sie damit machen? Wo sind Sie weiterhin gefordert?
- Was brauchen Sie jetzt an Aktivität?

Es geht hierbei um geistige, körperliche und soziale Aktivität. Die wiederum kann man einteilen in den formalen, den informellen und den individuellen Teil.

Die *formale Aktivität,* die durch Position und Funktion im Beruf gegeben war, muß in aller Regel weitgehend neu gestaltet werden. Neue Positionen und Funktionen müssen gefunden werden, wenn man weiterhin solche Aufgaben ausfüllen will.

Die *informelle Aktivität,* die durch Freunde, Familie, Nachbarn, im täglichen Leben entsteht, ergibt sich am ehesten weiterhin von selbst.

Die sogenannte *individuelle Aktivität* dagegen umfaßt all die Dinge, die ich allein tue. Das ist nicht jedermanns Sache, und sie deckt sich nicht mit dem Bedürfnis nach Geselligkeit. Von diesem Zustand haben wir jetzt vielleicht zuviel, sind doch die anderen, mit denen wir so gern zusammen wären, noch im Beruf. Individuelle Aktivität zu gestalten ist eine der schwierigen Lernanforderungen im Ruhestand. Um diese Aktivitätsform muß man sich jetzt mehr bemühen, es sei denn, man atmet auf und genießt das Alleinsein.

Mit einer persönlichen Einstimmung soll der Schritt von all dem Rückwärtsschauen zum Antwortgeben auf die neue Situation eingeleitet werden.

1. Übung zur Frage »Durch wen bin ich, wie ich bin?«
Suchen Sie aus jeder Lebensphase des 7er-Rhythmus Personen, Männer oder Frauen, von denen Sie glauben, daß sie Wesentliches in Ihnen geweckt haben. Stellen Sie sich dazu die folgenden Fragen:

- Wie würden diese Personen selbst ihren Einfluß auf Sie beschreiben?

- Was haben diese Personen gemeinsam, was Sie betrifft? Wo haben sie wie aus einem Mund gesprochen, wo haben sie Hand in Hand gehandelt?
- Was wäre, wenn Sie diese Personen nicht getroffen hätten?
- In welcher Altersstufe fallen Ihnen keine solchen Personen ein?
- Schauen Sie noch einmal an, was da los war!
- Was sagten diese Menschen über den Wert von Arbeit und Beruf, über den Wert des Menschen an sich?
- Was lernten Sie von ihnen über Nichtstun, über Freisein, über Ruhe?

Die eine oder andere Frage wird ins Auge springen, wird eine Antwort rasch ermöglichen. Vergessen Sie trotzdem die zurückhaltenden Fragen nicht, deren Antworten oft noch wichtigere Hinweise geben.

6.7. Den roten Faden finden – das Schicksal begreifen

> *Das Sein ist eine aus lauter Knoten bestehende Linie.*
> FRIEDRICH HEBBEL

Nicht erst heute suchen die Menschen nach einer Leitlinie in ihrem Leben. Schon in der Antike suchten Menschen Antwort auf die Frage nach ihrer Herkunft und nach ihrem persönlichen Schicksal. Beruf und Zukunft spielten darin eine ebenso große Rolle wie in der Neuzeit, wenn auch in völlig anders verknüpften Lebensmustern. Anders und meist intuitiver als heute fielen auch die Antworten auf die Frage nach dem Schicksal aus. Bei den Griechen und den Römern wie bei den Germanen waren es die Mythen, die Antwort auf die lebensbestimmenden Fragen gaben. Schon dort finden wir das Bild des Schicksalsfadens, welcher, so Otto Betz in seinem Buch *Vom Schicksal, das sich wendet,* jede Biographie durchzieht.

»In vielen antiken Kulturen haben die Menschen nicht auf eine rationale oder gar wissenschaftliche Art Antwort zu geben versucht auf die Frage nach der Herkunft unseres persönlichen Geschicks. Aber der Mythos hat mit seinen Geschichten eine Antwort parat gehabt. Sowohl die alten Griechen wie die Römer, aber auch die Germanen kennen die Vorstellung von den Schicksalsfrauen, den Spinnerinnen, die jedem

Menschen seinen Schicksalsfaden spinnen. Klotho heißt die eine; sie sitzt am Spinnrad, der Faden ihrer Spindel bestimmt dem Menschen, der gerade geboren wird, sein Leben. Lachesis heißt die zweite; sie bemißt dem Menschen die Länge seines Lebensfadens. Atropos ist der Name der dritten; sie ist die kleinste und schrecklichste unter den Göttinnen des Schicksals; ihre Schere schneidet unerbittlich ab und setzt damit die Grenze des Lebens. Die unbeugsamen Moiren sind es, ›welche den Menschen bei der Geburt schon jegliches Glück oder Unglück zuteilen‹, wie es schon bei Hesiod heißt. Sie haben den Faden in ihren Fingern, fädeln also dem einen die Glückssträhne ein und ordnen dem nächsten eine Pechsträhne zu.«

»Gegen diese Zuweisung des gesponnenen Fadens kann sich niemand auflehnen«,[23] so heißt es weiter, davonlaufen könne keiner, auch eine höhere Instanz, bei der man Einspruch erheben könnte, scheint es nicht zu geben; selbst Zeus kann die Vorentscheidung der Moiren nicht beeinflussen, er muß sie akzeptieren. Manipulationen und Eingriffe in das Schicksal erweisen sich auch im irdischen Leben oft als wirkungslos, sie beschleunigen manchmal sogar den Ablauf des Verhängnisses. Der Schicksalsfaden wird abgespult, auch wenn einer mit Bärenkräften sich dagegen stemmt, wie wir eindrucksvoll aus dem Mythos des Ödipus erfahren. Auch er kann seinen Schicksalsfaden, der vorsieht, daß er seinen Vater tötet und seine Mutter heiratet, nicht durch irgend welche Manipulation beeinflussen.

Mit dem Bild des roten Fadens wird uraltes Wissen, das heute noch Bedeutung hat, angesprochen. Einen roten Faden finden wir zum Beispiel in jedes Tauwerk der königlich-britischen Flotte eingeflochten. Diese individuelle Einfärbung sollte das englische Tauwerk von Tauen anderer Seefahrer unterscheiden, es auch noch nach einem Schiffbruch auf hoher See vor Diebstahl und Verwechslung schützen. Man kann diesen roten Faden nicht heraustrennen, ohne das Ganze zu zerstören. Auch aus den kleinsten Stücken noch ist seine Herkunft aus der königlich-britischen Flotte erkennbar.

Das Motiv des roten Fadens hat auch Goethe in seinen »Wahlverwandtschaften« aufgegriffen. In Ottiliens Tagebuch beginnt die Einleitung folgendermaßen: »Manches Eigene von innigerem Bezug wird an dem roten Faden wohl zu erkennen sein.«[24] Auch hier, wie bei der königlichen Marine, ist es das Eigene, welches sich wie ein roter Faden durchzieht.

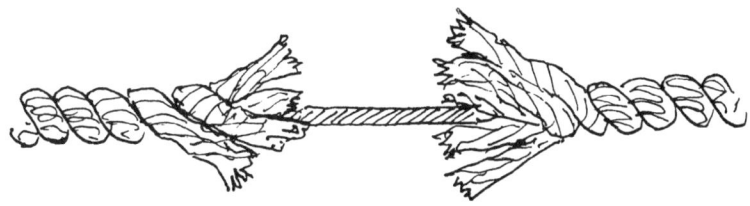

Abb. 7: Der rote Faden

Auch wenn das Leben nach der Entlassung nicht eben als ein stabiles Seil gesehen wird, so muß es doch seinen roten Faden nicht verlieren. Jetzt heißt es, diesen zu identifizieren, ihn weiterzuknüpfen und ihn mit anderen Fäden zu vernetzen. Die Biographiearbeit sollte ihren Anteil leisten. Die Mythologie zeigt uns nicht unzusammenhängende Abschnitte, sondern einen einzigen Faden, zugeteilt in seiner Gesamtlänge und nicht willkürlich ausgeliefert. Kein Leben läßt sich wirklich in Abschnitte zerteilen. Sobald wir aufhören, das Leben als eine in sich geschlossene biographische Einheit zu denken, verliert jeder Abschnitt seinen Sinn und wird zu einem Rätsel. Persönliche Identität leitet sich aus einem einzigen Lebensfluß ab. Eigentlich steht schon über der Geburt das Thema des roten Fadens. Daher die Frage nach dem »Thema der Geburt« am Beginn der Biographiereise.

Die Annahme einer gestückelten Biographie hingegen führt unweigerlich zu dem Glauben, man könne in jeder Altersstufe noch einmal ganz von vorn beginnen. Diese Bereitschaft zu ständigem Neubeginn und das Jungseinwollen in jedem Alter drohen uns in verhängnisvoller Weise von unserem eigenen biologischen und psychischen Prozeß zu lösen. Dennoch scheint dieses Verhalten schon fast zu einer Ausdrucksform modernen Lebens geworden zu sein. Das kann es nur dann, wenn dabei nicht das Älterwerden verdrängt und der eigene Wachstumsprozeß verhindert werden.

Ein Menschenleben ist keinesfalls eine Reihe von unzusammenhängenden Einzelereignissen. Schon bald fällt ein Muster auf. »Wiederkehrende Gestaltimpulse« würden wir es in der Malerei nennen. »Thema« heißt es in der Musik, auch wenn es oft nur aus wenigen wiederkehrenden Takten besteht. Leona Siebenschön schildert in ihrem kleinen Band: *Der achte Himmel. Wie Partnerschaften gelingen*,[25] in sehr farbigen Skizzen die Biographien von Paaren. Sie führt

117

uns schicksalhafte Lebenssituationen vor, in denen ein roter Faden sich mit einem zweiten verbindet.

Da ist das Bauernehepaar, dessen gemeinsamen Faden Wetter und Jahreszeit, Saat und Ernte bestimmen, wobei jeder der beiden auch seinen eigenen Faden verfolgt. Da ist Fürst Bismarck, dessen Frau ihren Lebensfaden ganz dem seinen unterordnet und anpaßt. Da ist Eduard VIII., König von England, der wegen seiner Liebe zu einer bereits geschiedenen Amerikanerin den Verlust des Königsthrons hinnehmen muß: ein Paar, dessen beider Fäden für alle Zukunft zu einem verschmolzen. Nur so waren sie stark genug, um nach dem Muster »Zwei gegen den Rest der Welt« ihr Leben als Außenseiter zu bestehen, dem Abdanken einen Sinn gaben.

Nichts ist so eigenständig und an die Person gebunden wie individuelle Eindrücke, die wichtige Geschehnisse hinterlassen haben. So geht es bei der Forschungsarbeit in der Biographie über die objektiven Daten hinaus auch in erster Linie um das subjektive Geschehen, das sich nur wenig an begründbaren Fakten orientiert, aber den roten Faden in nachhaltiger Weise ausmacht.

Was, wie besonders das vorzeitige Ausscheiden aus dem Beruf, zunächst als Katastrophe und als nicht vorhersehbare Krise erlebt wird, könnte durch die Rückschau auf die eigenen Lebensphasen zum lebensfördernden Ereignis werden. Jede Lebensgeschichte hat, wie wir gesehen haben, ihre äußere und ihre innere Logik. Mit Bewertungen und der Verallgemeinerung der äußeren Logik sind Außenstehende schnell bei der Hand. »Typisch für sie« oder »Das war ja vorauszusehen«, lauten die Kommentare. Sie werden sogar familienübergreifend oder national: »Bei den Frauen in dieser Familie kannst du davon ausgehen, daß sie erst im dritten Anlauf den richtigen Mann finden«, oder: »Schließlich sind ein hoher Prozentsatz aller finnischen Männer Alkoholiker.« So wenig wie das letztere stimmt, so wenig genau gelten die vorhergehenden Aussagen. Die Hauptsache ist es, man hat das dem eigenen so fremden Leben zugeordnet, auch wenn es eine fragwürdige Zuordnung bleibt.

Die innere Logik gibt nur schwer ihre Ordnung preis. Die Konzentration auf die biographischen Abläufe, wie sie hier vorgestellt wurde, kann dabei eine von mehreren Möglichkeiten sein, um aus der inneren wie auch äußeren Logik Zukunftsaspekte und Möglichkeiten der Entwicklung herauszufiltern. Erst wenn beide in Kontakt gebracht werden, die Dinge der äußeren Wahrnehmung und die Eindrücke der inneren Welt, kann Verdrängtes und Vergessenes auftauchen, sein Geheimnis preisgeben und die Energie ins Positive gewandelt werden. Damit werden wir uns im nächsten Abschnitt, der auf die Zukunft gerichtet ist, befassen.

6.8. Den Blick nach vorn richten – Zukunft gestalten und umsetzen

> *Ein zielloser Mensch*
> *ist ein ratloser Mensch.*
> VICTOR FRANKL

An Ideen und Vorschlägen für die Zukunftsgestaltung hat es noch nie gefehlt. Davon kann man allerorten hinreichend bekommen, und am Mangel an Ideen ist auch noch selten ein neues Konzept gescheitert, wohl aber an der Strategie und dem Mut des Umsetzens und an der Energie, es vor sich selbst und nach außen hin darzustellen und es gegen Widerstand – nach innen wie nach außen – zu verteidigen.

»Tetje mit de Utsichten« (Theo mit den Aussichten) nennt man das in Norddeutschland, »große Rosinen im Kopf«, sagt man anderswo. Oft machen wir ja auch einen Anfang und setzen einen ersten kleinen Meilenstein, aber das so grandios Ausgedachte entspricht beileibe nicht dem Resultat. Und dann? Wieder aufgeben, resignieren, den Verhältnissen die Schuld in die Schuhe schieben, sich vom Weltschmerz einfangen lassen und in Erinnerungen an die Jugendzeit schwelgen? Wohlbefinden und Lust am Leben ist aber in jedem Alter mehr von der Vorstellung über die Zukunft bestimmt, als von der Erinnerung an die Vergangenheit. Das dürfen auch junge Alte nicht umkippen lassen in ein Überbetontes und Verzerrtes: »Als ich noch ....«. Hier und jetzt steht die Bühne, auf der auch Ältere und Alte ihre Rolle finden müssen.

Die Vorstellung, wie unsere Zukunft aussehen wird, bestimmt, wie wir unsere Vergangenheit interpretieren. Ben Furmann, ein finnischer Psychiater, bringt diesen Richtungswechsel in die Zukunft mit folgender Allegorie zum Ausdruck: »Als ich mein Leben mit einer Sanduhr verglich, war das gesamte gelebte Leben in die untere Hälfte durchgelaufen. Da merkte ich plötzlich, ich kann das Glas umdrehen. Aus dem

Minus wurde ein neues Plus, und ich konnte das Ganze positiv betrachten. Ich habe schon öfter die Sanduhr meines Lebens umgedreht.«[26]

Ruth Cohn, die die Methode des lebendigen Lernens und Arbeitens entwickelte und lehrt, gibt uns hierzu einen hilfreichen Hinweis: »Fast nie bist du absolut ohnmächtig, es sei denn, du bist in Unfreiheit gefangen oder krank. Aber solange du relativ gesund bist und mit wenig Einschränkung rechnen mußt, so lange bist du auch partiell mächtig, entscheidungsmächtig.«[27] Das ist auch für den neuen Lebensabschnitt der aus dem Beruf Entlassenen zu beherzigen und als Möglichkeit zu nutzen.

Wir sind nie völlig autonom und nie völlig abhängig in dem, was wir tun und entscheiden. Freiheit findet immer da ihren besten Ausdruck, wo der Mensch die ihm gegebenen Spielräume verantwortlich nutzt. Selten wird der Raum zwischen vermeintlichen Grenzen optimal ausgetestet und genutzt; ein Großteil dieses Raumes gleicht einer Art Niemandsland, in dem nie ausprobiert wird, ob und wo eigentlich der einschränkende Zaun steht. So könnte ein Ruheständler eine Menge Niemandsland für sich entdecken und es fruchtbar machen.

Es scheint ein hoher Preis zu sein, den selbstbestimmtes Handeln kostet. Ist es nicht doch einfacher, sich bestimmen und verwalten zu lassen? Die Verantwortung ist dann beim anderen, und es gibt obendrein einen Sündenbock, auf den man schimpfen kann. Meist aber merken wir erst spät – wie unsere eigene Geschichte und die Lebensläufe anderer uns lehren, zu spät –, welchen Preis an persönlicher Freiheit dieses Geschehenlassen fordert. Geschehen lassen oder den »Flow« entdecken, diese noch unbekannte Kraft, die der Langeweile entgegenwirkt. Ihm wollen wir uns auf den nächsten Seiten zuwenden.

7. Den Flow entdecken – der destruktiven Langeweile Einhalt gebieten

Bei allen Umfragen und persönlichen Gesprächen habe ich wenige Früh- und »Normal«-Rentner gefunden, die explizit über zuviel Zeit klagten, wohl aber über Langeweile, wenn auch in mehr oder weniger versteckter oder verschlüsselter Form. »Zeitmanagement ist immer Selbstmanagement« ist zwar für viele aus Firmenzeiten bekannt, in der neuen Situation scheint diese Einsicht aber noch wenig umsetzbar. Es sind meist die Partnerinnen und Ehefrauen, die diesen Aspekt beklagen. Denn die Langeweile als Auswirkung des Nicht-beschäftigt-sein betrifft die Frauen selbst nicht so stark. Als Partnerbetroffene dagegen hört man sie sagen: »Am meisten habe ich Angst davor, er könne sich langweilen. Dann muß ich Programm machen oder mir das Genörgel anhören oder ein schlechtes Gewissen haben, weil ich selbst keine Langeweile habe. Ich bin ja nicht in den Ruhestand entlassen worden. Er ist es! Alle meine Vorschläge zur Betätigung bringen es auch nicht. Sie langweilen ihn genauso, oder er macht es so umständlich akribisch, daß wir Streit bekommen. Dabei hat er doch jahrelang gesagt: ›Ich komme zu nichts …, wenn ich nur mehr Zeit hätte …, immer bleibt was liegen‹.«

Die von mir befragten Männer äußerten allerdings keine Angst davor, daß ihre Frauen sich langweilen könnten, womit sie meist recht hatten. Was macht den Unterschied aus? Langeweile, eine besondere Eigenschaft von Männern? Angst vor Langeweile, eine Sorge der Frauen um ihre Männer oder gar eine Sorge um ihre eigene Freiheit? »Soll ich denn sein Animateur werden? Es genügt schon, daß ich all die Jahre gebraucht habe, um mein eigener Animateur zu werden.«

Langeweile als Begleiterscheinung einer hochkultivierten Arbeitsgesellschaft, als Ergebnis von Monotonie und Konsum, von Einheitsprodukten und Massentourismus? Ja und nein, denn auch ungenormte Tätigkeiten, solche, die der elementaren Lebensgestaltung dienen, immer wiederkehren und im Prinzip frei gestaltbar sind, wie zum Beispiel die Hausarbeit, langweilen, wenn sie zur zwingenden Alltagsroutine werden. Da hackt zum Beispiel jemand Holz und zündet voll Freude seinen Kamin an. Wie langweilig Holzhacken jedoch sein kann, versteht er erst, wenn sich der Öllieferant um drei Tage verspätet und er auf das Hacken angewiesen ist. »Die Pathologie der Normalität«, sagt Erich Fromm, »ist eine allgemein verbreitete Krankheit, die aber nicht als solche benannt werden kann oder erlebt wird.«[28]

»Am siebten Tage sollst du ruhen« heißt es in der Bibel, doch wer hält das noch ein? Nicht etwa als Gebot war dieses gedacht, sondern als Zuspruch, der uns guttut und der Körper und Geist aufatmen läßt. Doch das Gegenteil ist der Fall. Ein ruhiger Sonntag ohne Verabredungen und die dazu nötigen Anstrengungen wird nicht nur als langweilig, sondern laut einer breiten Umfrage schlimmer noch als Streß erlebt. Dieser Sonntagsstreß soll nun im Nachberufsleben zum Werktagsgefühl werden? Jetzt soll von Montag bis Freitag Sonntag sein? Nichts scheint so unerträglich wie völliges Nichts-zu-tun-Haben, aber es ist schwer, dazu zu stehen und schwerer noch, dieses anderen gegenüber zuzugeben. »Wir haben mal so richtig gefaulenzt«, heißt das dann, aber das läßt sich nur so locker sagen, wenn jedem klar ist, daß sonst Fleiß und Arbeit die Szene bestimmen. Zwischen der Angst vor Langeweile und der Sorge, man fände nichts zu tun, und dem Gefühl, man wäre ein Faulenzer, muß der Schlüssel für die vollen Terminkalender der Nachberufler, die wir allenthalben erleben, zu finden sein.

Victor Frankl weist darauf hin, daß ein Mensch erst dann richtig mündig ist, wenn er sich im »aufgabenfreien Zustand« ähnlich wohl fühlt wie im schwerelosen Zustand. Den kennen allerdings wirklich nur ein paar Astronauten. Im übertragenen Sinn müssen wir es so verstehen: Die Herausforderung zum Tätigsein ist wie eine Schwerkraft, die den Menschen seine irdische Existenz spüren läßt. Ihr Fehlen läßt ihn »in der unbekannten Schwerelosigkeit schweben«.[29] Einen solchen krassen Wechsel vom Sog der Schwerkraft zum Schwebezustand erleben Menschen nach ihrer wie auch immer gestalteten Entlassung. Es ist wie das zu schnelle Hochkommen eines Tauchers, wie der plötzliche Stopp nach einer schnellen Fahrt. »Von 110 auf 0«, hörten wir von einem Betroffenen. Da ist es nicht verwunderlich, daß zunächst die Rat- und Orientierungslosigkeit vorherrscht.

Von früh an entwickeln wir schon unsere typischen Langeweile-Auslöser, und dabei handelt es sich im wesentlichen um *vier Ausprägungen:*

1. Mit anderen macht es Spaß.
Zunächst ist da der Typ, dessen Lust am Mitmachen und Mitgestalten relativ groß ist. Im Beruf hatte er gewöhnlich eine Position, die Akti-

vität von ihm verlangte und bei der er im Team mit anderen Erfolge und Spaß haben konnte, auch Mißerfolge gemeinsam aufarbeitete. Damit ist nun Schluß, und er gerät in die fatale Lage, seinen Aktivitätsschwung nur ungenügend umsetzen zu können. Beim ersten Ausschauhalten findet er keine geeignete Tätigkeit und niemanden, mit dem er ein Team bilden könnte. In der Situation der Ratlosigkeit liegt die Langeweile auf der Lauer. Hauptgesichtspunkt für eine Zukunftsperspektive sollte für einen solchen Menschen daher unbedingt das Suchen nach Aktivität mit anderen sein, denn er erlebt seine Befriedigung nur selten im Alleintun.

2. In der Welt dabeisein

Als zweiten Typ unter den Gelangweilten treffen wir auf jenen, der stets nach außen orientiert war. Bahn, Straße, Flugzeug, Hotel oder Baustelle waren seine Welt. Hier genoß er das umtriebige Leben. Treffen und Getroffenwerden sind seine Welt. Das Ende des Berufs hat ihm gründlich die Flügel gestutzt. Ohne all diese Erlebnisse weiß er wenig mit sich anzufangen. Je mehr außerhäusliche Erlebnisbereiche im nachberuflichen Lebensentwurf Raum bekommen dürfen, um so mehr wird die Langeweile schwinden. Sobald er eine Tätigkeit mit ähnlicher Mobilität gefunden hat, wird der Alltag wieder zufriedenstellend gefüllt sein.

3. Spezialistentum

Ein weiterer, dritter Typ von Gelangweilten zeigt uns ein ganz anderes Verhaltensmuster. Diese Männer und Frauen haben in Zeiten zunehmender Spezialisierung, auch aber als Spätfolge der Kriegs- und Nachkriegsjahre nur sehr einseitige Fähigkeiten und Interessen entwickeln können oder wollen. So verfügen sie zwar über ein großes, aber übersichtliches, fachliches Wissen – da sind sie tüchtig und lebendig –, werden aber die typischen Spezialisten, die sofort abschalten, wenn von etwas anderem die Rede ist. Ein betretenes Schweigen ist die Reaktion ihrer Umwelt. »Er macht mich dumm mit seinem hohen Fachwissen«, hörte ich jemanden über einen solchen Menschen sagen, oder »Er langweilt mich und ich langweile ihn. Jede unserer Verabredungen endet schon nach der ersten Tasse Kaffee, weil er außer von den Verschiebungen im Weltklima von nichts anderem spricht«. Zwei Wege könnten diesen Langweiler aus seinem drohenden Alleinsein herausführen. Entweder er sucht den steinigen Weg vom Individualisten hin zum Generalisten, erweitert sein Repertoire, seine Interessen, wird schrittweise vielseitiger. Oder aber er schafft sich einen eigenen Arbeitsbereich, bleibt Spezialist mit eigenem Angebot, kann häufig mit viel Befriedigung in einen Hobbybereich umsteigen, wo er seinesgleichen findet.

4. Niemand weiß es so wie ich

Schließlich sind bei einem vierten Typ die sehr ausgeprägten individuellen Bedürfnisse Mitverursacher seiner Langeweile. Bekommt er für seine speziellen Wünsche kein geeignetes Forum und Futter, reicht die Energie für ein lautes Aufbegehren nicht aus, so schlägt seine Enttäuschung schnell in Langeweile um. Ich kannte vor Jahren einen Forscher, der sich so auf die Erforschung von Kleinstlebewesen in stehenden Gewässern eingeschossen hatte, daß man ihm in seinem Wissen nicht folgen konnte, es durfte aber auch kein anderes Thema erörtert werden. Nur sein stehendes Gewässer machte ihn glücklich.

Um die Schleusen für die Langeweile nicht freiwillig zu öffnen könnten die folgenden Anregungen dienen:

- Den Radius der Aktivitäten zunächst ein wenig kleiner gestalten, um ihn aus der Beschränkung heraus neu zu gestalten.
- Die nach außen gerichtete Orientierung auf einem anderen Betätigungsfeld suchen.
- Die gelernten Fertigkeiten und Fähigkeiten einem neuen Abnehmerkreis auf dem Markt anbieten.
- Ein Lernender werden, der dann mit neuen Kenntnissen wuchern kann.

Welche der Variationen der Langeweile den Entlassenen auch erwischt, kein Freizeitangebot und sei es noch so komfortabel könnte sie auf Dauer auffangen. Für Ruheständler wird im kommerziellen Rahmen eine Menge geboten, z. B. in Freizeitclubs wie dem Club Méditerranée. Wer nicht gern weit wegfährt und wenig finanzielle Mittel hat, kann einfach vor Ort die Angebote »im Kreise Gleichgesinnter« wahrnehmen. Die diesbezüglichen Vereine und Vermittlungsstellen lassen sich an allen Orten finden. Aber alle Konsumangebote vertreiben die Leere nur, so lange konsumieren möglich ist. Es kommt zu einer kaum zu unterbrechenden Betriebsamkeit, die schwer als anderer Ausdruck von Langeweile gelten kann und sich nicht wesentlich unterscheidet von der vorher erlebten Arbeitsstruktur.

Ich glaube nicht an eine dauerhaft befriedigende Lebensgestaltung dieser Art, es sei denn, sie bleibt, was sie ist: ein schöner, interessanter, abwechslungsreicher Ausgleich für den Alltag, eine erholsame Unterbrechung zielgerichteter Tätigkeit und eine Quelle der Kraft für diese. Ein Gefühl von Pseudo-Dazugehörigkeit und Pseudo-Geschäftigkeit will mich nicht loslassen. Hier soll das Unmögliche möglich gemacht werden: Von außen soll Leben gestaltet werden, das sich nur von innen gestalten läßt.

Es geht auch anders. Eine Reihe der oben erwähnten Freizeitangebote erscheint zwar zunächst wie ein Konsumangebot zum Zeitvertreib, aber ganz allmählich kann ein sinnvolles zielgerichtetes Handeln daraus entstehen. Was mit einem Sprachkurs in der Volkshochschule begann, kann in eine Übersetzertätigkeit für ausländische Kinder münden; die Teilnahme an einer Sportgruppe führt unter Umständen in die Organisation solcher Möglichkeiten für andere. Aber: Wo Konsum nur Konsum bleibt, nutzt sich das aktive Lebensgefühl ab.

Vielleicht sind Sie bis jetzt der Langeweile durch viel Arbeit entflohen und sind gerade im Begriff, ihr durch mehr Genuß und Konsum erneut in die Arme zu laufen. Ich fürchte, durch beides geraten Sie nur noch mehr in die Leere, ist der Nachholbedarf erst einmal gestillt. Nun treffen wir aber gelegentlich Menschen, die weder in die Falle des einen noch des anderen Langeweileverhaltens geraten. Dabei ist ihnen Langeweile kein fremder Begriff, aber sie haben dazu meist keine Zeit: Der Flow, auf den wir gleich genauer eingehen, hat sie erwischt.

Mary ist eine von ihnen. »Ich habe endlich die Reichtümer meiner Vergangenheit begriffen. Mein Leben in zwei Kontinenten (sie ist Deutsch-Amerikanerin) gehört zu ihnen, auch mein geschärfter Blick für soziale Mißstände hat meine Entwicklung geprägt. Da ist noch viel mehr. Das soll nicht brachliegen bleiben«, sagte sie mir, nachdem sie sich auf die Biographiereise begeben hatte. Mary ist 60jährig kürzlich aus leitender Stellung entlassen worden, in der sie sehr aufging und die ihr Werk war. »Nun gilt es, das Aufschlußreiche der Vergangenheit«, wie sie sich ausdrückt, »auch wirklich aufzuschließen, es der Zukunft zuzuführen und zu konkretisieren. Im Institut werde ich nicht mehr gebraucht, da störe ich eher. An Aufhören ist für mich aber gar nicht zu denken.«

Das war vor ein paar Monaten. Inzwischen hat Mary eine Stiftung ins Leben gerufen, die sich in einem relativ abgelegenen Landstrich Deutschlands um die Belange junger Familien kümmert. Hier fließen ihre Reichtümer jetzt ein, und damit ist nicht in erster Linie Geld gemeint. Materiell muß es auch stimmen, aber zu ihren obengenannten Schätzen entdeckte sie noch andere: den Schatz der großen Erfahrung im Umgang mit Menschen, die ihrerseits auf dem Weg der Veränderung sind. Mit solchen hat sie Tag für Tag zu tun gehabt und dabei gelernt, wo Menschen ihre Sehnsüchte haben und wie destruktiv sie oft mit ihren Hoffnungen umgehen; der Schatz, einen langen Zeitraum von politischer und gesellschaftlicher Entwicklung miterlebt zu haben, schützt sie vor kurzlebigen Konzeptentwürfen. Als ausgesprochener Schatz hat sich ihr multikulturelles Leben inzwischen entpuppt, das ihr über Jahre so viel Mühe gemacht hat. Für die neue Tätigkeit ist das Wissen um Vielfältigkeit im Miteinander ein hoher Wert geworden. Und nicht zuletzt eine nicht unwesentliche Fähigkeit: Mary weiß, wie man Finanzierungen organisiert.

Was sich zunächst gar nicht so spektakulär liest und nicht die große Neugier weckt, eine Stiftung für junge Familien, ist für unser Stichwort Perspektive jedoch in zweifacher Hinsicht von Interesse: Die Erfahrungen aus Marys Berufszeit sind zum einen wieder zum Zuge gekommen, und zum anderen ist jenes Getriebensein von einer Idee, die sich auch gegen Widerstände durchsetzen will, die sie nicht in Ruhe läßt, der Motor für eine neue, zielgerichtete Aktivität. Daraus erhält sie ihre Lebendigkeit.

Menschen wie Mary, die nicht nur kurzfristig Zufriedenheit ausstrahlen, sind meist solche, die in ihrem Tun aufgehen, die ihre Sache auch dann nicht aus den Augen verlieren, wenn sie sich vorübergehend von ihr abwenden. Es ist wie ein innerer Antrieb, der sie steuert und in Konzentration hält. Bastler, Entdecker, Sammler sind oft wahre Virtuosen darin, diesen Zustand herzustellen. Nichts kann sie ablenken; sie vergessen sich und die Welt, wenn sie bei ihrer Sache sind.

Flow nennt der ungarisch-amerikanische Psychologe Mihaly Csikszentmihalyi dieses Erlebnis und führt uns damit in eine positive Denkrichtung für die Entdeckung neuer Tätigkeitsfelder nach dem eigentlichen Berufsleben.

Energiegeladener Antrieb, innerer Drang, Aufgehen im Tun, so würden wir das Flow-Erlebnis in unserer Sprache nennen. Wenn der Flow-Zustand erreicht ist, folgt Handlung auf Handlung, wie nach einer selbstverständlichen Logik. Es ist ein einheitliches Fließen von Schritt zu Schritt, wobei der Tätige sich als Meister seines Handelns erlebt. Er gibt sich diesem Erlebnis des Tuns hin, um sein selbstgestecktes Ziel zu erreichen, nicht in erster Linie um einer Belohnung willen. Wer im Flow-Erlebnis steckt, befindet sich außerhalb von Angst und Langeweile, oft auch außerhalb jedes Zeitgefühls und kann sich nur schwer, oft murrend von seiner Tätigkeit lösen. Die Gedanken wandern nicht zu anderen Dingen oder Menschen, und der Körper ist positiv gespannt und wach. Bei solchem Aufgehen im Tun ist Überforderung selten zu bemerken. Überfordere ich mich selbst, entstehen Spannung und Angst, die mich lähmen, unterfordere ich mich aber, so entsteht jene Langeweile, die auch eine Form von Spannung ist. Im Flow sein sagt nichts über die Qualität des Inhalts aus! Auch Sektierer oder politische Extreme sind flow-besessen.

In den letzten Jahren versuchte Csikszentmihalyi, Flow-Möglichkeiten auch im Alltag »gewöhnlicher« Menschen zu finden: »Lassen sich Arbeit, Spiel und Kommunikation so organisieren, daß sie ›an sich‹ Freude machen, ohne daß materielle Anreize oder die Anerkennung durch andere nötig sind?« lautete seine Frage. Sein Ergebnis ist ein bedingtes Ja. Flow ist möglich, wenn wir lernen, Situationen so zu strukturieren, daß sie das Tun selbst zum Ziel haben. Das ist es, was Erfüllung in den neuen Lebensabschnitt bringt, allerdings unter der Voraussetzung, daß die Bereitschaft zu Anstrengung und Mühe, zu Ausdauer und Verbindlichkeit vorhanden ist. »Manchmal kann es dann sogar gefährlich werden, konfliktreich, anstrengend wie im Berufsleben«, fand Csikszentmihalyi heraus, »nie aber langweilig«.[30]

Ein Flow-Erlebnis ist sehr sensibel für Störfaktoren, sei es eine Störung von außen, sei es eine falsche Zeitkalkulation oder vorschnell gegebene Zusagen an andere. Ist der Prozeß der fließenden Handlung allerdings erst einmal unterbrochen, so ist die Verschmelzung von Handlung, Bewußtsein und zielorientiertem Denken schnell aufgehoben. Dann scheint alles in sich zusammenzubrechen.

Es erfordert eine konzentrierte Hinwendung zur Tätigkeit, bis ein scheinbar mühelos erreichtes Ergebnis vor uns steht. Wir kennen es vom Ballett: Was so leicht aussieht, ist das Resultat von hoher Konzentration und dauerhaftem Willen zu Leistung und Erfolg. Das scheint für viele Menschen, egal in welchem Alter, ein schwieriges Kapitel zu sein. »Was immer ich tun werde, es darf nicht in Arbeit ausarten!«, stellte einer meiner Gesprächspartner vor unser Fragegespräch und vor sein Pläneschmieden. Inzwischen sehe ich ihn arbeiten, fleißig, gelassen, engagiert und mit hoher Konzentration. Er erzählt auch viel von seiner neuen Tätigkeit, bei weitem mehr als vorher von seinem Beruf. Es läßt sich nicht verleugnen, das Zwillingspaar Lust und Können haben sich hier gefunden, das wirklich arbeiten wollen, und die Lust, sie scheint wie von selbst gekommen zu sein. Das ist Flow.

Was wäre Lust ohne Leistung? Hier könnten Ruheständler Zeichen setzen, könnten die lustbetonte Leistung quasi zu einem Prestigeobjekt ihrer neuen Generation machen. Zwei Dinge sind den Menschen, die dem Flow begegnen, eigen: Sie setzen sich darüber hinweg, was andere über sie und über das, was sie tun, denken. Die Erfüllung liegt für sie nicht in der Wirkung nach außen, wohl aber in der Verantwortung nach außen. Mag sein, daß diese Einstellung nach langer Berufstätigkeit neu erworben werden muß. Sie ist eine der wichtigsten Voraussetzungen für die freie Gestaltung von Leben. Nur die gestellte Aufgabe selbst und ihre Bewältigung gibt die gültige Rückmeldung. Bei aller Lust am Tun sollte man schon auch ein Ziel im Auge haben. Aber nur Lust ist zuwenig. Zielsetzung und Qualität müssen auch im Ruhestand dazukommen. Wie sonst kann man feststellen, ob man weitergekommen ist, ob man fertig ist und ob das Resultat den Vorstellungen entspricht?

Ein Ziel also, welches dem Flow Spielraum läßt. Beides klingt simpel, aber wer kennt nicht dieses pausenlose Vor-sich-hinwerkeln, bei dem am Abend der Eindruck entsteht, man habe nichts getan? Da kommt schnell die wehmütige Erinnerung an das fertige Produkt am einstigen Arbeitsplatz auf.

Nie waren es die Bedingungen oder die sogenannten Verhältnisse, die den Flow verhinderten, fast immer war und bin ich es selbst. Flow-Erlebnisse möglich machen – das wäre eine gute Perspektive. Folgende Fragen können helfen, das Flow-Erlebnis wiederzufinden:

■ Wen sehe ich vor meinem inneren Auge von einem Flow-Erlebnis gefesselt?
■ Wie waren/sind die Bedingungen, die das zulassen?

- Ich gehe dem roten Faden in meinen Leben nach – wo hat es Flow-Erlebnisse bei mir gegeben, womit waren sie gefüllt, wie waren die Einstiegsbedingungen, wer oder was schützte mich und meine Tätigkeit? Wo machte ich freiwillig Überstunden?
- Was waren die Flow-Erlebnisse in meinem Beruf, welche will ich weiterhin versuchen?

8. Neue Schritte gehen – Perspektiven entwickeln

*Jugend und Alter können nicht zugleich
im Leibe sein, aber in der Seele.*
Augustinus

Alles, auch die Gestaltung des Lebens nach dem Beruf, fängt bei mir selbst und bei meinen Entscheidungen an. So soll die Suche nach einer neuen Perspektive nachberuflicher Lebensgestaltung mit den Versen von Paul Roth eingeleitet werden, die jeden Leser ganz persönlich ansprechen:

JA ODER NEIN!
Man kann sich nicht
ein Leben lang
die Türen alle offenhalten,
um keine Chance zu verpassen.
Auch wer durch keine Tür geht
und keinen Schritt nach vorne wagt, dem fallen Jahr für Jahr
die Türen eine nach der anderen zu.
Wer selber leben will,
der muß entscheiden
mit JA und NEIN
im großen und im kleinen.
Wer sich entscheidet – wertet, wählt,
und das bedeutet auch – Verzicht
Denn jede Tür, durch die er geht,
verschließt ihm viele andere.
Man darf nicht mogeln
und so tun,
als könne man errechnen und beweisen,
was hinter jeder Tür geschehen wird.
Ein jedes JA –
auch überdacht, geprüft –
ist doch ein Wagnis
und verlangt ein Ziel.

Das ist die erste aller Fragen:
Wie heißt das Ziel,
an dem ich messe JA und NEIN?
Und: Wofür will ich leben?

Ich kann mich nur selbst fragen, welche Tür für mich längst zugeschlagen ist, wie es in dem Gedicht heißt, welche dagegen sich jetzt erst öffnen. Für welches Ja habe ich mich ohne zu mogeln entschieden, für welches Nein?

Es gibt auch im nachberuflichen Leben keine unbegrenzten Möglichkeiten, wie Magier und Zauberer uns vorgaukeln wollen. Es gibt nur begrenzt technische Machbarkeit. Die Magie, der Zauber und die Machbarkeit liegen im Menschen selbst. Aber warum sollten nicht wenigstens eine Prise Magie, ein Teelöffel Zauber, ein paar Gramm Glück und der Schatz der Einmaligkeit das Märchen vom eigenen Leben weiterschreiben? Jetzt keinen Wunsch mehr ans Leben zu haben wäre selbst in einem Senioren-Ratgeber ein naiver Anspruch. »Du kannst an keiner Stelle mit eins beginnen«, sagt uns Hugo Kükelhaus.[31] Für mich wird das Resignative dieser Aussage mit dem Tröstlichen ausgeglichen: »Du mußt an keiner Stelle mit eins beginnen. Es gibt immer schon den Fundus, den du mitbringst.« In der langen Reise durch die Biographie wurden die Schätze ans Licht gehoben, die uns nicht erst bei eins anknüpfen lassen. Genaues Betrachten beruflicher Erlebniswelten ließ Erlebnisumfelder entdecken, die wir uns erhalten oder neu schaffen wollen.

Wenn ich mit Menschen etwas zu tun haben will, muß ich mit Menschen etwas tun! Was tun die Menschen, mit denen ich zu tun haben möchte, was ich mittun könnte? Diese Überlegungen sind für diejenigen bestimmt, die das Erlebnis des gemeinsamen Wirkens, des Teamworks und der Gruppenarbeit wieder aufleben lassen möchten.

Die anderen dagegen, die eher Introvertierten, die heilfroh sind, daß sie diesen ganzen Menschenrummel hinter sich haben, werden eine andere Frage stellen müssen: »Welchen Anlaß zum Tätigsein will ich jetzt schaffen? Was will ich tun, entwickeln, verwirklichen, und wen brauche ich dazu? Mit wem würde ich kooperieren, von wem mir zuarbeiten lassen?« Während bei dem zuerst beschriebenen Typ die Personenorientierung die treibende Kraft ist, ist es hier die Sachorientierung, die die Richtung weist. Ob das eine oder andere vorherrscht, hängt in hohem Maße von der Persönlichkeitsstruktur ab und ist in keiner Weise mit einem Falsch oder Richtig, Gut oder Schlecht zu beurteilen. Hier gilt, vorbehaltloser als jemals im Berufsleben, »Ich bin ich, und für mich soll es passen.« Der Prozeß der Zukunftsgestaltung verläuft ähnlich wie Problemlösungs- oder Innovationsprozesse, deren Gestaltung den meisten aus dem Arbeitsalltag noch hinlänglich bekannt ist. Immer geht es dabei zunächst um eine ausführliche Analyse der jeweiligen Situation und deren Entstehung. Dann folgt die Benennung der Problemlage, die Antwort gibt auf die Frage: »Womit bin ich im Moment nicht zufrieden?« Dann können Zielsetzungen für den neuen Lebensabschnitt formuliert und Schritte benannt werden, die dorthin führen sollen. Jeder Entwurf dieser Zukunftsgestaltung bedeutet Nachdenken auf zwei Ebenen:

- auf der faktischen Ebene, auf der es darum geht, die Ausgangslage und die Problematik sachlich richtig zu verstehen und solche Entscheidungen vorzubereiten, die realistisch und wirkungsvoll umzusetzen sind;
- auf der emotionalen Ebene sollen andere Faktoren wirksam sein: Freude an der Arbeit, Aussicht auf Lob von anderen, sympathische Mitstreiter und möglichst wenig Angst vor Versagen.

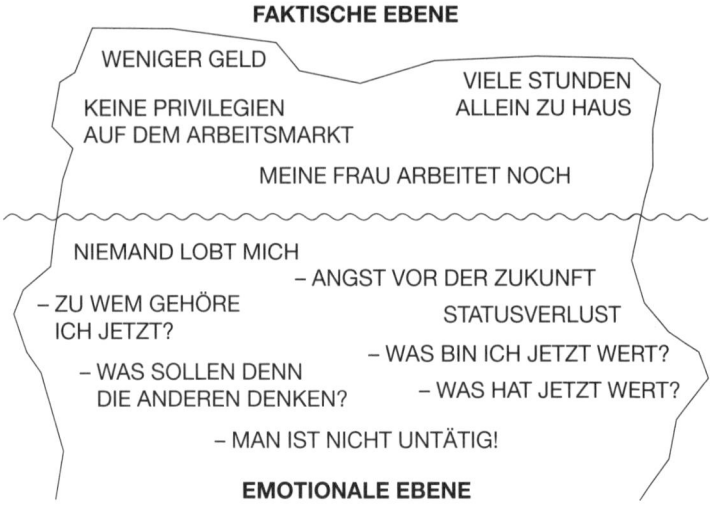

Abb. 8: Eisberg

132

Beide Ebenen beeinflussen sich gegenseitig. Man kann in diesem Zusammenhang auf die Analogie des Eisberges zurückgreifen: Gut sichtbar, oberhalb der Wasseroberfläche ist die sachlogische Ebene des Entscheidungsprozesses. Unterhalb der Wasseroberfläche, in ihrem Ausmaß oft schwer erkennbar und selten exakt erfaßbar, befindet sich die emotionale, zwischenmenschliche Ebene, die Probleme schafft, wenn sie zu wenig berücksichtigt wird. Bekanntlich ist ein Eisberg unterhalb der Wasseroberfläche nicht nur größer, sondern auch schlechter kalkulierbar. Für uns heißt das: Jedes sachliche Vorgehen zum Finden einer neuen Wirkungsstätte kann nur in dem Umfang wirksam sein, wie es durch die emotionale Ebene unterstützt oder blockiert wird. An sich gut durchdachte Lösungen werden scheitern, wenn wichtige menschliche Interessen und Bedürfnisse der Betroffenen nicht berücksichtigt wurden.

Damit wird auch deutlich, daß es sich beim Lösen von Problemen immer um drei Gestaltungsprozesse handelt:

1. die Gestaltung der neuen Aufgabe als inhaltliche Gestaltung und auf der Beziehungsebene, die die Frage stellt: »Mit wem ..., für wen ...?«
2. die Gestaltung des Weges dorthin, auf dem nicht nur die sachlogischen, sondern auch die emotionalen Bedürfnisse Berücksichtigung finden, und
3. die zeitliche Gestaltung des Neuanfangs und der ersten Überprüfung, ob es das ist, was ich wollte und kann.

Eine durchführbare Lösungsalternative enthält daher immer Vorschläge zu allen drei Aspekten. Eine gute Systematik bei der Entwicklung von Zukunftsperspektiven ist ein wirksamer Baustein im Selbstmanagement.

Häufig wird im Alltag von der ersten Idee sofort auf die Maßnahmenebene gesprungen – ohne ausreichende Überprüfung der Durchführbarkeit auf lange Sicht. Die Folgen sind in der Regel Energieverlust und falsche Investitionen oder teure, zeitaufwendige Korrekturmaßnahmen. Wer hat sich nicht schon einmal ein hoch technisches Gerät gekauft, ohne es je zu benutzen?

Eine alte Weisheit sagt: »Wenn du wenig Zeit hast, dann nimm dir viel davon am Anfang.« Oft werden sonst Vorschläge anderer oder frühere Erfahrungen ungeprüft übernommen – eine kostspielige Art des Zeitsparens. Nur aus der Wechselwirkung von sachlogischen Entscheidungen und emotionalem Wohlbefinden kann eine haltbare Zukunftslösung entstehen. Jede Lösung muß folgende Kriterien erfüllen:

- die zu erwartende Entwicklung der Nachfrage. Es hat wenig Sinn, heute eine vielleicht noch aufwendige Qualifizierung oder Finanzierung anzustreben für etwas, von dem sich abzeichnet, daß es morgen so wenig gebraucht wird wie die Arbeit, von der ich gerade Abschied genommen habe. Wo also finde ich den Markt für mein Angebot?
- der Zeitrahmen der Neustrukturierung sollte nicht zu großzügig bemessen sein. Ein mehrjähriges Studium etwa ist für die meisten zu aufwendig, um die Spannkraft für eine Berufsausübung wachzuhalten. Häufige Ursachen unbefriedigender Lösungen finden sich deshalb in einem Mangel an klaren Zielen. »Ich sollte vielleicht …« ist bestenfalls eine Absichtserklärung, führt aber selten zu einer konkreten neuen Tätigkeit. Auch ein erster Probeschritt ist hilfreicher als die resignative Aussage: »Es geht ja doch nicht!«
- Gibt es konkrete Zeichen, die dafür sprechen, dass Du mit Deinem Vorhaben auf dem richtigen Weg bist? Wünsche haben die Neigung, wahr zu werden. Wollen Sie wirklich, dass diese Ihre Planung Wirklichkeit wird?

8.1. Meine persönliche Zukunftswerkstatt

Das Gelingen hat viele Väter,
das Mißgeschick ist Waise.
Finnische Volksweisheit

Die diagnostische Seite der Neugestaltung ist nun abgeschlossen. Geduldige und sorgfältige Beschäftigung mit der Vergangenheit hat uns das Material gegeben, aus dem wir jetzt in systematischem Vorgehen die Zukunft gestalten. Auch hier lasse ich den Leser – wie bei der Biographiearbeit – in seinem Prozeß des Suchens allein. Jetzt heißt es kombinieren und kreativ werden, und das kann nur individuell geschehen. Es gelingt um so besser, je mehr man bereit ist, auch einmal eine

Anstrengung auf sich zu nehmen. Wie im Arbeitsleben oder schon in der Schule, so hängt auch im Ruhestand – das Gelingen eines Planes von der Einsatzbereitschaft ab, aus der ich zwar müde, aber zufrieden oder stolz, mitunter allerdings auch verzagt hervorgehe. Mit der schon erwähnten Angst, ja nichts in Arbeit ausarten zu lassen, kann sich ein Entlassener rasch in ein Aus setzen, in dem er eigentlich noch nicht sein möchte. Die Bereitschaft zur Anstrengung muß auf alle Fälle vorhanden sein, aber sie hat viele Gesichter. »Vom Sich-schonen wird man weder gesünder noch jünger« sagte mir ein 84jähriger Tischler, dem ich zuschaute, wie er zwar gemächlich, aber mit System einen Schrank zusammenleimte und dann – sichtlich zufrieden und keinesfalls gestresst – einen Schritt zurücktrat und seinem Werk zunickte. Aber wir sind ja erst 60. Manchmal bedeutet Anstrengung erhöhte Mobilität; manchmal ist auch der Zustand der Ruhe und des Wartens, in dem Ideen und Gedanken sich formen können, mit erhöhter Anstrengung verbunden, und das will gerade jetzt neu geübt und gelernt werden. Diese Bereitschaft der Anstrengung dient hier nicht mehr vorrangig der Karriere, dafür um so mehr einem möglichen Glück. Diese nachberufliche Anstrengung sollte nicht ausschließlich in Zahlen gemessen werden, wohl aber in Zufriedenheit und Glück.

Wenn man sich mit Menschen zugewandt und frei von Verurteilung befaßt, dann entdeckt man sehr schnell: Die Willensstärke ist unterschiedlich, das Antriebspotential ist verschieden, die Intelligenz ist verschieden, die Frustrationstoleranz, die emotionale Kraft oder Kondition sind verschieden. So viele verschiedene Gesichter wird auch das nachberufliche Glück haben.

8.2. Der Herausforderung antworten

Nicht Arbeit als solche soll jetzt gesucht werden, nicht Erwerbstätigkeit, auch nicht unbedingt eine ehrenamtliche Beschäftigung, aber etwas, das als Handeln, als eine Tat-Sache mich als Individuum erkennbar macht, eine Tätigkeit, in der ich lebe, grüble, meine Fragen stelle und mich ärgere.

Wenn diese erlebnisschaffenden Tatsachen durch einen weiterführenden Beruf, eine Erwerbstätigkeit, ein Ehrenamt zu erreichen sind, warum nicht? Aber ebenso wird ein anderer auf dem Weg über ein Hobby, Studium, soziales Engagement, über einen Schrebergarten oder eine Tätigkeit im Familienverbund, über politisches Unbequemsein zu seinem Stand kommen. Hier schließen einige Fragen an, die Ihnen helfen können, konkret tätig zu werden:

- Wann oder wo wurden Sie schon einmal entlassen? Was hat Ihnen geholfen, den Anschluß zu finden (keine theoretischen Begriffe wie zum Beispiel Mut, sondern die konkrete Handlung, zu der der Mut verholfen hat – oder die Verzweiflung)?
- Was sind Ihre zeitlichen Dreh- und Angelpunkte, an denen Sie möglichst festhalten wollen?
- Welche Tradition und welche Selbstverständlichkeit aus Ihrem bisherigen Leben soll es auch in Zukunft möglichst noch geben?
- Haben Sie schon eine Zielvorstellung von Ihrer nachberuflichen Tätigkeit? Versuchen Sie sie zu formulieren.
- Was sind Muß-Ziele (vielleicht auch in finanzieller Hinsicht)?
- Was sind darüber hinaus Wunsch-Ziele?
- Was darf auf keinen Fall geschehen?
- Welche Ausrüstung bringen Sie aus dem Beruf mit?

Jeder hat eine Grundausstattung an Wissen und Können, die bei der Entlassung nicht in der Firma zurückgelassen wird. Funktionen müssen zurückgelassen werden, nicht aber das Rüstzeug, mit dem ich ausgestattet bin. Das ist mein eigenes Kapital.

- Wie will ich dieses teure Gut in Zukunft auf dem neuesten Stand halten?
- Wie will ich mein Rüstzeug auf dem Markt bekannt machen, anpreisen? Ohne Auf-sich-aufmerksam-Machen und Eigenwerbung wird man nicht gefunden!
- Wer sind meine Energie-Fresser, und wie will ich ihnen begegnen?
- Wo sind meine Energie-Quellen?
- Wer sollen jetzt meine Weggenossen sein? Ohne einen Kreis von Menschen außerhalb der Familie will ich nicht leben. Einmal noch Freunde finden, wie geht das?
- Was wollen Sie jetzt allein machen, wo als Einzelperson auftreten, wo als Paar oder mit anderen Partnern?
- Ihre Lust, Ihr Können, Ihr Wollen wird auf ein Angebot aus dem

aktuellen Umfeld stoßen, und eine Frage wird lauten: Wofür will ich jetzt leben, will ich auf diesen Ruf Antwort geben?

- Wie wollen Sie sich jetzt nennen?
- Wie wird Ihre neue Visitenkarte aussehen?
- Was soll Ihr erster Schritt sein?

Dieser erste Schritt ist vielleicht der schwerste, aber es ist auch der erste Schritt in eine neue Hoffnung. *Hoffnung* haben Otto und Felicitas Betz[32] in ihrem Buch *Tastende Gebete* dieses Gedicht genannt, das die Perspektivegedanken abschließen und überleiten soll zu den Gestaltungsversuchen anderer, denen ein Teil ihrer Hoffnung schon Wirklichkeit geworden ist.

HOFFNUNG
Ich weiß nicht, was morgen kommt.
Natürlich schaue ich nach vorn.
Aber wer sagt mir, daß ich in meinen Erwartungen nicht
enttäuscht werde?
Die Griechen empfanden die Hoffnung nicht als eine Tugend.
Wer viel erhofft, wird viel enttäuscht, sagten sie sich.
Freilich: wer nichts mehr erhofft,
hört auf zu leben.
Es steht nichts mehr vor ihm.
Es geht keine Bewegung aus, die nach vorn drängt.
Das Mögliche wird nicht beschworen,
so bleibt es unverwirklicht.
Ich ertappe mich dabei,
wie ich mich einzurichten beginne im Geviert des Berechenbaren.
Was durch Erfahrung gesichert ist, das wird akzeptiert.
Das Noch-nicht-Gedachte bleibt im Unerreichbaren.
Die sieben und acht Schritte werden abgeschritten,
der neunte Schritt wird nicht versucht.
Ist es nicht vielleicht der neunte Schritt,
der sich als der eigentlich lohnende erweisen wird?
Wie kann ich über das erforschte Terrain hinausdenken?
Trägt das Eis, das ich betrete?
Mit Staunen nehme ich die neuen Kräfte wahr,
die aus dem Vertrauen wachsen.

8.3. Vier Gestaltungswege für das Leben danach

Einige meiner Interviewpartner, die im nächsten Kapitel ihr nachberufliches Leben schildern, besuchte ich, Wochen oder gar Monate später, ein zweites oder drittes Mal. Der Moment des aktuellen Ausscheidens war nicht vergessen, aber die Entwicklung war weitergegangen. Beim zweiten Interview fand ich sie schon in einer veränderten Lebenswirklichkeit.

»Für was ist es zu früh, für was ist es zu spät, für was ist der Zeitpunkt gerade richtig?« wurde für viele zur entscheidenden Frage. Eine Gesprächspartnerin hatte sie auf ihre Art beantwortet: »Ich habe mich entschieden, eine ›Weitermacherin‹ zu sein. Das ist mein eigentliches Ergebnis dieser nachberuflichen Wochen. Die Weitermacherin, eine von vier Möglichkeiten der nachberuflichen Lebensgestaltung, scheint am besten zu mir zu passen.« Diese Feststellung und ihre entschlossene Zufriedenheit machten mich neugierig. Ich bin der »Weitermacherin« auf den Fersen geblieben und habe die drei anderen Typen aufgespürt.

Zunächst einige Gedanken zum theoretischen Hintergrund. Die Autoren Gabriele Gerngross und Gerhard Berger haben hierzu einen lesenswerten Beitrag geleistet.[33] Sie beschreiben vier Typen, die deutlich machen, daß die Dinge, die sie in ihrer nachberuflichen Phase tun, genauso verschieden sind wie ihre Wohnform, ihre Art, den Alltag zu gestalten oder ihre Reisen zu planen. Jeder macht sich auf seinen Weg.

Den Weg der *Weitermacher* schlagen besonders solche Menschen ein, die auch vorher ihre Zeit und Arbeit relativ eigenständig einteilen konnten, meist in Berufen, die ihnen eine Pseudo-Selbständigkeit gaben: Verwalter von Magazinen und Häusern, Einkäufer in Versandgeschäften, Pharmaindustrie- oder andere Vertreter, Bauleiter. Nach der Trennung von der Firma haben sie zwar Not, einen neuen Kundenkreis zu finden, aber die »Ware« und das Angebot sollen ähnlich wie zur Berufszeit bleiben. Ehemalige kirchliche Mitarbeiter machen oft an ähnlicher Stelle ehrenamtlich weiter. Das halten sie selbst oft für leichter als die betroffene Zielgruppe und vermeiden damit die an dieser Stelle notwendige Auseinandersetzung mit dem Umbruch.

Eine zweite Gruppe betätigt sich als *Anknüpfer,* diese sind von der Orientierung her den Weitermachern nahe. Sie nehmen persönliche Kompetenzen und fachliches Wissen mit und versuchen es anderweitig einzusetzen. Das kann in einer Stiftung sein, in einer Freizeitorganisation oder mittels sozialem Engagement. Vom Typ her stellen sie eine andere Frage als der Weitermacher. Während dieser sein Angebot weiterhin verkaufen will, fragt der *Anknüpfer* danach, wo er gebraucht wird. Zu diesem Typ gehören vor allem Menschen, denen schon immer soziale oder politische Fragen unter den Nägeln brannten oder die ganz einfach am Leben und Zusammenleben von Menschen Interesse fanden. Bei beiden Typen zieht sich vor wie nach dem Berufsende ein roter Faden des Engagements durch ihr Leben.

Zu diesen Weitermachern fällt mir eine kleine Erzählung des Südseehäuptlings aus »Der Papalagi«ein: »Wie oft habe ich verspürt, daß man sich für mich schämen zu müssen glaubte, wenn man mich fragte, wie alt ich sei, und wenn ich lachte und dies nicht wußte.« – »Du mußt doch wissen, wie alt du bist.« – »Ich schwieg und dachte: Es ist besser, ich weiß es nicht.«[34] Das könnte auch die typische Reaktion eines Weitermachers in unseren Breitengraden sein, der sich über sein Alter keine Gedanken macht.

Die anderen beiden Typen, die *Befreiten* und die *Nachholer* beschreiben Berger und Gerngross als solche, bei denen Zwänge, ungeliebte Tätigkeiten, Mehrfachbelastungen vorherrschten, die eher zwangsläufig zu ihrem Beruf kamen, als daß sie ihn auswählten und durch eine Ausbildung aufbauen durften. Besonders die Befreiten erleben die Zeit nach dem Beruf als ein völlig neues Leben, für sie speziell ist der frühe Ruhestand zunächst meist ein Geschenk. »Für mich war es nur Erleichterung. Ich hätte singen können und wußte gar nicht, wo ich zuerst hingehen sollte. Alle Leute habe ich angerufen. Jetzt wurde mir erst richtig klar, wie langweilig und ungeliebt dieser Sachbearbeiterposten war. Meinen Kolleginnen geht's da auch nicht besser. Ich will nie mehr müssen, was ich nicht will«, schilderte Frau F. (57) ihre Befindlichkeit. Es blieb nicht bei diesem Befreiungsgefühl, davon später mehr. Für eine große Zahl von Menschen mag aber das Befreitsein zutreffen. Zunächst – um dann doch lieber *Anknüpfer* oder gar *Nachholer* zu werden: neue, andere Ansprüche ans Leben und an sich selbst zu haben. Aufgeschobene Wünsche doch noch verwirklichen, studieren, andere Handwerke lernen. Intensiv und ernsthaft Neuland betreten.

Menschen, die als *Nachholer* bezeichnet werden, sind solche, denen die vorausgegangene Biographie viele Träume unerfüllt gelassen hatte und die zu ihrem Glück nun eine lange Wegstrecke vor sich sahen, von der sie sich das bislang Verweigerte endlich holen wollen. In einem späten Stadium machen sie vor den schwierigsten Lernstoffen nicht Halt; in einer Art nachgeholter Wanderjahre gehen sie auf die ausgefallensten Reisen. Sie waren relativ zufrieden und im Beruf durchaus mit sich selbst im reinen. Auch war ihre Tätigkeit keine Qual für sie, gern hätten sie auch noch bis zur normalen Rentengrenze oder darüber hinaus gearbeitet. Aber die Sehnsucht mit Namen »Wenn erst ... « hatte die letzten Berufsjahre begleitet und der Reiseführer für Mexiko stand schon lange auf Abruf bereit. Nun war es so weit.

Es wird mehr Wege geben als diese vier Möglichkeiten, sie können nur Anregung sein, den individuellen Schwerpunkt zu finden.

8.4. Der Beruf nach dem Beruf – wie andere ihren Weg gefunden haben

> *Was ist zu tun?*
> *Die Welt läßt sich nicht ändern,*
> *solange der Mensch nicht bereit ist,*
> *das Wagnis der Unsicherheit,*
> *das allein Leben möglich macht,*
> *auf sich zu nehmen.*
> HUGO KÜKELHAUS[35]

Neben den eben Entlassenen, die wir im ersten Teil des Buches kennengelernt haben, galt mein Interesse natürlich in erster Linie denen, die den Neugestaltungsprozeß schon begonnen oder bereits hinter sich hatten. Also begab ich mich auf die Reise, zu Fremden und aus dem Verlauf dieser Texte schon Bekannten, zu solchen, die einen neuen – vorläufigen – Stand gefunden hatten und wieder zur Ruhe gekommen waren.

Ähnlich wie die Leser, so haben auch die Interviewpartner eine Einführung in die Erlebnisbereiche, wie Marie Jahoda sie anbietet, bekommen. Im Austausch untereinander und mit mir konnten sie aus der Distanz des Entlassenseins noch einmal prüfen, wie sie die einzelnen Bereiche am Arbeitsplatz mit Leben gefüllt hatten. Da wurden Erlebnisse erinnert, die immer noch Frustrationen weckten oder solche, über deren Verlust sie nach wie vor trauerten. Andere Situationen hatten sie gern hinter sich gelassen. Der Arbeitsplatz war über viele Jahre der Dreh- und Angelpunkt für das Leben. Die Jahre danach sind nicht nur die Restkategorie vom Leben, sobald man einen neuen Dreh- und Angelpunkt gefunden hat. Um aus dem Leben nach dem Beruf zu erzählen, habe ich den Gesprächspartnern ein Gerüst von Fragen angeboten, welches auf besagten Erlebnisbereichen basiert.

Von den meisten wurde dieses Gerüst nur als Anregung genutzt. Vielleicht nehmen Sie sich ein wenig Zeit, um Ihr eigenes Konzept zu überprüfen oder zu entwickeln, ehe Sie sich den Gestaltungswegen anderer zuwenden.

Mögliche Fragen könnten lauten:

- Wenn Sie morgens aufstehen, welcher Tagesplan erwartet Sie dann? Gibt es zeitliche Fixpunkte, von denen Sie wissen, daß Sie sie heute oder im Laufe der Woche einzuhalten haben? Und wie ist es zu diesem jetzt gültigen Zeitplan, zu den zeitlichen Pflichten gekommen? Waren andere Menschen oder zwingende Umstände daran beteiligt?

- Gibt es Personen oder Situationen, denen Ihre Zeitplanung jetzt womöglich im Wege steht? Wer gerät durch Ihre neue Situation in Druck und sieht sich gezwungen, seinerseits zeitlich neu zu disponieren?

- Wie erleben Sie Ihren Schlaf- und Wachrhythmus, Ihren Rhythmus zwischen Tätigsein und Ruhe?

- Was bringt Sie jetzt in Streß, Eile, außer Atem?

- Was sind und wie erleben Sie jetzt die »langen Weilen«?

- Wem sind Sie nun Kollege, wem Konkurrent? Oder gibt es das nicht mehr, Verlust oder Gewinn?

- Ihre Frau, Ihr Partner, auch die engsten Freunde werden auf Dauer nicht in die »Konkurrentenlücke« springen wollen. Welche Ideen haben Sie für diesen Erlebnisbereich entwickelt?

- Welchen Sachen, Erkenntnissen, Themen gilt jetzt – wo das Berufliche nicht mehr gefragt ist – Ihr Interesse? Womit befassen Sie sich jetzt, oder womit würden Sie sich gern befassen?

- Gibt es etwas, daß Sie jetzt »Ihr Werk« nennen, allein oder mit anderen zusammen, für das Sie lernen, lesen, sich engagieren, vielleicht sogar kämpfen?

- Was haben Sie inzwischen dafür getan, was versucht? Was scheint nicht mehr zu gelingen? Wovon haben Sie sich gern verabschiedet und warum gern und wovon ungern?
- Wer sind jetzt Ihre Freunde und Bekannten, sind es noch die gleichen wie zur Berufszeit? Oder haben sich vielleicht ganz andere Kontakte ergeben?
- Wo nehmen Sie jetzt Einfluß, wo haben Sie Mitbestimmungsrecht, wer ist jetzt von Ihrem Urteil abhängig?
- Wovon sind Sie nun abends müde, was hat Ihr Körper zu tun bekommen, Ihre Muskeln, Ihre Lunge, Ihr Herz?

Mit diesen Fragen im Kopf gehen wir nun auf die Besuchsreise, die uns auf erstaunliche Konzepte stoßen läßt. Diese sollen nichts weiter als Anregung sein, nach alternativen Lebensgestaltungen zu suchen. Auch wenn die Biographien breit gefächert sind, können sie nur Ausschnitte aus der Palette des Lebens sein. Es lassen sich nur schwer Verallgemeinerungen ableiten. Aber sie geben allesamt Antwort auf die Frage: Was hat geholfen, über die schwierige, oft unsichere Brücke in den Ruhestand zu finden? Was waren die stimulierenden Faktoren?

1. Besuch: Anna – Erfahrung und Wissen weitergeben
Sie ist 62 Jahre alt. Seit sie als Lehrerin ausgeschieden ist, engagiert sie sich mit großem Fachwissen, mit ihrer langjährigen Erfahrung und persönlichen Kompetenz in der Lehrerfortbildung in Osteuropa. Davon berichtet sie so:
»Ein erstes Mal bin ich hingefahren. Das ist nun schon drei Jahre her. Die Einstiegskontakte stammen noch aus meiner Zeit im Schulamt. Ich habe geschaut, welche Lernschritte nötig sind und ob ich die richtige Person dafür bin. Ich bin zurückgekehrt an meinen Wohnort und habe die neue Landessprache einstudiert, mich vorbereitet, ausgetauscht mit anderen, die ihrerseits Erfahrungen in osteuropäischen Ländern haben. Dann bin ich wieder hingefahren und lehrte ein erstes Mal, diesmal noch mit Dolmetscher, dabei habe ich Informationen sammeln können. Ich bin zurückgekehrt, habe weiterstudiert und bin wieder hingefahren, jedesmal mit neuer Kompetenz.«
Sprachbegabt ist sie und lernbegabt und davon überzeugt, daß sie sich wirklich engagieren will mit jener Verbindlichkeit, die weit über

das »Hineinschnüffeln« oder über ein Abenteuer hinausgeht. Mehrmals schon hat sie nun die gleiche Stadt, die gleiche Schule, die gleiche Lehrergruppe besucht. So entstand neue Kontinuität für Anna und ihre Schüler. »Es macht nicht immer Spaß«, sagt mir Anna, »diese weiten Reisen, diese Temperaturen, die beschwerlichen Unterrichtsbedingungen. Aber es macht immer Freude.« Jene Freude eben, die entsteht, wenn Sinn sichtbar wird. Das schafft Spaß allein auf Dauer nicht.

Anna ist alleinstehend und ohne Familie. Ihrem Freundeskreis widmet sie die Zeit, die eben bleibt. Durch ihre interessanten Erzählungen von Land und Menschen in der Ferne ist sie eine begehrte Gesprächspartnerin geworden. Sie schafft damit manche Brücke von hier nach dort, es ist für sie ein ganz neues Bezugsfeld entstanden. Andere überlegen, ob sie es ihr gleichtun sollten. Und immer wieder sind es neue Impulse aus dem alten Beruf, die sie für ihre neue Aufgabe verwendet. Anna geht es gut, das spürt man, sie ist von einer konstruktiven Unruhe beseelt.

2. Besuch: Jutta – »Ich bin nicht aufgeräumt«

»Ich bin plötzlich wieder die Jüngste.«
»Ich finde das innere Kind wieder.«

Das sind die ersten tiefgreifenden Erfahrungen dieser alleinstehenden Frau in den ersten Monaten nach ihrem vorzeitigen Ausscheiden aus dem Beruf. Sie war zu dieser Zeit 58 Jahre alt. Ihr Referat in einer kirchlichen Bildungsstätte wurde aufgelöst. Sie hat noch keinen endgültigen Entwurf für den neuen Stand, aber ihre Suchbewegungen haben eine Richtung: Sie will interessante Themen für Frauen in Gesprächskreisen anbieten und für sich dabei Kontakte finden. Hier schreibt sie ihren Brief, es könnte ein Brief an die Leser sein.

»Liebe Freundinnen! Nun bin ich seit einem Jahr im sogenannten Ruhestand und erledige immer noch alles in letzter Minute! Womit ich auch schon bei einer Erkenntnis aus diesem Jahr bin: was seit Jahren eingeschliffen ist, bis hin in körperliche Bewegungen, Verspannungen, ›auf dem Sprung sein‹, ›unter Druck sein‹, das läßt sich nicht einfach abstreifen wie ein getragenes Kleid.

Ich räume immer noch ständig irgendwas um, will es praktischer, schöner, einfacher haben. Und dabei stelle ich fest, daß ich wohl noch einen zweiten Durchgang beim Aussortieren machen muß. Kürzlich mußte ich mir sagen: ›Ich bin nicht aufgeräumt.‹

Das trifft's wohl (…) Und so bin ich wohl vorläufig noch mit Ordnen beschäftigt. ›Nachlaß ordnen‹ mit allen damit verbundenen Abschiedsgefühlen. Wie dem auch sei: Ich habe gemerkt, daß einiges noch endgültig verschwinden muß, ehe ich für Neues aufgeräumt bin.

Ich spüre, daß ich nach insgesamt 35 Jahren intensiver Arbeit mit Menschen einfach müde bin und mir sehr genau überlege, welche Dinge mich jetzt noch interessieren. So habe ich zum Beispiel einen Computerkurs und einen Selbstverteidigungskurs für Frauen ab 50 Jahren mitgemacht. Allmählich beginne ich auch wieder Supervision zu geben, d.h. ich helfe Jüngeren dabei, ihre Arbeit mit Frauen zu reflektieren. Freiberuflich arbeiten ist eine ganz neue und aufregende Erfahrung für mich. Und ansonsten bin ich noch dabei zu überprüfen, wo ich weiter Kontakte halten will und wo ich mich lieber verabschiede.

Es beschäftigen mich Fragen wie: Wo bekomme ich jetzt Informationen her, die im Beruf einfach auf meinen Tisch flatterten, Informationen, die mich in Gang setzen und eventuell zum Handeln animieren.

Und noch eine Erfahrung ist erzählenswert: Letzten Sommer war ich auf Usedom. Ich habe ›mein‹ Kinderheim in Ahlbeck wiedergefunden (eine alte Frau sagte mir, daß jetzt viele aus dem Westen kommen und ›ihr‹ Kinderheim suchen) und bin auf Spurensuche nach meinem ›inneren Kind‹ gegangen – das war wirklich aufregend – und nötig. Jedenfalls hat mir ›mein‹ Kind erklärt, daß es sich nicht so schnell unterkriegen läßt – und da muß ich ihm recht geben! Hier auf Usedom, wo ich als Kind wegen der Hamburger Bombennächte eine Zeitlang gelebt habe, hatte ich überraschenderweise das Gefühl, nach Hause gekommen zu sein, und war rundum glücklich.

Merkwürdig…

Eine weitere wichtige Erfahrung ist, daß jetzt plötzlich ehemalige Kolleginnen wieder aus der Versenkung auftauchen. Ich bin wieder die Jüngste, nachdem ich im Dienst lange Jahre immer die Älteste war. Dieses Gefühl, eigentlich zwischen zwei Generationen zu stehen, hat mich mein Leben lang begleitet. Jetzt ist es neu da und bedeutet ja vielleicht etwas über meine Person hinaus für meine Generation?

Was mich sonst noch beschäftigt? Die Lebenssituationen älterer Frauen und wie die feministische Bewegung damit umgeht. Feminismus war ja schon beruflich mein Thema. Der Wertewandel im Leben

144

von Frauen, das interessiert mich nach wie vor. Vielleicht sollte ich doch wieder mehr schreiben, denn wenn ich mich aufrege, entstehen die besten Texte! Wut und Ärger im Zusammenhang mit meinen Themen, das wird mich lebendig halten und anspornen. Damit kann ich nach wie vor ›auftreten‹, ich weiß nur noch nicht wo.

Ich habe mit achtundfünfzig aufgehört im Zuge der anstehenden Stellenstreichungen, aber auch weil ich diese Arbeit, bei der ich immer tausend Sachen gleichzeitig im Kopf haben mußte, nicht mehr schaffte und mich gern auch noch einmal mit etwas anderem als Frauenarbeit beschäftigen wollte. Doch ich merkte auch, was noch wichtiger ist als mein Alter, daß meine Zeit vorbei war. Ich glaube, es war genau der richtige Zeitpunkt. Wahrscheinlich wäre es besser gewesen, vor etwa zehn Jahren noch einmal etwas Neues zu beginnen oder mit Ende 40. Aber das habe ich verpaßt und merke, es ist zu spät.

Aber vor allem Kontakte muß ich pflegen oder herstellen. Und es fehlt mir noch ein neuer Rhythmus, mit dem ich leben kann; daran probiere ich noch herum – aber es hat ja nun Zeit! Es ist ein langer Brief geworden, und im Schreiben hat sich für mich vieles geklärt.«

Es beeindruckt mich, wie Jutta ihre Biographiereise nicht nur auf dem Papier vollzieht, sondern hinfährt an einen Ort ihrer Kindheit, dort einen Teil von sich entdeckt, für den sie jetzt erst wieder Zeit hat.

3. Besuch: Lisa – Ja zu neuer Verantwortung
Den neuen Rhythmus, nach dem Jutta noch sucht, hat eine andere Gesprächspartnerin schon gefunden. Lisa hat nicht lange experimentiert, den Tages- und Wochenplan aus der alten Lebenssituation einfach mitzunehmen gab Sicherheit auf neuem Terrain. Disziplin kennt sie, mag sie und macht sie sicher. Warum aufgeben, was sich bewährt hat?

Lisa ist 59, auch alleinstehend, sie kommt aus einer höheren Führungsposition im konfessionellen Bildungsbereich. Auf meine Interviewfragen antwortete sie spontan: »Der geregelte Rhythmus tut mir gut.« Sie hat einen festen Tagesplan wie selbstverständlich beibehalten:

6.30 Uhr	Aufstehen
7.30 bis 8.30 Uhr	Zeit zur Besinnung
8.30 Uhr	Frühstück

9.00 bis 12.00 Uhr	Schreibtischarbeit: Telefonate, »Studieren« und Besorgungen
12.00 Uhr	Hausarbeit
14.00 Uhr	Essen, Ruhen und Lesen

An den Vormittag zu Hause schließt sich ein Nachmittag draußen an:

| ab 14.30 Uhr | Aufgaben außer Haus: |

- Einsatz für Obdachlose und Drogenabhängige, eine Aufgabe, die auf mich zugekommen ist und für die ich mich dann entschieden habe.
- Begleitung älterer Menschen (freigewählte Aufgabe)
- Unterschiedliche Kontakte mit einzelnen Menschen
- Monatlich wiederkehrende Treffen mit Gruppen

Zu den 19.00 Uhr-Nachrichten wieder zu Hause:

Abendbrot

Lesen, Fernsehen oder ...

Außerdem berichtet sie: »Ich versuche, trotz Tages- und Monatsstruktur flexibel zu bleiben für Spontanes, aber je mehr Aufgaben ich übernehme, um so schwieriger wird dies. Im ›Zuviel‹ sehe ich eine Gefahr: Dasein für alles und alle, das soll nicht mehr mein Lebenssinn sein. Da ich mich in verschiedenen Gruppen um verschiedene Sachen kümmere, gibt es unterschiedliche ›Wir-Beziehungen‹. Wie die Sache es verlangt, so finden wir uns zusammen.

Mein neues »Wir«, das ist mein neuer Kollegenkreis, das ist die Suchtkrankenhilfe, das ist das Dienstagsteam im Projekt für Obdachlose, Suchtkranke, die zum Essen kommen. Das sind auch die Teilnehmer/innen der Seminare. Mit all dem bin ich sehr zufrieden. Ich erlebe auch weiterhin in Gruppen kollegiales und konkurrierendes Verhalten. Ich mag letzteres noch genauso ungern wie im Beruf. Doch auch ich habe anscheinend meine Anteile daran mitgenommen. Ich erlebe in verschiedenen Teams und Gruppen sowohl bei mir selbst als auch bei anderen ein Ringen um Einflußnahme und Macht bis hin zu Machtkämpfen. Ich erfahre jetzt mehr persönliche, nicht mehr so sehr institutionsbezogene Unterstützung, Auseinandersetzung, Anerkennung und Korrektur. Das ist neu und schön. Ich wußte nicht, daß ich wirklich wichtig bin. Das merke ich jetzt mehr als vorher.

Es würde für mich entlastend sein, keine verantwortliche Leitungsfunktion mehr zu haben. Bei der Pensionierung, dachte ich. Trotzdem bin ich in bestimmten Situationen immer wieder versucht, diese alte Rolle zu übernehmen. Es ist so schwer, sie loszulassen. Sie ist so viele Jahre einstudiert, und eine andere Rolle kann ich gar nicht.

Wenn ich ehrlich bin, ich mag sie auch, und warum sollte ich sie jetzt, kurz nach dem Ausscheiden, nicht mehr mögen oder sie nicht mehr ausfüllen können? Gut, daß ich das gemerkt habe und für mich gesorgt habe. Und dies sind noch einmal meine Themen, hier bündeln sich meine Interessen mit meinen Fähigkeiten:

a) *Suchtkrankheiten in unserer Gesellschaft*
Ursachen, Entstehung, Folgen, Umgang mit suchtkranken Menschen

b) *Altwerden, Altsein in unserer Gesellschaft*
Suche nach dem Sinn des Lebens im Alter. Chancen – Gefahren – Möglichkeiten, Miteinander der Generationen…

c) *Begleitung von Menschen, die älter sind als ich*

d) *Leben aus dem Glauben*
Nicht nur Theologie, sondern vielmehr deren praktische Umsetzung ins Leben, geistliche Begleitung …«

Und schließlich berichtet sie noch: »Ich habe mir beraterische Hilfe geholt, um den Abschied zu bewältigen. Außerdem mußte ich ganz konkret meine Nachfolgerin suchen und wußte nicht, wie. In der Beratung ist so manches aus der Kindheit noch einmal hochgekommen, was ich lange vergessen hatte. Erst dann haben wir vage über die Zukunft geredet. Ich habe mir viel Zeit gelassen, bin nach dem Ausscheiden fünf Wochen weggefahren. Dann habe ich alle 150 Abschiedsgrüße, die ich bekommen hatte, einzeln mit einem handschriftlichen Brief beantwortet. Aus dem Abstand gesehen, war das wohl das Wichtigste, um den Schritt in den neuen Lebensabschnitt zu tun. Nun bin ich jemand anderes und doch noch die gleiche.«

4. Besuch: Peter und Gerda – noch einmal auf die Schulbank
An die Frankfurter Johann Wolfgang Goethe-Universität ist seit wenigen Jahren die *Universität des dritten Lebensalters e. V.* angegliedert.

Offenbar entspricht dieses Angebot einem Trend, denn bereits mehr als 40.000 Studenten kommen aus dieser Altersgruppe. Es werden gezielt Beratungs- und Informationsveranstaltungen abgehalten, die älteren Erststudierenden beispielsweise wissenschaftliche Arbeitsgrundlagen nahebringen oder Orientierungshilfen bei der Zusammenstellung ihrer Stundenpläne leisten. Neben Kontaktstudien sind es besonders die Fächer Geschichte, Psychologie, Theologie, Kunst beziehungsweise Kunstgeschichte und Literatur, die diese Studierenden interessieren. Allerdings suchen die älteren Studenten nur selten ein Vollstudium, Prüfungen wollen sie nur begrenzt ablegen, und ein Diplom ist nicht mehr so wichtig. Über die unverbindliche Form einer Gasthörerschaft soll es allerdings doch hinausgehen. Die Volkshochschule, die ja ähnliche Angebote bereithält, soll es aber auch nicht sein. Sie erinnere zu sehr an die Nebenherbildung während der Berufszeit, heißt es, und komme daher für diese Spätstudierenden nicht in Frage.

Peter, ein 55jähriger Programmierer, ist einer von diesen Spätstudierenden. Er wurde aus seiner Firma als einer von vielen kürzlich vorzeitig entlassen. Finanzielle Sorgen hat er nicht. In einer Gegend, in der die Arbeitslosenquote nicht hoch ist, wäre es mit seiner breit angelegten Berufserfahrung auch nicht allzu schwer, eine neue Tätigkeit zu finden. Er dagegen hat sich ohne langes Nachdenken zu einem Studium entschlossen. »Was Ihr anderen als erstes getan habt, tue ich als letztes. Das heißt, ob es das letzte ist, weiß ich natürlich nicht. Ich will wissen, wie Studieren geht. Vielleicht weiß ich nach drei Semestern genug. Aber ich habe auch schon Theologen in der Wirtschaft gesehen und einen Chemiker als Akademieleiter. Wer weiß, wo ihr mich noch sehen werdet.«

Gerda, 57, ehemalige Einkaufsleiterin, studiert seit kurzem, und sie beschreibt ihren spontanen Entschluß so: »Auf dem Wege zum Älterwerden dachte ich, um Gottes willen, bald wird sich gar nichts mehr bewegen in deinem Leben, und dann entdeckte ich, daß da jetzt eine Chance ist, noch etwas in Bewegung zu setzen.« Sie entschied sich zunächst für Humangenetik, dann für Biologie, »weil ich was Modernes studieren wollte«, wie sie sagt. Als Gasthörerin fand sie einen Platz, der auch für Menschen ohne Abitur zugänglich ist.

Es ist nicht einfach für sie. Nach festgefügten Berufsjahren jetzt diese Freiheit des Studentenlebens. »Ich muß da durch«, sagt sie, »einmal noch muß ich so richtig durch was durch. Das ist schon viel zu lange nicht mehr geschehen. Aber meine alten Freunde, die darf ich dabei nicht verlieren. Das ist wichtig, denn neue Freunde unter den jungen Studierenden zu finden, das ist ein Kunststück.«

In der japanischen Tradition wird im Gegensatz zu europäischen Gepflogenheiten das Lernen im Alter ohne Wenn und Aber positiv bewertet. Es gibt keine gesellschaftlichen Aussagen darüber, daß das Lernen ausschließlich der Kindheit oder Jugend zuzuordnen sei. Unser deutsches Sprichwort: »Was Hänschen nicht lernt, lernt Hans nimmermehr« beeinflußt dagegen hierzulande die Aufnahme eines Studiums in fortgeschrittenem Lebensalter zumindest unbewußt negativ, obwohl inzwischen viele Ältere das Gegenteil beweisen. Die erste sogenannte Altenuniversität in Japan eröffnete schon 1954. Die Schule erhielt den Namen »Rakusei Gakuen« – »Schule für ein vergnügliches Leben«.[36]

Weder Peter noch Gerda finden das Studieren immer vergnüglich. Harte Arbeit waren sie gewöhnt, aber Selbstorganisation und sich einer Prüfung stellen, das kannten sie in dieser Form nicht. Nur so jedoch kommt man über ein Hobby hinaus in den Genuß der vorne erläuterten neuen Erlebnisbereiche.

5. Besuch: Herr S. »Ein Betriebshandwerker schildert sein neues Leben«

Zuerst war es schrecklich, ich bin nur ziellos durch die Straßen gelaufen. Unser Werk fusionierte, die Instandhaltungsarbeiten wurden von einer anderen Leitstelle aus koordiniert. Ich wurde nicht mehr gebraucht. Aber davon will ich nun, zwei Jahre später, gar nicht mehr sprechen!

Gut, daß es mir so schlecht ging, um so schneller habe ich für Abhilfe gesorgt. Ich kaufte mir einen großen Wohnwagen und fuhr los. Wenigstens mal weg, wenn ich schon keine Arbeit mehr hatte«, so beginnt Herr S. seinen Bericht, und man spürt, wie gern er erzählt.

Seine erste Reise führte ihn nach Polen, welches das Land seiner Vorväter gewesen ist. Er wollte sich einmal umsehen. Für eventuelle Autopannen hatte er reichlich Werkzeug mitgenommen und noch dies und das. Aber anstatt sein eigenes Auto reparieren zu müssen, kam er bei seinen Aufenthalten schnell in Kontakt mit Menschen, auf dem Parkplatz, bei der Suche nach Ort und Straße, und bei einer Panne, bei der er helfen konnte.

Aus diesen mehr zufälligen Hilfeleistungen entwickelte sich schnell, was er heute, noch nicht ganz zwei Jahre später, als seinen neuen Beruf bezeichnet: »Ich bin eine kleine Firma auf Rädern, die Reparaturen durchführt, die kompliziert und schwierig sind, für die man normale Handwerker gar nicht findet.« Er verdient nicht viel dabei, aber seine Reisen, an denen ihm so viel liegt, kann er sich davon leisten, und für ein neues Auto wird es in absehbarer Zeit auch reichen. Was ihn aber ganz besonders freut: Er konnte an die alten Geschichten anknüpfen und hat hier und da Spuren seiner Familie gefunden. »Die Entlassung war ein Riesengeschenk«, sagt er heute.

6. Besuch: Gudrun, 58, selbständige Dolmetscherin

Als Selbständige stellt uns Gudrun ihr neugestaltetes Leben vor. Lange Jahre war sie in einer Agentur tätig. Sie ist Dolmetscherin und Mutter von fünf Kindern. An der Schwelle zum Ruhestand mußte sie, wie schon mehrmals zuvor, ihr Leben wieder neu ordnen. Der frühe Tod ihres Mannes hatte sie erstmals dazu gezwungen. Als die Kinder das Haus verlassen hatten und sie ihnen zu einer Ausbildung verholfen hatte, war jedesmal ein Umsortieren ihrer eigenen Lebensschwerpunkte notwendig. Jedesmal stellte sie sich neu die Frage: Was muß ich jetzt tun, und wie muß ich es gestalten? Was sollte ich jetzt nicht mehr tun?

Meine Fragen beantwortete sie so:

Zeitstruktur: Ich stehe morgens kurz vor sieben auf. Bei Verpflichtungen auch um sechs oder noch früher. Ich habe gerne zeitliche Fixpunkte, und zwar täglich: Unterricht an der Volkshochschule, Übersetzungen und deren Ablieferung, Teilnahme an Sprachunterricht, Treffen zum Musizieren. Bevor ich den Tag antrete, frühstücke ich, bete, denke an meine Kinder und an Freunde; oft mache ich etwas Gymnastik.

Ich möchte den Tag gerne ausschöpfen, möglichst viele Eindrücke aufnehmen und den Interessen nachgehen. Wenn man von einer Sache wirklich etwas verstehen will, muß man sich systematisch damit befassen. Als Übersetzerin und Dolmetscherin benötige ich ein gewisses Maß an Training, um auch jetzt konkurrenzfähig zu bleiben.

Manchmal sind Termine auch jetzt noch zu dicht. Da komme ich in Druck. Arbeite ich als Dolmetscherin, kommt es vor, daß ich mich noch tagelang mit einem Vorgang auseinandersetze (Einsätze bei der

Polizei). Vieles ist für so ein redlich-biederes Gemüt wie das meine unvorstellbar.

Problematisch können die Stunden nach meinem Tagewerk sein, da würde ich mich gerne mit einem Menschen über den Tag unterhalten. Das fehlt mir dann sehr.

Kooperation: Ich bin heute nur selten auf die Mitarbeit anderer Personen angewiesen, weil ich allein auf eigene Rechnung arbeite. Meist habe ich bei einer Zusammenarbeit früher mehr machen müssen und nicht immer ein entsprechendes Entgelt bekommen, so bin ich über das Alleinarbeiten nicht traurig. Daß ich gegen Konkurrenz arbeiten muß, kannte ich immer. Bei der großen Anzahl gut ausgebildeter Dolmetscher ist das erst recht so, weil ich nicht mehr jung bin. Grobe Fehler könnten sehr peinlich sein. Ich habe einen ordentlichen Ruf; beim Hereinholen von Aufträgen habe ich es leichter als jüngere. Nun kommt noch etwas Wichtiges: Ich bin nicht sehr konfliktfreudig. Konflikte nicht unter den Teppich kehren, das wird wohl mein Übungsfeld im Alter bleiben.

Von meinen Interessen brauchte ich jetzt nicht zu lassen, ganz im Gegenteil, ich konnte sie jetzt endlich vertiefen: Sprachen, privat und beruflich, Musik. Lesen über Stilepochen und das Wissen an andere weitergeben. Führungen veranstalten.

Ich mache diese Arbeit, weil sie mich interessiert und Sinn macht. Wenn ich nichts ausrichten könnte – weder für mich, noch für andere –, würde ich gewiß damit aufhören. Aber das kann ich mir nicht vorstellen.«

7. Besuch: Herr D., 62 – Distanz und Nähe

»Vorweg muß erst einmal gesagt werden, daß manche Ihrer Fragen mich erstmals in der neuen Situation zu einer klaren Stellungnahme gezwungen haben«, beginnt Herr D. unser Gespräch. »Es kamen Gefühle hoch, die auch jetzt im Ruhestand noch geschmerzt haben. Aber gerade diese haben endlich zu neuen Einsichten geführt. Eine Art Grundlinie zeichnet sich ab, an der ich weitermachen muß.

Nach der anfangs ungewohnten ständigen räumlichen Nähe zu meiner Frau und zu meinen Töchtern, die noch nicht alle aus dem Haus waren (*ich* war derjenige, der nicht mehr wegging), sind meine Frau und ich nach ein paar Wochen erst einmal auf Distanz gegangen, äußerlich, aber innerlich eben auch. Da kam so einiges hoch, womit wir gar nicht gerechnet hatten. Ein schmerzhafter Prozeß, aber nun ist es gut: Lebensfreude statt Streß, Gesundheit statt Zipperlein.

Zweimal in der Woche fahre ich zum Einkaufen. Ich nenne es allerdings Logistik. Der vertraute Firmenjargon gefällt mir besser, und an eine Einkaufstasche habe ich mich noch immer nicht gewöhnt.

Am Anfang konnten meine Frau und ich keinen gemeinsamen Tagesrhythmus finden. Wir störten uns gegenseitig. Mühsam und unter Spannung haben wir erst in die neuen Rollen gefunden. Ja, neue Rollen, denn sie konnte die ihre ja auch nicht einfach weiterspielen. Fast ständig traten wir uns auf die Füße. Nun ist um 17.00 Uhr Tea-Time, wie wir es nennen, und weil wir uns bis dahin möglichst nicht stören und ständig unterbrechen, haben wir uns dann auch was zu erzählen und freuen uns auf diese Zeit.

Aber manchmal klappt gar nichts von diesem Plan, dann prallen wir regelrecht aufeinander. Dann schmerzt es immer noch, daß ich keine Kollegen mehr habe, zu denen ich jetzt ausweichen könnte. Ich habe in den sieben Ruhestandsjahren genossen, kein Konkurrent mehr sein zu müssen, aber das scheint mir irgendwie auch zu fehlen. Vielleicht ist der Preis der Kollegenlosigkeit zu hoch für den Gewinn der Konkurrenzfreiheit. Und dann fehlen mir noch und immer wieder meine geliebten Dienstreisen und alles, was damit so zusammenhing, eben der Service des Amtes, Flug nach München, Gespräche mit Firmenvertretern, wobei man eben einfach »jemand war«.

Ihre Fragen haben mir ein ganz unverhofftes Aha-Erlebnis verschafft: Wir hatten schon lange ein Häuschen auf dem Lande, klein und unscheinbar. Das habe ich jetzt zu einem ansehnlichen Haus ausgebaut, vorzeigbar, fast schon repräsentativ. Meine Berufserfahrungen als Bauherr konnten da so richtig einfließen. Nun wird mir plötzlich klar: Durch dieses eigene Haus habe ich mir einen sozialen Status ermöglicht, den ich von meiner Mietwohnung aus nicht hatte. Das hört sich merkwürdig an, aber das tut gut, hier kann ich es ja sagen, Hausherr zu sein.

Inzwischen bin ich auch ein guter Berater in Erbangelegenheiten geworden und durchaus gefragt. Es ist eine Art Berufstätigkeit nach dem Beruf daraus geworden, mit allem, was dazu gehört. Nur ob ich Geld nehme, das ist noch unklar. In dem Zusammenhang muß ich noch über Verbindlichkeit nachdenken.

Ich muß zum Schluß noch etwas sagen: Es tut mir gut, mehr Zeit für das Religiöse zu haben. Kann man das so sagen? Als ob ich jetzt noch einmal so richtig offen dafür bin. Es bringt meine Seele zum Schwingen. Ich hätte nie gedacht, daß das nochmal zu erreichen ist.

Und daß Abschied so lange dauert und ich das Defizit, das ich da spüre, mehr ahne, immer noch nicht zu fassen bekomme, damit habe ich vorher wirklich nicht gerechnet.«

8. Besuch bei den Gärtnern – Ein Stück Land fängt alles auf

Bei Herrn X. über den Zaun geschaut

Schon Daniel Schreber wußte, ein Stück Land fängt alles auf und initiierte in der Mitte des 19.Jahrhunderts eine Bewegung, die auch heute nichts von ihrer Attraktivität eingebüßt hat. Es begann mit öffentlichen Spielplätzen – bis dahin unbekannt –, später wurden sie »Schreberplätze« genannt, und schließlich wurden Kleingärten mit Lauben daraus, an denen nicht nur die Kinder Freude hatten. Sie sind heute noch ungemein beliebt, wenn auch leider, oft zu Unrecht, belächelt, erfüllen sie doch in umfassender Weise die Aufgabe, dem Leben aktive Impulse zu geben, die den Alltag strukturieren und auch im Ruhestand Kreativität und positive Anstrengung fordern. Es ist mir kaum gelungen, Herrn X. zu interviewen. Beim ersten Versuch mußte er sich um die Rosen kümmern, die noch vor dem Frost eine sichere Verpackung brauchten. Beim zweiten Versuch drohten die Fische zu ersticken, wenn er nicht rechtzeitig ein Loch ins Eis auf dem Gartenteich sägen würde. Beim dritten Versuch war – ganz wichtig – Versammlung.

Nicht nur die Einteilung der Zeit bekommt durch die Anforderungen des Gartens sein Gerüst, auch der Speiseplan richtet sich nach dem, was zu ernten ist. Die Freunde mit gleichen Interessen findet man im Vereinshaus, und in Form der Nachbarn schaut die Konkurrenz mit einschätzendem Blick über den Zaun. Mit guten Ratschlägen wird nicht gespart. Hier kann man mitreden oder sich hinter den Hecken zurückziehen. Vorsitzende und Kassenwarte werden gebraucht, selbst von Behördenärger bleibt man nicht verschont. Aber das Wichtigste ist der Feierabend mit Duschen, Ausspannen, Essen und Fernsehen. Alles wohlverdient. Was gibt es da zu lächeln?

Herr Schreber war klug und weitsichtig. »Wissen Sie«, erklärte mir Herr X. dann endlich doch, »mit so einem Stückchen Land ist man ja das ganze Jahr beschäftigt. Nur im Winter gibt einen der Garten frei. Dann reisen wir. Da nehme ich auch gern eine Tätigkeit an. Durch die neuen Kontakte im Garten ist das nicht schwer, und es ist auch ganz gut dabei zu verdienen. Mein Leben ist jetzt vielseitiger als vorher, auch spüre ich meine Knochen mehr als auf dem Stuhl in der Verwaltung. So verunsichert wie ich am Ende der Berufstätigkeit auch war, zurück möchte ich nicht mehr.

Der Garten, meine Freundin und ich: Parzelle 415
Außer auf Herrn X., den echten Schrebergärtner, wurde ich auf eine weitere Gartenbesitzerin aufmerksam. Auch für sie ist der Garten der Dreh- und Angelpunkt, was Pflege und Freude angeht. Sie nennt es ihr grünes Allerlei. Und allerlei wichtiges im Leben nach dem eigentlichen Arbeitsleben ist damit verbunden. Der Garten ist ein Erbe und eine Tradition, die es zu hüten gilt. Er gibt Ruhe, Ausgleich und einen Ort, um Freunde zu treffen. Alte Freunde und neue Bekannte kommen hin, man hat im Garten und durch den Garten miteinander zu tun. Er bietet farbenfrohe Ästhetik und fordert Rhythmus und System in Farbe, Höhe und Blühzeit, Anforderungen, für die man sich auch anderswo Anregungen holen muß.

»Wir wollen tätig sein und uns auch anstrengen. Wir wollen es schön haben, aber der Garten soll uns nicht vereinnahmen. Wir arbeiten hart, wenn es nötig ist, wir ergänzen uns, wir teilen uns Arbeit und Freude. Wir machen uns gegenseitig Mut und teilen unsere Lust auf neues Wachstum und wir rufen uns zu, wenn eine Pause dran ist«, berichtet Frau W. über die gemeinsame Arbeit mit der Freundin zusammen.

»Ich wollte immer nur diesen Garten haben, von meiner »Tante Tiele« – das ist das zu hütende Erbe und ich wollte ihn für den Ruhestand, er sollte ein Teil meines neuen Lebens sein. Es ist mein Garten, aber bewirtschaften wollte ich ihn mit einer Freundin zusammen, auf das ›Zuzweit‹ lege ich großen Wert.«

Zu zweit an einer »dritten Sache« – wie Brecht es in seinem Gedicht »Die Mutter« nennt – engagiert sein, das ist auch Frau W.'s Nachricht an andere Ruheständler, und sie meint mit zu zweit nicht nur Paare. Es ist ganz wesentlich, dieses Zu-zweit. Es macht gegenseitige Hilfe möglich, aber auch kritisches Infragestellen. Es gibt Ansporn und macht aus geteilter Freude doppelte Freude.

154

Frau W. erzählt noch mehr davon, warum und wie gerade ein Garten in ihrem nachberuflichen Leben eine so zentrale Rolle spielt: »Ich glaube, es kommt nicht von ungefähr, dass gerade Pflanzen zu hegen und zu pflegen jetzt zu meiner Aufgabe geworden ist. Das hat etwas mit dem früheren Beruf zu tun. Als Kinderkrankenschwester hatten wir die Fürsorge für kleine Kinder. Diesen Beruf habe ich auch mit Leidenschaft ausgeübt.«

Leidenschaft, Fürsorge, auch das Arbeiten im Team findet neue Gestaltung in Parzelle 415. »Ich habe es bewusst als ein neues Leben angesehen. Das oft empfohlene »Schone Dich« habe ich gleich zu Anfang gekippt«. Aber der Garten ist – wie schon gesagt – nur der eine Teil des neuen Lebens.

»Ich bin vor zwölf Jahren vorzeitig, auf eigenen Wunsch«, so erzählt die jetzt 70jährige weiter, »in den aktiven Ruhestand gegangen. Ein vierzigjähriges, erfolgreiches Arbeitsleben als Kinderkrankenschwester und Unterrichtsschwester lag hinter mir. Ich wusste zu dem Zeitpunkt nicht, dass weitere zehn Jahre, in denen ich immer wieder um Mithilfe und Rat bei der Betreuung kranker Kinder in Familien gefragt werden würde, folgen sollten. Voraussetzung für die Übernahme dieser Aufgaben war für mich, dass ich den zeitlichen Ablauf selber bestimmen konnte und ich keine übermäßig weiten Wege zurücklegen musste. Ich wollte ja endlich die Zwänge loswerden, insbesondere den, jeden Tag zu einer bestimmten Zeit vor Ort sein zu müssen. Ich wollte spontan irgendwo an irgendetwas teilnehmen können, kleine und größere Reisen, Museums- und Konzertbesuche, Treffen mit Freunden in Cafes und Kneipen. Jetzt kann ich mir diese Wünsche wirklich erfüllen, nicht mehr der Klinikrhythmus oder die Lehrzwänge bestimmen mein Leben.

Ich denke, daß die Tatsache, daß ich immer noch etwas arbeite, ein wesentlicher Punkt für meine Zufriedenheit im Ruhestand ist, obwohl ich zunächst dachte, ich brauche das alles nicht. Ich brauche es doch und ich brauche die Arbeit und den Garten, der wiederum mich braucht.

Inzwischen habe ich einige Kinderkrankenschwestern gefunden, an die ich meine Arbeit delegiere. Auch das scheint mir wichtig im Ablösungsprozess zu sein. Ich mute und traue anderen zu, dass sie auf ihre Weise meine Arbeit leisten können. Dem oben erwähnten Garten, der ja sehr groß und arbeitsintensiv ist, fast ohne Rasen und nur mit einer kleinen Hütte, kann ich dann noch mehr Zuwendung schenken. Wesentlich ist, ich mache es nicht alleine, sondern mit der Freundin.

Das Geheimnis unseres Zusammenspiels ist: eine positive Grundeinstellung zum Leben, Naturverbundenheit, die gleichen Vorstellungen bezüglich Gartengestaltung und vor allen Dingen Toleranz. Dann bedeutet der Garten für uns beide Lebensfreude pur!

Mein Leben ist bunt, meine Aufgaben, mein Engagement, meine Interessen sind vielfältig. Bei alldem ist es mir wichtig, meine Spontaneität zu erhalten. Das ist wohl der eigentliche Gewinn bei diesem, meinem Konzept im neuen Leben.«

9. Besuch: Helmut – Kompost fürs ganze Haus

»Ihr könnt erst bei Dunkelwerden kommen, vorher bin ich im Garten«, hatte Helmut auf die Ankündigung unseres Besuches reagiert. Wir waren erstaunt, denn einen Garten gab es bei ihm doch gar nicht. Er wohnte im fünften Stock eines großen Wohnblocks in Basel und war als Techniker kürzlich aus einem Chemiewerk entlassen worden. Neugierig geworden, gingen wir etwas früher zu ihm. Er war tatsächlich im »Garten« und erzählte uns gern, was es damit auf sich hatte:

»Nun hatte ich ja so viel Zeit. Als ich so etwas lustlos an meinen Blumenkästen hantierte, kam ich auf eine Idee. Die Sache läuft inzwischen prima. Ich bin nämlich hier der Kompost-Meister, und alle kennen mich. Um es kurz zu machen: Wir haben ja die Rasenflächen ums Haus, die werden vom Hausmeister gemäht, aber für den Kompost bin ich inzwischen zuständig. Den Rasenabfall, die Blätter, die alten Pflanzen und was die Leute von ihren Balkons und Fensterbänken so loswerden wollen, 35 Mietparteien, das sammle ich alles ein. Beim Kompostieren, Sieben, Umstechen und so weiter, da helfen die anderen Mieter mit. Dazu treffen wir uns freitags und samstags unten. Ich passe schon auf, daß jeder, der kann, auch mitmacht. Kaffee oder etwas anderes haben wir neuerdings auch. Und obwohl die ganze Sache noch nicht lange läuft, reicht die neue Erde, die wir da produzieren, schon für alle Balkons. Die Mieter brauchen sie sich im Frühjahr nur noch zu holen. Ist das nichts?

Nun ja, ich mache mich nicht kaputt dabei, doch eigentlich habe ich nur bei Frost nichts zu tun. Aber ehe ich im Winter alle einschlägigen Fachgeschäfte durchforstet habe, fällt mir schon etwas Neues ein. Beim Kompost soll es nicht bleiben. Aber es war der erste Schritt in ein neues Engagement. Der Entlassungsschock, wie ich es nenne, ist vorbei, zum Glück.«

10. Besuch: Herr D. – Die Uhr schlägt wieder

Herr D. lebt in einer Kleinstadt in Niedersachsen und wurde aus einer Reifenfirma, in welcher er leitend im technischen Bereich tätig war, vor fünf Jahren entlassen. Seitdem hat er seine eigene kleine Firma, die so ganz zufällig entstand. In der ersten Zeit seines Unbeschäftigt-Seins nach dem Rausschmiß, wie er es nennt, fand er eine stehengebliebene Uhr und entdeckte sein altes Hobby neu: Schon als Junge hatte er gern alles mögliche Feinmechanische auseinandergenommen. Nun hat es sich schon herumgesprochen, daß er der Fachmann für die alte Standuhr der Großmutter und für Opas Taschenuhr ist. Am liebsten nimmt er Exemplare, auf die der Uhrmacher sich nicht mehr einlassen kann. Herr D. will in erster Linie tüfteln. Konkurrent will er von niemandem sein, das ist ihm ganz wichtig. Seine Frau arbeitet noch, und seine Rente ist ausreichend. Nur das Alleinsein in dieser Miniwerkstatt, das ist das ungelöste Problem. Der leitenden Tätigkeit trauert er nicht nach, einzig dem Eingebundensein in ein Ganzes. Das ist der Preis, den er für die Freiheit zahlt.

11. Besuch: Bei Dr. K. – der Karrierezug ist abgefahren

Er war wie viele Führungskräfte, unter ihnen nicht wenige promovierte Akademiker, davon ausgegangen, daß seine Freistellung nur von kurzer Dauer sei. Dem war aber nicht so. Herr Dr. K. mußte feststellen, daß kein »Karrierezug« ihn noch einmal aufspringen ließ. So mußte er sich zwar nicht die Existenzgrundlage, wohl aber eine Identität neu aufbauen.

Nach 25 Jahren leitender Tätigkeit in der Entwicklung von Großrechnern macht er gerade sein Hobby, das Reisen, zum neuen Arbeitsmittelpunkt. Wir trafen ihn auf einem Schiff nach Norden. Diesmal begleitete er eine Gruppe von älteren Menschen, die er bis ans Nordkap führen wollte. Er konzipiert seine Themenreisen inzwischen selbständig, aber zunächst war er »Lehrling« in einem Reiseunternehmen und entdeckte bald Fähigkeiten, die er bei sich vorher gar nicht gekannt hatte.

Man wird Herrn Dr. K. nie in den Werbeseiten der Tageszeitungen finden, aber eine kleine, feine Konkurrenz vor Ort ist er inzwischen schon. Aus dem »Karrierezug« ausgestiegen, fährt Dr. K. nun in Zügen, Bahnen und Schiffen und zeigt immer neuen Menschen interessante Gegenden der Welt.

9. Projekte und Initiativen

Eine Nachricht aus Kiel:
In Kiel gehören sechzig ältere Menschen einem ungewöhnlichen Verein an. Wer Hilfe für ein Mitglied anbietet, erwirbt Bonuspunkte. Diese können später beim Verein für Hilfsangebote eingelöst werden. »Gibst du mir, so geb ich dir«, erläutert die Vorsitzende das Motto. Die Vereinigung ist ökonomisch selbständig.

Die Liste der Hilfsangebote ist immer länger geworden: Übernahme von Schreibarbeiten (Anträge, Briefe), kleine handwerkliche Dienste, Haustierbetreuung, Gartenarbeit, Einkaufen, Schneidern, Begleitung bei Arztbesuchen, Behördengänge oder Reparaturarbeiten. Eines der Mitglieder ist Anne. Sie kümmert sich zum Beispiel um die 73jährige Käthe, die auf einen Rollstuhl angewiesen ist. Für die Einsätze werden Anne auf ihrem persönlichen Konto Bonus-Punkte gutgeschrieben. Wenn später in ihrer Wohnung zum Beispiel kleine Ausbesserungsarbeiten nötig sind, kann sie sich von einem handwerklich geschickten Vereinsmitglied helfen lassen – und muß dafür nicht bezahlen: Vom »Zeit-Konto« werden einfach die entsprechenden Punkte abgebucht.

Pro Stunde geleisteter Hilfe erhält der Betreffende einen Bonus-Punkt. Die Person, die die Hilfe beansprucht hat, wird mit einem Punkt belastet und muß eine Verwaltungsgebühr von 1,50 Euro zahlen. Auch Senioren, die dem Verein nicht angehören, können einmalig Hilfe anfordern. Sie entrichten pro Stunde sechs Euro plus 1,50 Euro Verwaltungsgebühren. Das Geld ist vorgesehen für Mitglieder, die den Verein, zum Beispiel Wohnungswechsels, verlassen, aber noch Bonuspunkte angespart haben. Ihnen werden die Bonuspunkte in Geld ausgezahlt.

Gerhard zeigt seine lange Liste an Zeit-Gutschriften. Der Rentner macht sich besonders mit Maler- und Handwerksarbeiten im Verein verdient. »Da es mir gesundheitlich nicht so gut geht, habe ich jetzt schon die Gewißheit, daß ich mir in einigen Jahren helfen lassen kann«, erläutert er.

Unumstritten ist diese Initiative weder auf dem Arbeitsmarkt noch als individuelles Konzept für einen Ruheständler. Aber wie die Praxis zeigt, scheint dieses Modell Menschen in ein lebendiges Netz aus Menschen hineinzuführen.

10. Weitere Modelle der Ruhestandsgestaltung

Allmählich habe ich wohl den selektiven Blick bekommen, denn immer öfter wurde ich auf Ruheständler aufmerksam, junge, ältere und auch alte, die, wie mir scheint, gut begriffen hatten, was ihnen jetzt zum Leben guttut und was sie dafür tun müssen.

Ein Wandel im Leben hat das Leben gewandelt und noch einmal neu wertvoll gemacht.

Da ist Herr H., der »mit den Pferden flüstert«. Früher saß er im Büro, nun findet er Beschäftigung und Aufgabe draußen, bei den Pferden, bei Turnieren und im Heu, in der nachbarlichen Schreinerwerkstatt und im eigenen Garten. »Schlimm ist es nur an Regentagen, da fühlt man sich verdammt überflüssig. Früher hielt ich es für saudummes Geschwätz, wenn die Rentner sagten, sie hätten keine Zeit. Heute geht es mir selbst so.« So erlebt es der ehemalige Bankangestellte von der Schwäbischen Alb, auf der man alles andere lieber ist als überflüssig.

Da traf ich Frau S., die nun im Ruhestand die gleiche Arbeit wie seit 30 Jahren tut, nur weniger, selbst ausgesucht, agierend anstatt reagierend, aber mit dem gleichen Impuls, politisch engagiert und möglichst wirksam zu sein. »Wenn ich zu meiner alten Arbeitsstelle in der Behörde komme, so kommt es mir ganz merkwürdig vor, dass dort alle immer noch das gleiche tun und dass die meisten Probleme immer noch ungelöst sind. Dann komme ich mir sehr privilegiert vor. Besonders schön ist die Erfahrung, dass bei wertschätzenden Rückmeldungen auf meine jetzige Arbeit wirklich ich gemeint bin und nicht wie früher meine Position, die mit viel Macht ausgestattet war.«

Und da ist Frau G., die typische *Weitermacherin* auf eigenem Terrain, auf eigene Rechnung und vor allem mit eigener Zeiteinteilung, wie sie extra betont. »Die Arbeit schmeckt mir jetzt in kleinen Portionen besser. Ich habe Appetit darauf, etwas zu bewirken, auf ein Tun, das zu etwas führt. Das setzt mich selbst in Erstaunen, denn zunächst dachte ich nur an Musikhören, Dirigenten vergleichen und vielleicht ein bisschen malen lernen, aber das ist es gar nicht. Das paßt wohl erst, wenn ich wirklich alt bin, in einer nächsten Phase, die noch gar nicht begonnen hat. Mit diesem Geschenk des jungen Altseins hatte ich gar nicht gerechnet.« So schließt sie ihre Überlegungen mit einem versonnenen Blick in die Ferne.

Einen weiteren Bericht erhielt ich von einem kürzlich pensionierten Pfarrer, der ankündigt, noch ein zweites Mal in Rente zu gehen. Wann? Das wird man sehen. »Ich erhoffte eine »Wiedergeburt«, Befreiung von Aufgaben und Termindruck. Ich befürchtete einen Verlust an Begegnungen und an öffentlichen Rollen. Eingetroffen ist einerseits das Abgeschnittensein vom Arbeitsfeld Gemeinde (zum Glück – aber unerwartet) andererseits sind mir einige frühere Rollen einfach geblieben. Verblüfft bin ich über das, was sich nicht ändert, das sind mein Arbeitsstil und mein Arbeitspensum. Ich arbeite jetzt gründlicher aber nicht weniger. Ich muss irgendwann auch im Blick auf dieses Pensum in Rente gehen. Aber erstmal geht es so weiter, zielgerichtet und erfreut über punktgenaue Landungen, das heißt über Erfolg, der jetzt keine Alltäglichkeit mehr ist.«

Aus Zeitgründen, diesem bei Ruheständlern in schöner Regelmäßigkeit wiederkehrenden Argument, hat sich auch der Pfarrer i.R. andere Vorhaben erstmal »abgeschminkt«. Auf die Frage, was er als wirklichen Verlust erlebe, antwortet er spontan, es sei der Verlust der Spiritualität, die im Beruf ständig geübt war. Dafür sucht er nun einen neuen Rahmen und ist froh über Aufgaben, in denen er weiterhin als Pfarrer gefragt ist. Auch wenn er aus der ständigen geistlichen Verantwortung entlassen ist, der Geistliche in ihm ist mitnichten in den Ruhestand gegangen!

Und zum Schluß noch eine Anregung , gefunden bei der Autorin Marie Jahoda. Sie antwortet auf die Frage, warum sie ihre Autobiographie erst in hohem Alter begonnen habe: »Es mußten mich erst Freunde an meinem 70. Geburtstag darauf aufmerksam machen. Als ich dann damit begonnen habe, war es nur Zeitvertreib. Aber nun, im höheren Alter kann ich fachlich wichtige Arbeiten nicht mehr machen, und da mir das Schreiben immer weiter Vergnügen bereitet, und ich es auch immer noch kann, war das ein guter Ausweg.«

So machte sie das ihr vertraute Schreiben weiterhin zu ihrer Aufgabe, wechselte aber von theoretischen Inhalten zu sehr persönlichen, und ich kann mir vorstellen, mit wieviel Engagement sie so auch noch einmal ihr eigenes, reiches Leben Revue passieren sah.

Ein Gruppenangebot am Rande einer Großstadt
Ein 2. Projekt führt in eine Bildungseinrichtung. »Bildung und Älterwerden« steht auf dem Jahresprogramm, in dem man von Computer-

unterricht über Theater, Politik und Sprachen auch »Psychologie und Persönlichkeit« als Titel findet. In diesem Angebotskreis fand ich eine Gruppe »Frauen um 60«, die sich ihre eigene Lebenssituation zum Thema gemacht hatten. Mit einem Wochenende, an dem sich zunächst alle fremd waren, hatte es begonnen und dann folgten 8 Abendeinheiten, um das intensive Gesprächsprogramm zu bewältigen. Ich kam am 4. Abend und war beeindruckt von dem Bericht über die respektvolle Intensität, mit der die Frauen sich bei heiklen Themen begegneten.

Natürlich konnte ich nicht als Quereinsteiger daran teilnehmen, aber ich habe ausführliche Fakten über den Seminarinhalt und -ablauf erfahren und hatte gleich den Eindruck, dass er für andere Betroffene oder für Anbieter solcher Seminare als Anregung dienen kann.

Die Leitung erschien mir aktiv und zielorientiert in ihrem Seminaraufbau, dagegen zurückhaltend moderierend in der Begleitung der Gesprächsabläufe während der Treffen. Und, ganz wichtig, sie geben keine Ratschläge und bewerten nicht ihrerseits die vorsichtigen Versuche der Teilnehmerinnen, mit einem neuen Lebensabschnitt zurechtzukommen. Diese Art von Leitung hebt das vorhandene Potential der Gruppe und bündelt es zu Gesprächsthemen, die Schritt für Schritt aus dem Engpass des Entlassenseins herausführen.

Die Gruppe begann ihre Zukunftsreise an einer Stelle, an der alle Reisen beginnen: im Hier und Jetzt der momentanen Situation. Dann aber ging es zunächst in die Vergangenheit, ein Schritt, der in dieser aufdeckenden Form ziemlich ungeübt war. Aber auch in dieser Gruppe gilt: Erst wenn ich mir die Türen meines Lebens öffne und dahinter schaue, wird mir deutlich, was ich oder andere mir verwehrt haben, und welche der Türen jetzt oder erst jetzt in eine lebendige Zukunft führt.

Der 3. Blick nach dem Hinschauen in Gegenwart und Vergangenheit kann dann erst in die Zukunft und auf den »Markt der Möglichkeiten«, wie es in der Ausschreibung genannt wurde, führen.

Der Erfolg dieser genauen persönlichen Diagnose ließ nicht lange auf sich warten, wie mir versichert wurde, und er gestaltete sich auf drei Ebenen: Neue Kontakte finden war an der Schwelle zum Ruhestand für die meist alleinstehenden, verwitweten oder geschiedenen Frauen von höchster Priorität. Das soziale Netz mußte neu geknüpft werden. Darüber hinaus soll für die jetzt kommenden Jahre neuer Anreiz gesucht werden, der sie weiterhin mit dem wirklichen Leben konfrontiert und nicht nur konsumieren läßt. Ein dritter Aspekt hängt eng mit der Gruppe zusammen. Sie gibt jeder Frau den ersten notwendigen »Anschub« für den neuen Schritt, und die Gruppe ist es auch, die über das Seminar hinaus jede einzelne Frau in das Wagnis der neuen Aktivitäten begleitet, wenn sie es will.

So scheint dieses Bildungsangebot eine besonders gute Hilfe zu sein, wenn es darum geht, den Lebensalltag ohne Beruf und Kinder, häufig auch ohne Partner, neu zu gestalten.

11. Am Ende der Fallgeschichten

Alle Männer und Frauen, die hier zu Wort gekommen sind und ihre Geschichte erzählt haben, lebten jahre- und jahrzehntelang mit einem Berufsbild von sich selbst, welches in der neuen Situation des Entlassenseins – auch in den privaten Facetten – nicht mehr stimmte. Sie mußten sich von ihrer Identität lösen, sie haben die Mühsal der Wandlung auf sich genommen. Für manche wäre Resignation bequemer und einfacher gewesen. Und noch etwas: Auch die Menschen im Umkreis eines Entlassenen mußten dessen neue Identität akzeptieren. Auch wenn die neu eroberte Lebensform und Rolle für einen selbst scheinbar schon normal geworden ist, ist es doch keineswegs selbstverständlich, daß man anderen in diesem neuen Bild gefällt. Oft arrangieren sich die Mitbetroffenen nur ungern mit der neuen Realität. Auch sie benötigen eine Zeit des Umlernens.

So verbirgt sich hinter jedem der Berichte ein langes Arbeits- und Trauerprogramm, bei dem mehr noch im Entstehen ist als schon neue Form gefunden hat.

Die Berichte von nachberuflichen Zukunftsgestaltungen soll ein Märchen abrunden, stehen doch in den Märchen die wirklich wahren Begebenheiten. Wie viele Märchen ist auch dieses eine Art Suchgeschichte. Die Hörer werden auf den Weg gelockt, und die Suche endet meist mit dem Glück des Findens. So auch dieses. Darum hat das folgende Märchen seinen Platz hier bei den modernen nachberuflichen Lebensgestaltungen. Auch sie sollen nichts anderes sein als Anregung zum Suchen, ja, sie sollen zum Finden verlocken.

Der Glückliche und der Unglückliche
Es waren einmal zwei Bauern, die lebten nicht weit voneinander. Der eine war reich, der andere war arm. Der Arme war freilich auch ein fleißiger Arbeiter, aber dennoch wurde er nicht reicher als er war.

Einmal ging er nachts aufs Feld, um dort nachzuschauen, aber – oh Wunder – was sah er da? Er sah, wie ein Mann auf dem Feld des Reichen Roggen säte.

»Was tust du hier?« fragte der Arme. »Ich säe Roggen!« war die Antwort.

»Nun, wann kommst du denn auf mein Feld Roggen säen?« fragte der arme Mann. »Niemals.«

»Weshalb säst du denn auf dem Felde des anderen?«

»Ja, ich bin eben sein Glück!«

»Nun, wo ist denn mein Glück?« fragte der Arme.

»Dein Glück schläft dort neben jenem großen Stein«, sprach der Sämann. Der Arme eilte zum Stein, um den Mann, der da schlief und sein Glück war, zu wecken.

»Höre, Mann, steh auf und geh Roggen säen!«

»Ich gehe nicht«, antwortete der Schläfer.

»Ja, warum gehst du denn nicht?« fragte der Arme.

»Nun, ich bin doch kein Landwirtsglück.«

»Aber du bist doch mein Glück!«

»Ja freilich«, sagte der Schläfer, »wähl dir nur ein anderes Handwerk, dann werde ich schon dein Glück sein.«

»Was soll ich denn werden?« fragte der Arme.

»Versuche es als Kaufmann, denn ich bin das Kaufmannsglück, vielleicht dann auch dein Glück.«

Sogleich ging der Mann nach Hause, verkaufte sein Haus, eröffnete in der Stadt einen Laden und ging mit der Zuversicht auf seinen Erfolg ans Werk. Nun erst bekam er sein Glück – und er lebt noch heute glücklich.

12. Exkurs: Besuch bei einem Outplacement-Berater

Bei meiner Suche nach möglichen Hilfestellungen für die Zeit nach dem Beruf lernte ich auch ein Büro kennen, das sich gezielt an entlassene Spezialisten und Führungskräfte wendet und dieser Zielgruppe eine auf sie zugeschnittene Beratung für die Zeit danach anbietet. Dabei handelt es sich um Männer und Frauen, die früh oder sehr früh entlassen wurden, auch aber um ältere Menschen, die ihre Situation nach dem Berufsleben neu ordnen wollen.

In einem ersten Begleitschritt wird versucht, den Status quo der Entlassung zu begreifen und zu verarbeiten. In einem zweiten Schritt wird eine Bilanz der bisherigen Tätigkeiten aufgestellt. In einem dritten Schritt geht es schließlich darum, Konzepte für neue Tätigkeiten zu entwickeln, eine Hilfe bei den Umsetzungsschritten rundet den gemeinsamen Prozeß ab. Outplacement-Beratung heißt dieses noch nicht so alltägliche Begleitangebot. Ich witterte eine Chance, diese dort angebotene Unterstützung auch für nicht so Privilegierte nutzbar zu machen.

Ein Interview mit Herrn Lind, einem der Firmeninhaber mit Sitz in Hamburg, der die fachliche und persönliche Beratung selbst und mit einem Partner durchführt, hat mich überzeugt und angeregt, die wichtigsten Gedanken und Prozeßschritte an diejenigen weiterzugeben, die ihre eigenen Outplacementberater sein müssen oder wollen.

Folgendes Gespräch habe ich mit Herrn Lind im Jahre 1997 geführt. Nach fast sechs Jahren hat sich die Klientel altersmäßig ein wenig nach oben verschoben; was deren Anliegen und Ziele angeht, hat sich aber nichts wesentlich verändert.

Barbara Langmaack (BL): *Vielleicht könnten Sie zu Beginn unseres Gesprächs den Begriff Outplacement-Beratung erklären. Er wird wahrscheinlich den meisten meiner Leser auch nicht geläufig sein.*

Peter Lind (PL): Ja, er kommt – wie vieles im und um das Management herum – aus Amerika, und da ist man im allgemeinen ein wenig brutaler im Äußern der Wahrheit. Ich weiß auch noch kein besseres deutsches Wort, und unsere Berufsbezeichnung beinhaltet den Sinn unseres Arbeitsauftrags: die Situation nach dem stillen Rausschmiß meistern helfen.

BL: *Sie treffen Ihre zukünftigen Klienten häufig schon in der Firma?*

PL: Ja, die Firma hat mich gerufen. Ich versuche ein Gespräch direkt nach der Entlassung zu bekommen. Während das Trennungsgespräch läuft, sitze ich im Zimmer nebenan, um die eben Entlassenen sofort aufzufangen. Es scheint mir ganz wichtig, daß man die Menschen sofort unterstützt, ihnen Perspektiven gibt, Strukturen zeigt, wie es weitergehen kann. Das ist mir der liebste Fall. Da entsteht gleich am Anfang schon die Beziehung.

BL: *Sie sprachen vorhin ganz ohne Beschönigung von Rausschmiß – vom sogenannten »stillen« Rausschmiß. Damit nehmen Sie den Ausdruck der Betroffenen auf. Wie wird dieser »Rausschmiß«, wie Sie es nennen, denn verarbeitet? Passiert das noch in der Firma oder in Ihrem Büro, oder findet das an ganz anderer Stelle statt, beziehungsweise gar nicht? Es kann ja nicht sein, daß man gleich Perspektiven sieht. Wahrscheinlich, und das halte ich für's erste auch für in Ordnung, heißt es: »Warum gerade ich, das war ungerecht…«*

PL: Im ersten Moment wird das Ausscheiden überwiegend als Rausschmiß erlebt, und es tut gut, wenn es auch erlaubt ist, es so zu nennen. Die ersten Reaktionen sind sehr unterschiedlich. Die gehen von Wut, Auf-den-Tisch-Schlagen, Drohungen, bis zu fast bedrohlich ruhigem Verhalten. Die Verarbeitung passiert erst später hier in der Beratung und natürlich auch zu Hause. Viel passiert zwischendurch, auf dem Weg, auf der Fahrrad-Tour am Wochenende. Es wird ständig daran gearbeitet, aber wir geben einen Input, eine Unterstützung, damit dieser Verarbeitungsprozeß passiert. Er darf nicht ausfallen.

BL: *Wenn Sie von zu Hause sprechen, denke ich an den Partner.*

PL: Ja, eine Menge Veränderungen geschehen in sehr kurzer Zeit. Die Frau ist nicht mehr die Beraterin für alles Berufliche, die sie ja früher oft war. Diese Rolle muß sie abgeben.

BL: *Sie ist auch nicht mehr der Blitzableiter. Aber sie kann auch nicht mehr vom Status des Mannes profitieren.*

PL: Die Partner sind Mitbetroffene, deswegen bieten wir den Klienten an, daß sie mit in die Beratung kommen. Entweder zum Zuhören oder mit konkreten Fragen, wie sie mögen. Auch darum, daß sie sehen, wo geht mein Mann oder meine Partnerin eigentlich hin? Wer berät sie da?

BL: *Die Partnerinnen haben sicherlich ihrerseits eine Reihe von Fragen an die Situation: Wo sagt der was, was mir nicht recht ist? Wo bringt der meinen Mann in eine Richtung, in die ich ihn aber gar nicht haben will, weil ich mit dieser Konsequenz selbst nicht leben will?*

PL: Es ist ganz wichtig, in erster Linie zu wissen: Wie gehe ich eigentlich mit diesem Phänomen um: Mein Mann hat keine Arbeit. Wie sieht das in unserem Alltag und für unsere Kinder aus? Schaffen wir's eigentlich, unsere Wohnung, unseren Lebensstandard zu halten, oder müssen wir verkaufen? Oder umziehen? All diese Fragen und Existenzängste bestehen auch bei den Partnern.

BL: *Ja, und er geht ja nicht mehr aus dem Haus. An »Kleinigkeiten« zeigen sich Veränderung und Frustration.*

PL: Richtig, die Kleinigkeiten sind gar nicht so ohne! In der Stadt weniger, aber in den kleineren Gemeinden, wo jeder jeden kennt oder wo man den Nachbarn beobachtet, spielt das eine große Rolle. Daß Menschen, die von Unternehmen entlassen wurden, weiterhin einen Arbeitsplatz haben, ist ungeheuer wichtig, und den geben wir ihnen hier. Sie gehen also jeden Morgen von zu Hause weg, und das unmittelbar nach der Entlassung. Das ist ein Fulltime-Job für die Betroffenen, das kann man nicht mit links machen, und deswegen wird auch das Büro, das wir hier zur Verfügung stellen, gern angenommen.

BL: *Ja, das kann ich mir sehr hilfreich vorstellen. Ich möchte hier eine weitere Frage anknüpfen: »Was sind eigentlich die größten Kränkungen im Zusammenhang mit dem Rausschmiß?«*

PL: Ja, es ist vielleicht nicht die größte Kränkung, aber es drückt viel aus und es hängt viel dran: Ich kann morgens nicht mehr weggehen. Oder wenn die Frau sagt: »Du hast doch gerade nichts zu tun, kannst du mal Marmelade einkaufen, nimm den Hund mit!« oder ähnliches. »Tu doch was! Tu endlich was!«, das hören wir von frühester Kindheit an. Was schließlich die größte Kränkung ist, das hat viel mit Lebensumfeld und der Einstellung des einzelnen zu tun. Für den einen ist es im wörtlichen Sinne, nichts zu tun zu haben, für die anderen heißt es, nichts zu fertigen, zu verkaufen. Die eigenen Ideen, das Wissen nicht weitergeben zu können, heißt es für vielleicht den nächsten, zum Beispiel für Lehrer. Wieder andere leiden am meisten an dem dummen Gefühl, nicht gefragt zu sein, ihren Einfluß nicht mehr einbringen zu können.

BL: *Kann man das erste Gespräch zunächst als ein Pflichtgespräch bezeichnen?*

PL: Nein, niemand muß kommen. Aber das Angebot zum Gespräch hat bisher noch nie jemand ausgeschlagen. Die erste Reaktion ist oft: »Moment mal, jetzt bin ich grade rausgeflogen, jetzt kommt da so ein Berater, jetzt geht die nächste Schweinerei los.«

BL: *Ja, das kann ich aus der Sicht der Entlassenen verstehen. Ich würde denken: »Ist das wirklich seriös, wer ist das denn?« Ich glaube, deshalb hätte ich lieber erst einmal eine Adresse in der Hand.*

PL: Die Menschen reagieren unterschiedlich, Sie sagen das jetzt aus einer Distanz zu dem Ereignis »Trennung«. Wenn jemandem aber gerade gesagt worden ist, daß er in vier Wochen beziehungsweise ab dem nächsten Tag nicht mehr kommen soll, dann reagiert er anders, als wenn es heißt: »Sie stehen noch drei, vier, fünf Monate bei uns auf der Gehaltsliste. In der Zeit werden Sie bestimmt etwas finden. Wir bemühen uns natürlich auch.« Dann ist den Menschen ganz anders zumute. Dann brauchen sie jeden Strohhalm. Natürlich haben Firmen mehrere Outplacement-Berater, die sie empfehlen.

BL: *So ist im ersten Gespräch eigentlich das Wichtigste, daß sie Kontakt bekommen und die Betroffenen merken, da bietet mir jemand etwas, das ich jetzt brauche.*

PL: Das Spannende ist wirklich, das Vertrauen zu erreichen, und das ist mir eigentlich in den fünf Jahren nur ein einziges Mal nicht gelungen. Es war die Frage des gegenseitigen Mögens, mit Nein auf beiden Seiten – so was gibt's.

BL: *Kommen die Leute einzeln zu Ihnen?*

PL: Ich kann 20–22 Leuten zugleich bei mir einen Platz geben, an dem sie ihr neues Profil entwickeln können und von dem aus sie sich bewerben können. Ich stehe zur Beratung zur Verfügung, mit allen zusammen oder wenn es persönlicher wird, in meinem Büro. Ich gehe immer wieder in den Klientenraum, um angesprochen zu werden, um zu zeigen, daß ich da bin, und ich lese dort Zeitung, oder wir unterhalten uns. Da kommt die eine oder andere Frage.

BL: *Manche Fragen sind ja auch für alle interessant.*

169

PL: Ja, aber am Anfang ist da noch eine Hemmschwelle. »Wie frei darf ich hier reden?«, denken sie. Aber das geht ganz schnell, und nachher kommt man rein, und die Klienten haben gleich ihre Frage.

BL: *Diese Umorientierungsphase bezahlen die Firmen?*

PL: Im Augenblick kommen alle durch die Firmen. Die Firma bezahlt das Honorar, bis die Leute einen neuen Job haben. Wir nennen das open end. Also für ein bestimmtes Honorar beraten wir Klienten so lange, bis sie eine neue Aufgabe haben. Wenn ein Unternehmen mal nicht so viel ausgeben möchte, dann setzen wir eine zeitliche Befristung, auf etwa vier Monate, und in dieser Zeit kann der Klient dann auch bereits voll mit einer Kampagne auf dem Markt sein. Meistens ist er jedoch noch nicht in einem neuen Job. Es dauert eben seine Zeit, es ist ja auch viel zu bearbeiten, ehe ein Trennungsprozeß emotional und faktisch bewältigt ist.

BL: *Wie ist es mit dem Selbständigmachen? Kommt das häufig vor, oder ist das eher die Ausnahme?*

PL: Viele versuchen auszuweichen auf eine Selbständigkeit. Auch wenn sie nach einiger Zeit Suche nichts finden. Wir gehen da andersrum ran. Wir klären ziemlich am Anfang schon ab, ob eine Selbständigkeit in Frage kommt, und wenn ja, dann beraten wir eigentlich sehr schnell in diese Richtung.

BL: *Manchmal sind Angestellte ja die besseren Selbständigen. Da sehe ich vor allem einen Trend bei Frauen. Ich weiß nicht, ob sie es tatsächlich schaffen, aber die Energie ist da.*

PL: Man muß rauskriegen, ob es eine Zufallslösung oder eine Verlegenheitslösung ist. »Ich habe sowieso Angst, mich zu bewerben und wieder in den Markt zu gehen, und ich will das auch nicht noch einmal erleben. Ich mag diese Bewerberei nicht, und deswegen mache ich mich lieber selbständig« sagen viele. Wenn das Potential und die Power dafür aber nicht da sind, läuft nichts. Das rauszukriegen ist nach etwa sechs bis acht Stunden Beratung unsere Aufgabe. Dann können wir den Klienten schon ein bißchen einordnen. Manchmal ergibt sich, daß zum Beispiel jemand als Geschäftsführer tätig war und nun sagt: »Ja, ich telefoniere jetzt mit USA, mit Hongkong, um einfach im Kunststoffmarkt drinzubleiben.« »Aber drei, vier Wochen lang nur telefonieren, ohne daß ein Geschäft dahinersteht«, sage ich ihm dann, »dabei nutzen Sie sich nur ab. Dann müssen Sie wenigstens probieren, ein kleines überschaubares Geschäft zu machen, was Sie auf eigene Rechnung tun. Dann bleiben Ihre Informationsquellen erhalten. Dann bleiben Sie mit dem Lieferanten, wie mit dem Abnehmer, wie mit dem Verlader und dem Verschiffer im Gespräch, und dann sagt jeder: ›Hoppla, der hat mich angerufen, den gibt's ja noch!‹ und dann ruft man Sie auch wieder an. Es ist ganz wichtig, die Kontakte aufrecht zu erhalten, wenn man in der Branche bleiben will.«

BL: *Aber der nächste Schritt?*

PL: Der war dann etwas schwierig. Er war noch nie selbständig, war immer Leiter, aber eben angestellt.

BL: *Ja, lange warten durfte er nicht mehr.*

PL: Der Mann hat dann so viel Spaß an diesen kleinen Übungen gehabt, nicht furchtbar viel Geld eingesetzt. Vier Wochen später sagte er »Übrigens Herr L., ich wollte nur sagen, ich habe meine ersten 20 000 DM verdient, nicht Umsatz gemacht, sondern verdient. Ich mache mich jetzt selbständig, ich mach's tatsächlich!« Der ist inzwischen zwei Jahre schon in seinem neuen Unternehmen, hat seinen Sohn als Juniorpartner aufgenommen und macht das jetzt nicht mehr von zu Hause aus, sondern hat 500 Meter weiter ein kleines Büro gemietet. Er hat sehr viel Erfolg. Aber die Ausnahme bleibt es trotzdem. Ja, es machen sich nur fünf bis zehn Prozent selbständig, aber die sind auch alle überdurchschnittlich erfolgreich.

BL: *Sie haben sich auf Führungskräfte spezialisiert. Könnte man für andere Leute das gleiche machen?*

PL: Die Outplacement-Beratung ist nicht nur für Führungskräfte. Es gibt eine ganze Menge Unternehmen, wo größere Abbaumaßnahmen vorgesehen sind, die Outplacement für die Mitarbeiter anbieten. Es werden drei Tage Seminare, Gruppenberatungen gemacht. Wir haben eine Spezialität entwickelt, wir führen Nachbetreuungen durch oder schalten auch Spezialisten ein, um Kontakte mit Arbeitsämtern oder mit anderen Unternehmen effizient zu gestalten.

BL: *Ich habe von mehreren Firmen erfahren und selber erlebt, daß die Seminare für den ungeplanten Ruhestand, auch mit den Frauen zusammen, nur zögernd angenommen werden. Ich habe dazu eine*

Phantasie, die heißt: »*Wenn Sie mich schon rausschmeißen, dann will ich nicht auch noch dieses* ›*Geschenk*‹.«

PL: Ja, das ist auch meine Erfahrung. Ich bin eigentlich noch nicht dahintergekommen, warum es nicht funktioniert. Wir haben selber auch schon solche Seminare angeboten.

BL: *Da ist das Angebot eines Platzes in einem Outplacement-Büro für Frühpensionäre offenbar angemessener. Es wird offenbar Wert auf Individualität gelegt. Wirkliche Rentner, die die Arbeit mit 65 beendet haben, gehen offener in ein Seminar:* »*Fertig mit der Arbeit. Mal sehen, was jetzt kommt, wie die anderen den wohlverdienten Ruhestand gestalten*«*, heißt deren Motivation.*

PL: Das klingt einleuchtend! Das erklärt vielleicht auch das Phänomen, daß auffällig viele Menschen, die in den Vorruhestand gehen, acht, neun oder zehn Monate danach entweder schwer krank sind oder nicht mehr leben. Das gibt einem doch zu denken! Das bedeutet für mich, daß Menschen lernen müssen, daß es etwas anderes als »Büro« gibt. Das Büro ist dreißig Jahre der zentrale Ort gewesen. Hier stellt sich eben die alte Frage: Was macht jemand mit seinem Leben? Wie gestaltet er das?

BL: *Aber zurück zu den Anreizen, eine neue Stelle zu finden. Welche Rolle spielt die finanzielle Seite? Ist es wichtiger, eine Stelle zu finden, die im Status hoch angesiedelt ist, oder reizt eine Stelle, die sinnvolle soziale Aktivität verspricht? Wie kommt das zur Sprache?*

PL: Das kommt sehr intensiv zur Sprache. Es gibt ja Menschen, die kleben am Geld. Trotzdem sagen sie: »Wenn ich ein kleines Vermögen hätte, dann würde ich nicht mehr arbeiten!« Sie sind 55, 56 Jahre alt, haben auch eine Abfindung bekommen. Die Suche nach der Tätigkeit ist eigentlich kein Geldthema, sondern eine Frage der Einstellung zu Werten. Was wollen sie? Das Entscheidende ist, eine den Wünschen, Neigungen und Fähigkeiten entsprechende neue Beschäftigung zu finden. Und diese zu definieren muß ich ihnen helfen.

BL: *Also eine Balance zwischen Fähigkeit, Wunsch und realen Möglichkeiten muß wahrscheinlich neu gelernt werden.*

PL: Man muß sich zum Beispiel überlegen: »Brauche ich mit meinen 56 Jahren eigentlich noch die Höhe eines normalen Gehalts?« Darauf kommt dann irgendwann die Antwort: »Nein, ich komme glatt mit dem aus, was ich jetzt habe. Ich brauche überhaupt kein Geld zusätzlich zu meiner Rente, aber ich will sozial tätig werden. Ich will ein spezielles Angebot im Non-Profit-Bereich auf die Beine stellen.«

BL: *Ja, das ist dann ein anderer Weg. Dann heißt die Frage:* »*Wie komme ich an Geld, mit welchem ich mein Vorhaben finanziere, und wie kriege ich Leute, die an diesem Engagement auch interessiert sind?*« *Sie brauchen dann in erster Linie nicht Geld, sondern Geldquellen.*

Ich habe doch noch eine weitere Frage: Wie kommt es, daß die Beratenen hinterher oft mehr als vorher verdienen, wie sie mir anfangs sagten? Man müßte eigentlich meinen, wenn jemand in dieser Situation einen Job will, dann müßte er doch sagen, »*Ich gebe 20 oder 30 % Rabatt, um den Job zu kriegen.*«

PL: Meine Antwort dazu ist, daß sie sich über ihr Profil sehr viel klarer werden, und daß sie eine Aufgabe im Markt suchen und finden, die diesem Profil entspricht. Und dann sind sie fasziniert bei der Sache, dann haben sie eine Berufung, und dann spielt die Preisfrage nicht mehr die Rolle, auch von der Gegenseite her nicht mehr. »Der kann dies Problem lösen«, heißt es dann, und da spielen zehn oder zwanzig oder 50000 DM rauf oder runter für den neuen Auftraggeber keine Rolle.« Das ist unsere Erklärung dafür: Die Leute kennen ihr Profil klar und können daran arbeiten, es dem Markt auf adäquate Weise anzubieten.

BL: *Wenn ich das so höre, dann würde das ja eigentlich heißen, daß die Leute, bevor sie rausfliegen, sich sagen müßten:* »*So, du bist vierzig, es steht zwar nicht an, daß du rausfliegst, aber überprüfe dein Profil!*«

PL: Sie haben recht! Das passiert ja auch in Unternehmen, in Personalentwicklungsabteilungen, da macht man sich sehr viel Gedanken darüber. Ich glaube aber, daß es leichter ist, sich an einer externen Stelle beraten zu lassen. Es kommt eigentlich drauf an, daß das Bewußtsein bei den Menschen geweckt ist: »Was möchte ich gern? Wer bin ich? Was sind meine Ambitionen?« Und an diesem Kapitel arbeiten wir hier an erster Stelle in der Outplacement-Beratung. Das ist unser »Reparaturteil«. Wir führen die Menschen dann dahin, daß sie sich über ihre Leistungen klar werden. Wir lassen Leistungsbeschreibungen machen in den verschiedenen Stationen des Lebens.

Und auch in Tätigkeitsbeschreibungen erhalten wir Antwort auf die Frage:»Was habe ich ganz konkret gemacht in meinem Job?« Das muß der Schritt nach der Reparatur sein: Tätigkeitsbilanz und eigene Leistungsbilanz.

Denn es kommt darauf an, daß nicht nur jemand anders meine Leistungen gut gefunden hat und sagt, das haben Sie prima gemacht! Es geht darum; die eigenen Leistungen selbst anzuerkennen und sehr genau unter die Lupe zu nehmen, was keiner gesehen hat, außer mir selber. Das sind ganz wichtige Erkenntnisse, Leistungen zu finden, bei denen man selber sich sagt»Hoppla, Peter, da bin ich stolz auf dich!« Dann ist man für seine eigene Bewertung einen wichtigen Schritt vorangekommen und kann auch seine eigenen Ziele finden. Da kommen Fingerzeige, wohin die Reise eigentlich gehen soll. Bin ich denn dafür begabt? Kann man dazu Tätigkeiten, oder Berufe finden?

BL: *Ja, die Frage muß genauer heißen:»Kann man Tätigkeiten zu meinen Neigungen finden, die bezahlt werden?« Manchmal paßt eine Notwendigkeit, eine Lücke im Angebot hervorragend mit den Neigungen zusammen, aber wird einfach nicht bezahlt.*

PL: Ja, es gibt keinen Geldgeber dafür! Niemand will es bezahlen. Aber ich würde gern einen Punkt noch mal aufnehmen. Ich habe jetzt gerade jemand in der Beratung, der ein toller Fachmann ist, der viele Patente hat auf dem Sektor der Mikroskopie. Der Mann ist ein ganz klarer Forscher und Entwickler und möchte das auch sein. Er wurde Leiter eines Labors und hatte Führungsverantwortung für fünf bis sieben Mitarbeiter, und das lag ihm nicht, weil er zu introvertiert ist. Wir haben darüber gesprochen, und ich habe ihm auch erklärt, daß ich der Auffassung bin, daß die Auswahl nicht so günstig war, aber auch, daß er sich nicht genügend gewehrt hat, um zu sagen:»Nein, das will ich nicht! Ich habe Spaß an der Entwicklung optischer Geräte, nicht am Führen.« Und für diesen Mann haben wir jetzt sein Ziel, seine Aufgabe formuliert, daß er eben nicht eine leitende Position sucht, sondern eine Forschungsaufgabe mit Marktkontakten. Jetzt sagt er:»Ich bin immer hinter einem Phantom hergelaufen, nämlich unbedingt eine Führungskraft sein zu wollen.« Diese Erkenntnis ist bei ihm gewachsen, und er hat verstanden, daß er mit seinen tatsächlichen Begabungen der Führungskraft durchaus gleichwertig ist.

BL: *Wenn man das so hört, ist die Kündigung eigentlich ein Glücksfall. Man findet einen ganz neuen Teil von sich selbst.*

PL: Viele sagen das auch: »Ich begreife dies als Chance, was Besseres konnte mir gar nicht passieren«, oder: »Oh, wäre mir das schon zehn Jahre früher passiert!« Ja, das wäre tatsächlich besser gewesen. Aber nun muß es ja nach der Zielfindung noch in die Umsetzung gehen. Dazu üben wir zum Beispiel Vorstellungsgespräche. Einfach damit der Klient mal sieht, wie er wirkt, wie authentisch er ist. Das machen wir mit Video. Es gibt Feedback dazu. Wir versuchen, vorhandene Eigenschaften stärker zum Erblühen zu bringen. Die Klienten üben, mehr noch sie selbst zu sein und das zu zeigen, auch mit Schwächen.

BL: *Sind diese Klienten, die sich derart entwickeln, nicht auch Konkurrenz für jüngere Kollegen?*

PL: Da die Anzahl so klein ist, machen sie eigentlich niemandem angst. Aber was die Qualität betrifft, ist die Frage berechtigt. Warum auch nicht? Zu guter Qualifizierung kommt langjährige Erfahrung.

BL: *Also kann man ruhig von Konkurrenz sprechen.*

PL: Ja, eben erzählte mir ein Klient: »Stellen Sie sich vor, auf die Stellenanzeige sind 1500 Bewerbungen eingegangen.« 1500!! Das bedeutet für ihn, daß sein Bewerbungsschreiben extrem gut sein muß, um herauszuragen aus den anderen 1499.

BL: *Aber da hätte ich auch Ihre Hilfe gebraucht, daß ich nicht vorher verzagt wäre. »1500, keine Chance für mich«, und ich hätte aufgegeben. Aber wenn Sie mir Mut in der oben beschriebenen Weise gemacht hätten. …*

PL: Ja, das hören wir auch erst hinterher. Aber auf eine Stellenanzeige in der Zeitung kommen heute zwischen 300 und 500 Bewerbungen. Und das läßt fragen, wie groß ist eigentlich meine Chance? Das erprobt er hier bei mir. Und da ist das Spannende für ihn hier: Wie mache ich es, zu denen zu gehören, die eingeladen werden zu einem Gespräch? Wie schaffe ich es, meine Persönlichkeit wirklich so rüberzubringen, daß die Entscheidung auf mich fällt? Und darüber machen wir uns hier ganz intensiv Gedanken.

BL: *Dazu gehört eine Menge Gelassenheit und Zutrauen an das persönliche Können.*

PL: Ich halte das Gewinnen von Gelassenheit gerade für frühzeitig Entlassene für wichtig. Nicht lässig, sondern gelassen. Wissen Sie, das Vorstellungsgespräch eines vorzeitig Entlassenen ist ja mehr noch als im üblichen Sinn Vorstellungsgespräch für beide Parteien. Das ist ein Vorteil. Grundrente und ein hoher Grad an Erfahrung und Wissen sind ein gutes Kapital.

BL: *Es geht also darum, ob Angebot und Nachfrage stimmen. Vielleicht eine letzte Frage: Was könnten die Firmen anders machen, damit ein Rausschmiß nicht so negativ zuschlägt?*

PL: Dazu kann ich nur sagen: Die Trennungskultur muß auf allen Ebenen noch gelernt werden. Das bedeutet auch, daß man lernen muß, faire Trennungsgespräche zu führen.

In England ist »Job-hopping« in ganz unterschiedlichen Bereichen viel verbreiteter und anerkannter als bei uns. Das gibt für Firmen und für Entlassene eine andere Basis der Bewertung von Entlassung. Das müssen hier beide Seiten noch lernen. Hier setzt für mich eine neue Selbstverantwortung ein: mit wachen Augen durchs Berufsleben gehen. Deswegen geben wir unseren Klienten auch für ihre neue Tätigkeit mit: »Wenn Ihre Probezeit zu Ende ist, fühlen Sie sich bitte jeden Tag so, als wäre Probezeit.«

BL: *Welchen dringenden Rat geben Sie den Lesern noch mit?*

PL: Es liegt an ihnen, im Entwicklungsprozeß mitzudenken und zu wissen, was das Unternehmen von ihnen eigentlich möchte und in Zukunft braucht. Diese Neugier, diese Offenheit muß zunehmen. Sich eigenständig dem Unternehmen stellen, mit dem, was ich tue. Und offen sein für anderes, für neues. »Hoppla, könnte das für mich in Frage kommen?« Das wäre ein dringender Rat, auch an alle vorzeitig Entlassenen.

BL: *Sie haben noch gar nicht verraten, wie Sie zu dieser Tätigkeit gekommen sind?*

PL: Ich habe 25 Jahre in einer Firma gearbeitet und habe irgendwann gemerkt, daß meine Werte sich sehr stark veränderten. Das Unternehmen hat das wohl auch gemerkt, und dann haben wir uns entschieden, auseinanderzugehen. Ich habe selber eine Outplacement-Beratung mitgemacht und habe, wenn Sie so wollen, meine eigene Lehre durchgemacht. Ich wußte da noch nicht, daß ich jemals Outplacement-Berater würde.

Ich helfe wie auf einer Drehscheibe Menschen, die irgendwo rausgekippt sind, daß sie wieder in den Arbeitsprozeß reinkommen und dabei persönlich gesund bleiben, so, daß die Unternehmen auch Nutzen davon haben. Das drückt sich darin aus, daß die verbliebenen Mitarbeiter sehen, aha, die schmeißen nicht nur raus, sondern die kümmern sich auch darüber hinaus um die Entlassenen. Und das wirkt auf das Betriebsklima und gibt den Verbleibenden Hoffnung, sollten sie in eine ähnliche Lage kommen.

BL: *Ich glaube, es ist deutlich geworden, daß der Weg aus einer Krise immer ein Weg ist und kein Sprung.*

Schlußbemerkung

Hier müßte eigentlich eine freie Seite sein, auf der der betroffene Leser und die Leserin ganz persönliche Perspektiven dem vorher Geschriebenen hinzufügen kann. Vielleicht wird in der Rückschau noch einmal deutlich, wie schwer es ist, eine Krise, wie die, die der ungeplante Ruhestand auslöst, auszuhalten. Schwerer noch ist, sie zu verstehen. Jetzt erst wird ein wenig von der Chance sichtbar, die in jeder Krise steckt. Niemand wird einem vorher eine solche Situation schmackhaft machen können, nicht einmal die, die sie bewältigt haben. Man muß selber hindurchgehen. Doch vielleicht sind Sie – so hoffe ich – mit diesem Buch zunächst einmal mit sich selbst in neuer Weise in Kontakt gekommen. Das ist noch nicht alles, aber es ist ein Anfang. Und hier sind zum Schluß doch noch ein paar gute Ratschläge:

- Willigen Sie ruhig in eine vorübergehende Ohnmacht ein – aber nur vorübergehend.
- Aalen Sie sich ruhig einmal in Langeweile und versuchen Sie diesen Zustand wach und intensiv zu erleben. Erleben Sie es als heilsame Durchgangsstufe, etwas in Ihnen erholt sich.
- Erlauben Sie sich ein Nicht-gelingen, ein Jetzt-noch-nicht-Gelingen.
- Suchen Sie sich Begleiter für Ihre Lebensgestaltung, die konstruktives Feedback geben können.
- Vertrauen Sie auf ein richtiges Gegenüber.
- Vertrauen Sie auf den richtigen Zeitpunkt.
- Vertrauen Sie auf den richtigen »Zufall«.

Aus der Bibel kennen wir das Bild des Sterns als Symbol der Orientierung. Die Heiligen Drei Könige lassen sich von ihm leiten und die Hirten. Beide eilen zu einem Ereignis, von dem sie noch nicht wissen, was es bedeuten soll und was sie da finden werden. Die Bibel gibt uns auch das Bild der Wolke als Wegweiser, von der sich die 40.000 ins Gelobte Land geleitet wußten. Der weiße Vogel ist es im Märchen, der Hänsel und Gretel den Weg weist.

Stern, Wolke oder Vogel: Jedesmal ist eine Krise, ein Scheitern, ein Bruch vorausgegangen, Verlust und Leid. Die Träume vom Leben wurden in die Irre gelenkt. Zumindest auf der Berufsebene ist das oft ähnlich, Träume konnten sie nicht zu Ende geträumt werden.

In dieser Situation tritt die oft gestellte Frage nach dem Sinn im Leben noch einmal deutlich hervor. Deutlicher auch als in anderen Situationen läßt sie eine Antwort aus dem alltäglich-materiellen nicht mehr so ohne weiteres zu. Bei allem sinnvollen Tun hat Arbeit als solche nicht die Aufgabe, dem Leben einen Sinn zu verschaffen, wie irrtümlich oft angenommen wird. Aber Arbeit ist das häufigste Medium, in welchem sich der Sinn ausdrücken läßt.

Lebensqualität wird mehr und mehr zu einem schwer entwirrbaren Knäuel von Arbeit, finanzielle Sicherheit, Gesundheit, Beziehung, Lebensort, Klima, Bereitschaft, sich zu engagieren, und Erfolg. Alles das entzieht sich exakter Meßbarkeit.

Wenn Sie sich die Geschichte Ihres eigenen Lebens erzählen, so finden Sie vielleicht auch Ihr eigenes übergreifendes Motiv und erkennen den Sinn Ihres Tuns, bis Sie aufs neue zu fragen beginnen, um aufs neue einen Entwicklungsschritt zu gehen.

Ich glaube nicht daran, daß jemand die Komplexität des Lebens so gestalten und organisieren kann, daß ununterbrochene Befriedigung dabei erreicht wird. Aber Sinn und Qualität der Entscheidungen sollten im Regelfall immer wieder sichtbar werden. Diese Generation der jungen Alten darf nicht in Resignation verharren. Ohne ihren Erfahrungsschatz, ihre Gelassenheit, ihre Geduld ebenso wie ihre Ungeduld, insbesondere aber ohne ihre Fähigkeit, humanistische Werte umzusetzen, können auch die anderen Generationen nur unbefriedigend leben.

»Bis 120 ...« las ich auf einem israelischen Geburtstagsglückwunsch. Ein heimlich gehegter Wunsch, oder stimmt es doch, daß der Tod seinen eigenen Terminkalender hat!

Anmerkungen

1 Jahoda, Marie: »Arbeitslose haben alles Recht der Welt, über ihre Lage unglücklich zu sein.« In: Psychologie Heute, Sonderband »Geschafft«. Beltz, Weinheim, 1. Aufl. 1985, S. 16.

2 Goethe, Johann Wolfgang von: Werke, Bd. 2. Insel, Frankfurt/M. 1965, S. 48.

3 Brandt, Willy: Vorwort zu Jahoda, M.: Wieviel Arbeit braucht der Mensch? Beltz, Weinheim, 3. Aufl. 1986, S. 8.

4 Kohli/Wolf, gdi Impuls 4/95, S. 20 ff. Hrsg. vom Gottlieb Duttweiler Institut, Rüschlikon.

5 Betz, Otto/Betz, Felicitas: Texte zur Ortsbestimmung. Pfeiffer, München 1987, S. 41.

6 Rest, Franco: Den Sterbenden beistehen. Quelle und Meyer, Heidelberg-Wiesbaden, 3. Aufl. 1991, S. 148.

7 Brecht, Bertolt: Gesammelte Gedichte, Bd. 3. Suhrkamp, Frankfurt 1976, S. 1009.

8 Jahoda, Marie zit. n. Körner, W /Zygowski, H.: »Arbeit um jeden Preis?« In: Psychologie Heute, Sonderband »Geschafft«. Beltz, Weinheim, 1. Aufl. 1985, S. 10.

9 Ebd., S. 18.

10 Scheurmann, Erich: Der Papalagi. Die Reden des Südseehäuptlings. dtv, München 1995, S. 65.

11 Jahoda, Lazarsfeld und Zeisel, zit. n. Körner, W/Zygowsky, N.: »Arbeit …«, S. 21.

12 Vgl. Kjellrup, Mariann: Bewußt mit dem Körper leben, Ehrenwirth, München 1980.

13 Kast, Verena: Trauern. Phasen und Chancen des psychischen Prozesses. Kreuz, Stuttgart 1982, S. 57 ff.

14 Brocher, Tobias: Stufen des Lebens. Kreuz, Stuttgart 1977, S. 128 ff.

15 Jung, C. G.: Erinnerungen – Träume – Gedanken. Walter, Olten 1971, S. 93.

16 Hebbel, Friedrich: Tagebücher 1853–1863, zit. n. Tobias Brocher: Gruppendynamik und Erwachsenenbildung. Westermann, Braunschweig 1967, S. 76.

17 Wais, Mathias : Ich bin, was ich werden könnte. Edition tertium, Ostfildern 1995, S. 154.

18 Jung, C. G., Erinnerungen, S. 143.

19 Butollo, Willi: Die Suche nach dem verlorenem Sohn. Von der Lebendigkeit des Totgeschwiegenen, Piper, München 1993, S. 93.

20 Jung, C. G., Erinnerungen, S. 145.

21 Lievegoed, Bernhard: Biographiearbeit. Flensburger Hefte Verlag, Flensburg, Heft 31, 1990, S. 6.

22 Halbfas, Hubertus/Halbfas, Ursula (Hg.): Das Menschenhaus. Benzinger, Zürich, 15. Aufl. 1995, S. 200.

23 Betz, Otto (Hg.): Vom Schicksal, das sich wendet. Märchen von Freiheit und Glück. Kösel, München 1987, S. 9.

24 Goethe, Johann Wolfgang v.: Werke, Bd. 3. Insel, Frankfurt/M.1965, S. 457.

25 Siebenschön, Leona: Der achte Himmel. Wie Partnerschaften gelingen. Fischer, Frankfurt 1990, S. 24, S. 47, S. 166.

26 Furmann, Ben: Es ist nie zu spät, eine glückliche Kindheit zu haben. 1999, borgmond publishing gmbH.

27 Farau, Alfred; Cohn, Ruth: Gelebte Geschichte der Psychotherapie. Klett-Cotta, Stuttgart 2. Aufl. 1999, S. 352.

28 Fromm, Erich: Gesamtausgabe, Bd. VII. dtv, München 1990, S. 169.

29 Frankl, Victor: Ärztliche Seelsorge. Fischer, Frankfurt/M., 4. Aufl. 1991, zit. n. Lukas, E.: Psychotherapie in Würde, Quintessenz, München 1994, S. 109.

30 Csikszentmihalyi, Mihaly: Flow. Das Geheimnis des Glücks. Klett-Cotta, Stuttgart 7. Auflage 1999, S. 62–63.

31 Kükelhaus, Hugo: Du kannst an keiner Stelle mit eins beginnen. Arche, Zürich 1981.

32 Betz, Otto/Betz, Felicitas: Tastende Gebete. Pfeiffer, München, 4. Aufl. 1992, S. 37.

33 Berger, Gerhard/Gerngross, Gabriele: Die neugewonnene Freiheit. Vier Modelle für erfolgreiches Altern. 1994.

34 Scheurmann, Erich: Der Papalagi. Die Reden des Südseehäuptlings. dtv, München 1995, S. 68.

35 Kükelhaus, Hugo: Organismus und Technik. Fischer Taschenbuch, Frankfurt 1984, S. 15.

36 Vgl. Beiträge zur Japanologie, Bd. 19, Organisationsformen älterer Menschen in Japan. Wien 1983.

Literaturverzeichnis

Antons, Klaus: Praxis der Gruppendynamik. Hogrefe, Göttingen, 2. Auflage 1974.

Berger, Gerhard/Gerngroß, Gabriele: Die neugewonnene Freiheit. Vier Modelle für erfolgreiches Altern. Kreuz, Zürich 1994.

Betz, Otto/Betz, Felicitas: Tastende Gebete. Texte zur Ortsbestimmung. Pfeiffer, München, 4. Auflage 1982.

Betz, Otto (Hg.): Vom Schicksal, das sich wendet. Märchen von Freiheit und Glück. Kösel, München 1987.

Burkhard, Gudrun: Das Leben in die Hände nehmen. Arbeit an der eigenen Biographie. Verlag freies Geistesleben, Stuttgart, 5. Auflage 1995.

Burkhard, Gudrun: Schlüsselfragen zur Biographie. Ein Arbeitsbuch. Verlag freies Geistesleben, Stuttgart 1994.

Büchmann, Georg: Geflügelte Worte. Verlag der Haude und Spenerschen Buchhandlung, Max Paschke, Berlin 1925.

Butollo, Willi: Die Suche nach dem verlorenen Sohn. Von der Lebendigkeit des Totgeschwiegenen. Piper, München 1993.

Csikszentmihalyi, Mihaly: Flow. Das Geheimnis des Glücks. Klett-Cotta, Stuttgart, 7. Auflage 1999.

Engholm, Björn: Die Zukunft der Freizeit. In: Psychologie Heute. Beltz, Weinheim, überarbeitete Auflage 1989.

Ernst, Heiko; Nuber, Ursula: Der Langeweile entkommen. Warum wir uns langweilen. In: Psychologie Heute, Beltz, Weinheim, Mai 1990.

Flensburger Hefte, Anthroposophie im Gespräch, Heft 31, 1990.

Frankl, Victor E.: Zeiten der Entscheidung. Herder, Freiburg i. Br. 1996.

Frankl, Victor E.: Das Leiden am sinnlosen Leben. Herder/Spektrum Band 615, Freiburg i. Br. 1977.

Freud, Anna: Das Ich und die Abwehrmechanismen. Kindler Taschenbücher, München 1975.

Furmann, Ben: Es ist nie zu spät, eine glückliche Kindheit zu haben, 1999, borgmann publishing GmbH.

Goethe, Johann Wolfgang v.: Werke, Bd. 2 und 3. Insel, Frankfurt/M. 1965.

Jahoda, Marie: Wieviel Arbeit braucht der Mensch? Beltz, Weinheim, 3. Auflage 1986.

Jahoda, Marie: »Arbeitslose haben alles Recht der Welt, über ihre Lage unglücklich zu sein«. In: Psychologie Heute, Sonderband »Geschafft«, Beltz, Weinheim, 1. Auflage 1985.

Jung, C. G.: Grundwerk, Bd. 1. Walter, Olten 1984.

Kast, Verena: Sich wandeln und sich neu entdecken. Herder, Freiburg i. Br. 1996.

Kast, Verena: Der schöpferische Sprung. Vom therapeutischen Umgang mit Krisen. Walter, Freiburg, 1. Auflage 1987.

Kast, Verena: Trauern. Phasen und Chancen das psychischen Prozesses. Kreuz, Stuttgart 1982.

Kjellrup, Mariann: Bewußt mit dem Körper leben. Ehrenwirth, München 1980.

Kükelhaus, Hugo: Du kannst an keiner Stelle mit eins beginnen. Arche, Zürich 1981.

Langmaack, Barbara: Themenzentrierte Interaktion. Beltz, Weinheim, 2. Auflage 1994.

Lukas, Elisabeth: Psychotherapie in Würde. Sinnorientierte Lebenshilfe nach Victor E. Frankl. Quintessenz, München 1994.

Mohl, Hans: Die Altersexplosion. Kreuz, Stuttgart 1993.

Morgenroth; Hannelore: Den roten Faden finden. Kösel, München 1995.

Peseschkian, Nossrat: Auf der Suche nach Sinn. Psychotherapie der kleinen Schritte. Fischer Taschenbuch Verlag, Frankfurt 1993.

Platon: Der Staat. Reclam, Stuttgart 1985.

Rest, Franco: Den Sterbenden beistehen. Quelle und Meyer, Heidelberg-Wiesbaden, 3. Auflage 1991.

Rothschild, Berthold: Seelische Notsituationen. Verstehen und helfen. Beltz, Weinheim, 2. Auflage 1982.

Ruh, Hans: Anders, aber besser. Die Arbeit neu erfinden – für eine solidarische und überlebensfähige Welt. Verlag im Waldgut, CH-Frauenfeld, 1995.

Scheurmann, Erich: Der Papalagi. Die Reden des Südseehäuptlings. dtv, München, 5. Aufl. 1995.

Schüller, Heidi: Die Alterslüge. Rowohlt, Berlin 1995.

Schmale, Hugo: Psychologie der Arbeit. Konzepte der Humanwissenschaften. Klett-Cotta, Stuttgart 1995.

Schmidbauer Wolfgang: Das Geheimnis der Zauberflöte. Herder, Freiburg i. Br. 1995.

Siebenschön, Leona: Der achte Himmel. Wie Partnerschaften gelingen. Fischer Taschenbuch Verlag, Frankfurt/M. 1990.

Wagner, Waltraut: Zeit – das Fortschreitende oder die Ordnung. Mutter Erde Verlag, Frauenberg Mai 1980.

Wais, Mathias: Ich bin, was ich werden könnte. Entwicklungschancen des Lebenslaufs. edition tertium, Ostfildern 1995.

Walter, Rudolf (Hrsg.): Gelassenwerden. Herder Spectrum Bd. 4443, Freiburg, 2. Aufl. 1996.

Zweig, Stefan: Magellan. Fischer Taschenbuch Verlag, Frankfurt/M. 1983.

Gedankennetz beim Ausscheide

Die suchen doch jemanden!

Mein früherer Kollege hat sich noch selbständig gemacht.

Ob die mich vermissen?

Schade, die Kollegen vermisse ich wirklich.

Wie machen das andere?
Gibt es Modelle?

Wer braucht denn heute noch jemanden in meinem Alter?

Ein Neuanfang, wie fange ich es an?
Geht das noch?

Wieso eigentlich alt?
Ich doch nicht!

Andere haben es auch geschafft.

Ein großer Garten – das wäre jetzt was.
Oder eine kleine Werkstatt – ein eigenes Büro.

»Ich und Langeweile – das gibt's doch gar nicht« sag ich.

»Such Dir was!«, sagt meine Frau.

Jung bin ich nicht. Alt bin ich auch nicht

»Gib die Hoffnung nicht auf«, sagt mein Freund.

Neue Freunde/Kollegen in meinem Alter.

Wo soll ich die finden?

Ich bin noch nicht alt! Alt was ist das

Allein zum ..., nein, nur das nicht.

»Früher ...«, das habe ich doch sonst nicht gesagt

Gestern war die Joggingstrecke zu lang für mich.
Zufall oder Wetter?
Oder doch das Alter?

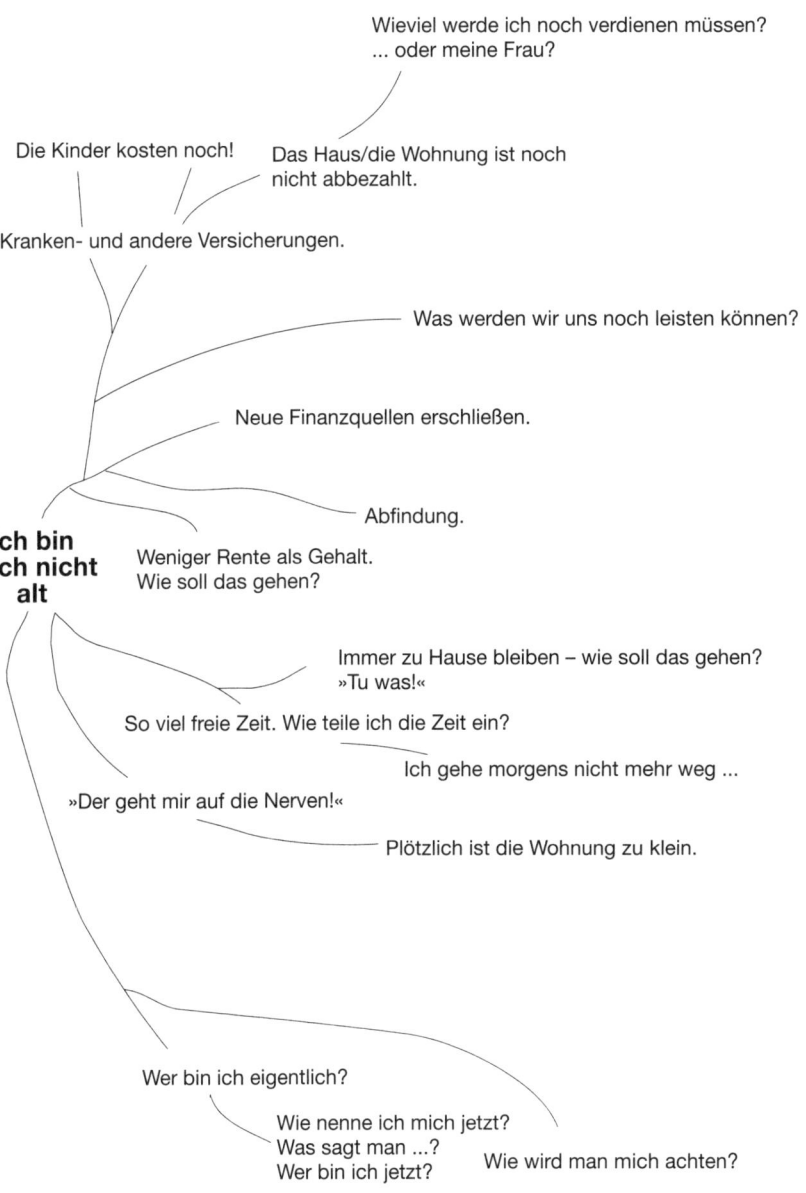

Wieviel werde ich noch verdienen müssen?
... oder meine Frau?

Die Kinder kosten noch!

Das Haus/die Wohnung ist noch nicht abbezahlt.

Kranken- und andere Versicherungen.

Was werden wir uns noch leisten können?

Neue Finanzquellen erschließen.

Abfindung.

Ich bin noch nicht alt

Weniger Rente als Gehalt. Wie soll das gehen?

Immer zu Hause bleiben – wie soll das gehen? »Tu was!«

So viel freie Zeit. Wie teile ich die Zeit ein?

Ich gehe morgens nicht mehr weg ...

»Der geht mir auf die Nerven!«

Plötzlich ist die Wohnung zu klein.

Wer bin ich eigentlich?

Wie nenne ich mich jetzt?
Was sagt man ...?
Wer bin ich jetzt?

Wie wird man mich achten?

Konzepte der Humanwissenschaften

Marlis Pörtner:
Ernstnehmen – Zutrauen – Verstehen
Personzentrierte Haltung im Umgang mit geistig behinderten und
pflegebedürftigen Menschen
194 Seiten, broschiert, ISBN: 3-608-94269-6

»Marlis Pörtner schreibt nicht nur brillant und kenntnisreich,
sondern auch und vor allem aus persönlicher Erfahrung mit
großem professionellen und humanistischen Engagement...
Der exzellenten Darstellung von Konzepten und Anwendungen,
Möglichkeiten und Grenzen der Personzentrierten Arbeit mit
geistig behinderten, pflegebedürftigen, seelisch schwerstgestörten
aber auch alten Menschen, wünsche ich eine möglichst große
Leserschaft in allen helfenden Berufen.«
Gesprächspsychotherapie und Personzentrierte Beratung

Helen I. Bachmann:
Die Spur zum Horizont
Malen als Selbstausdruck von der Latenz bis zur Adoleszenz
152 Seiten, mit zahlreichen farbigen Abbildungen, broschiert,
ISBN 3-608-91915-5

Die Spur zum Horizont schließt an *Malen als Lebensspur* an.
Es belegt anhand von reichem Bildmaterial, wie
Entwicklungsprozesse in der Latenz, Pubertät und Adoleszenz
aussehen können und in welchem Maß schöpferisches Gestalten
auch prophylaktischen Effekt besitzt.

Elaine V. Siegel:
Tanztherapie
Seelische und körperliche Entwicklung im Spiegel der Bewegung.
Ein psychoanalytisches Konzept
Aus dem Amerikanischen von Elaine V. Siegel.
256 Seiten, broschiert, ISBN 3-608-91005-0

Klett-Cotta

Konzepte der Humanwissenschaften

Mihaly Csikszentmihaly:
Das flow-Erlebnis
Jenseits von Angst und Langeweile: im Tun aufgehen
Aus dem Amerikanischen von Urs Aeschbacher.
254 Seiten, broschiert, ISBN 3-608-95338-8

»Unter *Flow* versteht der Autor Freude am reinen Tun. Er untersucht, was Menschen dazu bewegt, geistig und körperlich strapaziöse Unternehmungen bis zum Exzeß zu betreiben, ohne daß äußere Anreize als Belohnung winken. Diesen Lustgewinn, der in der Tätigkeit selbst, in der Art des Vollzugs begründet ist, möchte er mittels einer Flow-Politik für alle Bereiche des Alltags nutzbar machen.«
ekz-Informationsdienst

Mihaly und Isabella S. Csikszentmihalyi:
Die außergewöhnliche Erfahrung im Alltag
Die Psychologie des Flow-Erlebnisses
Aus dem Amerikanischen von Ulrike Stopfel und
Urs Aeschbacher.
427 Seiten, broschiert, ISBN 3-608-91751-9

Die Untersuchungen dieses Bandes vertiefen die von Csikszentmihalyi erarbeiteten Konzepte des *Flow:* Augenblicke, in denen Menschen Gefühle der Freude, der Konzentration und intensiver Aktivierung erfahren.

Rudolf Dreikurs:
Grundbegriffe der Individualpsychologie
184 Seiten, broschiert, ISBN 3-608-90107-8

Der Autor umschreibt die Bedeutung der Familienkonstellationen, des Lebensstils und des Gemeinschaftsgefühls. Dabei betont er den Gedanken Adlers, daß für die Entwicklung des Charakters nicht der direkte Einfluß der Umgebung, sondern die Stellungnahme des Individuums zu dieser Umgebung das Entscheidende sei.

Klett-Cotta

Konzepte der Humanwissenschaften

Uwe Laucken / August Schick / Holger Höge:
Einführung in das Studium der Psychologie
Eine Orientierungshilfe für Schüler und Studenten
314 Seiten, broschiert, ISBN 3-608-91742-X

Das Buch führt in Grundbegriffe und Methoden psychologischer
Forschung ein. Es informiert über das Psychologiestudium an
Universitäten und anderen wissenschaftlichen Hochschulen und
über Psychologie als Beruf. Es gibt zudem wertvolle
studientechnische Anleitungen.

Erhard Meueler:
Erwachsene lernen
Beschreibung, Erfahrungen, Anstöße
186 Seiten, broschiert, ISBN 3-608-95442-2

Der Autor will das Vertrauen der Erwachsenen in die eigene
Lernfähigkeit fördern. So beschreibt er ein Modell der
Erwachsenenbildung, das passive Zuhörer in Veranstalter des
eigenen Lernens verwandelt, weil sie selbst entscheiden, was sie
lernen und wie sie das gesteckte Lernziel erreichen wollen:
selbständig – selbstorganisiert – selbstbestimmt.

Hugo Schmale:
Psychologie der Arbeit
268 Seiten, broschiert, ISBN 3-608-93033-7

»Warum arbeiten Menschen?« Auf diese Frage gibt es viele
Antworten. Alle Erklärungen stimmen darin überein, daß die
Arbeit auf die Person des Arbeitenden zurückwirkt. Deshalb muß
eine »Psychologie der Arbeit«, die vom Menschen ausgeht, nicht
nur die ökonomisch-technologischen Aspekte des Arbeitsbegriffs,
sondern auch die physiologischen und psychologischen
Konsequenzen der Arbeit in den gegenwärtigen Formen der
Arbeitsgestaltung definieren.

Klett-Cotta